# 大前门

## ——王永斌口述老北京生活

王永斌　口述　　王　炜、郭　铧　整理

學苑出版社

## 图书在版编目（CIP）数据

大前门：王永斌口述老北京生活／王永斌口述；王炜，郭铧整理．—北京：学苑出版社，2008.11

ISBN 978-7-5077-3186-6

Ⅰ.大… Ⅱ.①王… ②王… ③郭… Ⅲ.社会生活－史料－北京市 Ⅳ.K291

中国版本图书馆 CIP 数据核字（2008）第 176506 号

**出 版 人**：孟　白
**责任编辑**：洪文雄
**封面设计**：甄婷婷
**出版发行**：学苑出版社
**社　　址**：北京市丰台区南方庄 2 号院 1 号楼
**邮政编码**：100079
**网　　址**：www.book001.com
**电子信箱**：xueyuan@public.bta.net.cn
**销售电话**：010-67674055　67675512　67678944
**经　　销**：新华书店
**印 刷 厂**：北京东君印刷有限公司
**印　　张**：16.5
**开本尺寸**：720 × 980　1/16
**字　　数**：260 千字
**版　　次**：2009 年 2 月北京第 1 版
**印　　次**：2009 年 2 月北京第 1 次印刷
**定　　价**：36.00 元

# 序

韩朴

本书的作者，是首都图书馆的地方文献工作者。他们写作本书的目的，不仅仅在于将北京的地方文献整理和开发出来，让学者们使用起来更加方便，而是更希望把地方文献中蕴含的地方文化和民族文化，通过公众喜闻乐见的方式和通俗的语言表述出来，让更多的人了解北京，热爱北京，进而达到传承和弘扬地方文化与民族文化的目的。

在这个世界上，每个民族都有自己独特的文化标识——共同的族源、共同的历史、共同的民族英雄、共同的价值观念和审美观念，以及共同的习惯与风俗。通过世代传承，这种民族文化植根于族人心中，并透过悠远的历史长河，积累成为丰厚的文化遗产。族人会为此而感到自豪，并在这一基础上取得本民族的文化认同。若是有人不能取得这种认同，便会被族人视为非我族类。这种独特的文化标识，正是一个民族区别于其他民族的精神特质，是维系一个民族的真正的根。

随着民族间的交往，民族的文化会通过多种渠道向族群以外传播，而各民族也会根据本民族发展的需要，主动而适度地汲取其他民族文化中的有益成分，进而融入并丰富本民族的文化。对于所有民族的文化传承和发展而言，这本是一件好事。然而，在这一过程中，主动与适度两个元素是非常重要的。任何一种民族文化都有自主生存的权利，若文化的交流或交融是在违背民族意愿的情况下进行的，或文化交流或交融的结果达到了喧宾夺主的局面，那就成为一种文化霸权主义的行为了。

作为上层建筑，文化的传承与发展不可避免地要受到经济形态的制约，各族文化在族内的传承效果和对外的传播影响能力自古以来就存在着强势与弱势之分。近代以来，尤其是近一个世纪以来，经济全球化的趋势，以及城市化和现代化进程的加速，本已使得很多民族文化的生态环境面临着程度不同的危机，对民族文化的传承构成了严重威胁，而某些强势国家更凭借着经济与军事实力，以商品和技术开路，并借助先进的传播手段，使其文化向世界各国倾泻。如今，越来越多的国家，包括很多经济相对发达的国家在内，都感受到自己的文化安全出现了隐患，他们越来越强烈地意识到，文化安全和国家安全、经济安全、意识形态安全一样，都是最大的国家利益之所在，而文化生存是民族生存的重要前提与条件。

中华文化是世界上最有特点的文化之一，是世界四大古代文明中惟一未曾中断而传承至今的文明体系，也是中华民族在历史与现实中自身选择的结果。捍卫、传承、弘扬中华民族文化，坚持民族文化的主体地位，已成为我国重要的文化安全措施，同时也是每一个中国文化工作者的神圣职责。

文献是文化的重要载体之一。中华民族自古以来便以历史文献的完整和系统著称于世。在浩瀚的中华文献中，地方文献历来是传承民族文化的绝好材料。它从特定地域的角度出发，对区域内的自然与人文现象进行全面、客观的记录和研究，反映了一个区域内的特有文化及其产生的背景，因而是研究一个地区、一个国家或一个民族的重要文献基础。对于特定区域、国家和民族说来，其文献价值是无可替代的。一个国家各地地方文献的总合，构成了国家文献的基础。从更广大的背景上来看，国家文献也是一种地方文献。

我国图书馆地方文献事业的开创者杜定友先生说："良以地方文献，非特为掌故史料之宝藏，抑且读之发人深省，使祖述先贤，爱护乡邦之念，油然而生。其影响于一国之文化，至深且巨也"[①]。三皇五帝、汉唐明清、五岳四渎、翰墨雅乐固然是中华文化的重要组成部分，但针对于每一个具体的华夏子孙而言，故乡的沿革变化、乡贤故老、坊巷村镇、俚曲民谣，由于近在身边，耳濡目染，也就更加直观，更加深切地引发人们对于乡土文化，乃至民族文化的自豪之情。

溯我国数千年以来的文明史，地方文献的撰写、整理和积累从未中断过。在20世纪中叶以前，地方文献的流通主要在私人之间进行，史料的整理、积累也大都由学者们分散进行。近代图书馆的出现，使文献史料的流通以及积累与整理的状况得到了大幅度的改善，但专门针对地方史料的系统积累和整理仍不多见。自20世纪40年代起，杜定友先生在广东省立中山图书馆首创图书馆地方文献事业，大力收集、整理和传播广东地方文献，开我国图书馆地方文献事业之先河。40年代中期，刘国钧先生掌国立西北图书馆时，建立了西北地方文献专藏。1958年，首都图书馆成立了专门的北京地方文献机构和北京地方文献专藏。时至今日，国内几乎所有的省级公共图书馆，众多的地市级、区县级图书馆，以及越来越多的大学图书馆、科研图书馆，都建立了有关本地的地方文献专藏，并围绕地方与民族文化，开展了有声有色的文化推广工作。

作为方国或国家的都城，古城北京已有3000多年的历史，古往今

---

① 刘毅.广东文化与广东文献.转引自:杜定友先生对地方文献的研究与实践.广东图书馆学刊.1986 (3) 29页

来的北京人培育出了灿烂而深邃的北京文化，成为华夏文化中的一个重要组成部分，而其中的大部分文化信息已经转化成为文献的形式。自首都图书馆创立了专业的北京地方文献机构，近半个世纪以来，已组建起相对完整、系统的北京地方文献专藏。文献类型包含了古今中外图书、报刊、学术论文、舆图、会议录、文件汇编、统计图表、谱录、文契、戏剧说明书、乐谱、音视频资料、金石拓片、历史图片以及北京地方文献的专用工具书等。同时也培育出一支热爱地方文献事业，学有专长，富于创造精神的文化工作队伍。

除了创建独具特色的文献专藏，提供传统意义上的文献借阅服务以外，北京地方文献中心始终坚持向社会各界提供多种形式的经过信息处理而完成增值过程的信息产品。近半个世纪以来，尤其是改革开放以后，先后编制了关于北京地方文献的联合书目、报刊资料索引和各类专题书目、索引，引导读者进入地方文化的大千世界；开展了针对信息用户个性化需求的专题信息服务，逐步形成了“量身定做”式的服务模式，为党政机关、科研教学机构、各类企事业单位以及读者个人提供了数千万字的专题信息资料汇编，受到了学术界和专业性信息用户的充分肯定。

然而此类产品所针对的服务对象大都是专业界和学术界，产品的基本形式也都是经过筛选和整理的原始文献，虽然具有明显的科学性和实用价值，但就传承和弘扬民族文化的角度而言，却并不适合大众的阅读需求。为了向更多的民众普及北京地方文献中丰富的文化遗产，自2001年以后，北京地方文献中心先后创建了“乡土课堂”系列讲座、地方文化系列展览等文化服务品牌，以面向全社会的科学文化普及为目标，采用主动选题的方式，深入挖掘北京地方文化中的积极成分。由于此类产品整合、调动了首都地区丰厚的智力资源，兼顾科学性、通俗性和趣味性，并采用公众喜闻乐见的传播方式，或是通过互动方式吸引广大公众的主动参与，因而引起了社会各界的广泛关注。

然而，也有不少热心的听众和观众提出，限于讲座和展览的即时性传播特征，一些优秀的信息产品很快就成为过眼烟云，因而非常希望首都图书馆能够将一些深受欢迎的文化选题以传统平面媒体或是音视频的形式整理出版，使热爱北京传统文化的读者得以手持一帙，卧游历史文化长河。

实际上，北京地方文献中心在组织与创作讲座和展览产品的过程中，也早已意识到这一问题。为此，在首都图书馆领导的全力支持下，他们除了将上述产品中的精华部分以音视频的形式在“北京记忆”网站上及时推出以外，进而陆续整理出一系列选题，与学苑出版社共同策划、推出这一系列图书。在这些选题中，有些是基于对北京地方文献中某种载体类型的系统整理，有些则是针对某一历史现象或历史事件调用多种形式文献类型的精心编排。但总而言之，都是将象牙之塔中的尘封文献梳理出来，揭掉那层神秘的面纱，推荐给公众，使更多的华夏子孙进一步了解我们的由来所自，为弘扬和推广我们的民族文化尽一份心。

由图书馆的文献工作者自己动手来撰写文化与科学普及作品，这是一种新的尝试。祝愿他们的努力能够得到公众的认可和喜爱。

# 目录

# 前　言

请王永斌先生口述“老北京生活”的这一想法，缘于近几年国内图书馆界对口述历史的关注。

口述历史是由准备完善的访谈者，以笔录、录音或录影的方式，收集、整理口传记忆以及具有历史意义的观点。它在复原历史方面，有着其他文献资料所无法替代的价值。以往的文献，比较偏重于记录统治阶层的活动，偏重于社会精英的活动，偏重于政治方面的活动，对普通民众的生活，则记录较少，即使有，也大多是枯燥的统计数据，缺少鲜活的个案记录。“从某种意义上可以说，传统史学主要是统治阶级、精英人物的领地，口述历史则向民众敞开了大门。”（熊月之：《口述史的价值》）口述历史使千百万的普通民众得以有机会参与历史的创作。我们由此看到民众是如何观察和审视历史的，历史的画面将变得更加丰富和生动。

利用口述的方法来记述历史，古已有之。但是，口述历史真正成为一门学科却是现代的事情。现代口述史学兴起的标志，是1948年哥伦比亚大学口述历史研究室的建立。经过50多年的发展，口述史学在美国、英国、加拿大、德国、法国、澳大利亚、新西兰和新加坡等国家相继得到发展，并且广泛地应用于社会学、文学、人类学、民俗学、灾难学、新闻学、医学等领域。

在全球，口述历史越来越受到图书馆界的重视，而且从事口述记录工作的往往不是历史学家，更多的是图书馆或档案馆的工作人员。对图书馆来说，开发口述历史资源已成为抢救史料和补充馆藏的重要策略之一。

早在1968年，美国图书馆学简·查谢教授就在《大学与研究性图书馆》杂志上发表了论文《口述历史在图书馆中的应用》，强调了图书馆面临的新责任和机遇。

此后，图书馆界一直在讨论着口述历史在图书馆理论和实践中的各种问题。比如，口述音像资料如何整合到已有的馆藏中？现在我们已经听不到“图书馆员是否参与口述历史资源的生成？”这类的讨论，世界各国的图书馆已经积极开始了各种口述计划的实施。

20世纪50年代，澳大利亚国家图书馆开始了口述历史的搜集工作，并成为澳大利亚口述史的收藏和领导中心。新西兰国家图书馆也设立有口述历史档案馆。英国图书馆设立的国家声音档案馆从1983年开始收藏口述史资料，1999年该馆与英国BBC电台、英国口述历史学会联合开展口述历史项目“世纪之谈——BBC千年口述历史项目”。这个项目通过采访来自社会各阶层的人来记录20世纪的历史。

香港博物馆自1980年代开始口述历史工作，以“香港人及其生活”为主题，聘请香港大学等单位的学者参加，比较集中的话题是20世纪20年代至60年代的香港市民生活，包括家居生活、饮食习惯、工作娱乐、交通、居住习惯、社交圈子、团体生活、婚姻状况、宗教信仰及价值观念等方面。香港大学亚洲研究中心及社会学系联合主持了“香港口述历史档案计划”，于2001年至2004年间共收集了约200个口述历史档案，这些档案记录了不同阶层、族群、行业、团体、小区人士的第一手经验和个人记忆。访谈采用人生历程和主题取向并重的方向，记录受访者生命中的重要记忆，例如出生、家庭、学习、教育、就业、移民、家乡联系、婚姻、居住与小区、娱乐与社交，社会和政治参与，以至个别重要史事的见证。其中179个记录已经数字化，记录档案包括：访谈录音、访谈逐字稿、访谈简介及摘要，以及该受访者提供的旧照片、信件、证件及文牍等制作而成的数字化副本。现由香港大学图书馆特藏部管理。

汕头大学图书馆在香港李嘉诚基金会的支持下，将口述历史资源的采集、开发和利用纳入到特藏部的工作范畴中。

从我们的观察来看，国内外的口述历史计划，大多具有非常强的地域性，成为地方文献的重要组成部分。加利福尼亚大学伯克利分校地方口述历史办公室主任维拉·鲍姆，以倡导口述历史与图书馆的联合而闻名，早在1970年，她就认为地方图书馆构建区域口述历史具有开拓性的意义。一个地区的口述历史资源库，就是这个地区的集体记忆。

目前我国的口述史研究正处于草创阶段，图书馆地方文献机构不失时机地参加进去，充分利用自己人才和研究领域上的优势，全面地收集和生产口述历史资料，不仅有助于提升图书馆的服务功能和研究能力，拓展新时期地方文献工作的新领域，而且对地方文化的建设，城市记忆的保留，也将起到非常重要的作用和深远的影响。

首都图书馆地方文献中心是专职收集北京地区文献的机构，地方文献涉及内容广泛、文献类型多种多样。我们深刻认识到区域性的口述历史资源，是地方文献的重要组成部分，我们也有兴趣参与到口述历史的生产与保管工作中去。

作为口述历史的初学者，在学习国内外口述历史的理论与经验后，我们认为第一个口述历史的选题，应当选择一个熟悉的人或熟悉的领域，才是最稳妥的方法。

2005年夏天，我们拜访了王永斌先生。王先生是前门中学的退休教师，业余时间偏重于对北京商业史的调查和研究，对北京的掌故逸闻如数家珍，曾出版过《北京大栅栏》、《话说前门》、《杂谈老北京》、《北京商业街和老字号》、《北京关厢、乡镇和老字号》、《商贾北京》等著作。

我们仗着与王先生十多年的交情，即便有失误和冒昧之处，也不会影响沟通，这对我们之后的工作积累经验来说，是个非常难得的机会。王先生早年曾走访过北京城很多老字号商铺的掌柜和伙计，对如何访谈颇有感触。王先生的访谈经验，不但当作趣闻讲给我们听，而且他也在身体力行地考虑和配合着这个口述计划的实施。使我们第一个口述历史计划得以顺利完成。

在制作访谈大纲时，我们与王先生一起商讨，限定了访谈的范围。我们达成明确共识：要记录的是王先生的生活经历，而不是他的研究成果与心得。解放以前，王先生的主要生活范围在外城，即崇文门外和前门外，所以这个口述的地域范围也大部分是在北京外城。通过一个老北京人的回想，让我们了解那一时期北京外城百姓的生活。

王永斌先生生于1924年，开始访谈时已81岁高龄，但记忆力超强，对过去的人名、地名记忆犹新。多年的讲课生涯，使他出口成章，市民生活的浸染，使他京腔京韵，京味十足。

王先生幼时上过私塾，也接受过新式学堂教育，还曾在日本人控制的北方中学就读。沦陷时期，王先生目睹了北平的变化以及在北平发生的大事。1937年北平沦陷后，王先生又在大栅栏的精明眼镜行开始了他的学徒生涯。

除了有着丰富的生活经历，王先生还对婚丧嫁娶、时令年节、庙会等体现老北京民俗的活动有着亲身经历。他自幼即在父亲的带领下各处游玩，领略老北京风情，天桥、京城各大庙会庙市，甚至京郊妙峰山等地也都曾游遍，其他诸如听评书、看戏、养鸽子、游二闸等老北京游艺项目也均有涉猎，对于老北京民俗有着独到的理解。

王先生在大栅栏学徒时，对老北京的商业民俗及商业文化有了切身体验，激发了他此后对北京商业民俗及文化的研究热情。1949年以后，在中学任教的王先生还经常去大栅栏等地实际探查，采访当地老人，掌握了许多第一手资料，结合亲身经历，加上阅读大量书籍，对北京商业史有较深的研究。

访谈工作从2005年11月14日正式开始，为照顾王先生的身体，每周两次入户采访，每次持续两小时左右。至2006年1月10日，先后入户采访16次，录制音频资料30余小时。

后期整理工作，让我们犹豫踌躇的，主要是在于对声音转化为文本时出现原意变化的程度把握。口述历史的特点，在于它的口述形式，即话语的部分。在声音转为文本时，势必要对口述原意有所变动。即使我们小心翼翼，但扭曲失真的地方难免会出现。

口述者的声调高低、音量大小、节奏快慢，往往含有一定的深层意义，当说话的情绪和含义有所改变时，声调、音量和节奏自然会随之转变。同样一句话，分别以平静的声音，和稍微亢奋的声音说出来，意思便会有所不同。而我们在文字上是感觉不到音调与节奏的。

我们在说话时，不会自觉地分出段落，也不会清楚而又系统地使用标点符号。在后期编辑时，我们要根据自己的理解，增加文字的标点符号和段落划分。更加难以把握的是对口述者“絮叨”的宽容与删除的节制。可是，如果不这样做，文字又会变得不可读，不顺畅。我们在努力寻找这两者之间的平衡。

为了减少因编辑带来的原义损失，我们尽可能保留了口述者口语的成分，比如北京方言和对“儿化音”的处理。为了增加本书的可读性，我们还在书中添加了注释和背景知识的补充，对于文字稿中的老北京话、旧地名、现已不常见的旧京行当、事物，利用《北京土语辞典》、《崇文区地名志》等专业的工具书进行注释；对历史事件、人物及在口述过程中提到的文献记载内容等进行背景知识介绍。在整理时，如果发现有与以往观点不同之处，我们也会在注释上标明还有其他观点与看法，让读者自己去思考、分辨。

为了能够把读者带入王永斌先生的生活情境中，我们在书中插配了一百余幅老照片。希望这个初作的口述记录作品能够成为我们未来工作的基石，也希望能够有更多的图书馆同行介入到这项工作中来，为自己的城市留下真实的记忆。

最后，由衷感谢王永斌先生及夫人对我们工作的支持！

王炜　郭骅

2008年8月

# 第一部分 生活

# 一
# 童年的足迹

童趣是不分什么街头巷尾、乱葬岗子或者寺院庙宇的，孩子们寻找的只是可以鼓捣出乐趣的一片天地。

## 家庭、环境

我生于民国十三年八月初一，公历是1924年8月30日。[①]

我结过三次婚。第一次是在1943年，她叫朱慧蓉。生孩子后得过月子病，我在她身边儿侍候了俩月，当时她年龄小，因为发烧，脚很疼，我就用冷水为她擦。一年多后（1945年初），她又得了肺病，医治无效，没多久就死了，当时结核病研究

① 1924年北京大事一览：10月23日：冯玉祥发动北京政变。11月5日：溥仪被逐出宫。11月20日：清室善后委员会成立。11月24日：段祺瑞在北京成立了“中华民国临时执政府”。11月17日：北京第一条有轨电车在天安门举行开车典礼。

所透视以后说是因为肺结核死的。第二次结婚是在1946年初，她叫姚振兰，我们俩一块儿生活了28年，都挺好的，1973年她得食道癌死了。1978年我第三次结婚，也就是现在的老伴儿，叫刘云芳，也30年了。她同我一样，都是从学校退休的。我搞北京史、写东西都是在她的帮助下完成的，如果有成绩的话，当然也有她的功劳。婚姻状况就是这样的。

我的家庭在当时就是北京的普通人家，可能过去有家谱，但我没见过。我们家门外头有个牌子，写着“三槐堂王”，后来我才知道，这是过去北京姓氏当中的堂号。举个例子，当时北京姓杨的叫“四知堂杨”[1]。过去有个做官的姓杨，他的朋友求他办点儿事儿，送他一些礼物，他不收。朋友说，没事儿，我不说，没人知道。姓杨的说，天知、地知、你知、我知，怎么说没人知道呢！这么就得了“四知堂杨”。我们家这个三槐堂[2]呢，说的是宋代有一个王佑，为官洁身自好，子弟也辈辈为官。他亲自种了三棵槐树，说我的后世必有当宰相的，“三槐堂”就这么来的。到我祖父、我父亲这辈儿，不知道是荫下来的多少支儿落户到北京的。

我父亲和我大爷住在南河漕南边儿一点儿的笔杆胡同。可能是哥儿俩分家，我父亲就分到了南河漕，到那儿生的我。我父亲他们有亲兄弟两个，在叔伯兄弟大排行[3]中，我大爷行三，我父亲行六。他们都是在前门外取灯胡同一个大饭庄里学的徒。从我记事儿开始，我大爷就是自己开一个酒馆儿，在红桥[4]。我父亲在西唐洗

---

① 四知堂杨：见《后汉书·杨震传》。杨震，字伯起，弘农华阴人也。震少好学，明经博览，无不穷究。诸儒为之语曰：“关西孔子杨伯起。”大将军邓骘闻其贤而辟之，举茂才，四迁荆州刺史、东莱太守。当之郡，道经昌邑，故所举荆州茂才王密为昌邑令，谒见，至夜怀金十斤以遗震。震曰：“故人知君，君不知故人，何也？”密曰：“暮夜无知者。”震曰：“天知，神知，我知，子知。何谓无知！”密愧而出。

② 三槐堂：欧阳修《太尉文正王公神道碑铭并序》：“王公讳旦……世多称王氏有阴德。公之皇考（祜）亦自植三槐于庭，曰：‘吾之后世，必有为三公者。’此其所以志也。”自宋代王佑的儿子王旦起，至明王锡爵止，宋、元、明三朝王氏为相者计有：王旦、王曾、王钦若、王安石、王锡爵等，共17人。

③ 大排行：中国古代家庭以宗法血缘为联系纽带。一个家族中，兄弟及其子女住在一起，打破每个兄弟的小家庭，对其后代进行排行，就是大排行。

④ 红桥：明万历至崇祯年间（1573—1644年），此地称苜蓿园，为军需饲料地；清乾隆年间即成街巷，名红桥。因从正阳门东护城河之水在金鱼池与西来之水汇合后，经此往南折处有一木桥而得名。

王永斌家庭老照片

布街[①]也开了一个酒馆儿，叫鸿泰轩酒馆。那儿是个繁华的地方，在民国的时候，是旧货市场，从东晓市挪过来的。

在我家南边是北岗子和南岗子，那一片儿当时很荒凉。过了南岗子再往东南去，就是现在幸福大街一带，当时往东一看都是坟茔。《天咫偶闻》里提的那个放生池就在那边儿[②]。民国时有一个传遍北京的奇案，叫"怪铁箱"。就是讲在北京火车站，发现一个铁箱在存货处始终也没人取，后来铁箱子发出臭味儿，打开以后是一个肢解的尸体，最后这个尸体就埋在当时叫"三角地"的地方了，就是现在的汇文中学。当时北京多少年也没发生过这类事，于是就传遍了北京城，那时候出现这么一件事是相当吸引人的。后来我认识了一个警察，他当年是在收押这个杀人犯的茶甸监狱

① 西唐洗布街：此街明末称唐白街，清末称唐洗布街，民国初年改西段为西唐洗布街，沿用至1965年，后改为西唐街。据说明朝时此地有一以洗布帛为生的唐姓人家，因其所洗布帛质量好，远近闻名，积蓄日多，故在此置宅，几代均居于此，唐洗布街因此得名。

②《天咫偶闻》载：放生池，在火神庙街。顺治中，浙人范思敬建。范尝梦至一兰若，院悬木鱼。有人云：东坡居此。遂入谒。坡云：吾有王文正金书《法华经》以授汝。座侧一人侍立，云姓何。放生池既成，延一老宿居之，而未之往也。一日至寺，则宛然梦境也。僧云：有一法宝，金增居士。视之，王文正金书经也。室有募缘疏，乃何御史书，乃知僧为东坡后身。此段见《池北偶谈》。乾隆中，果邸重修之，后渐颓。

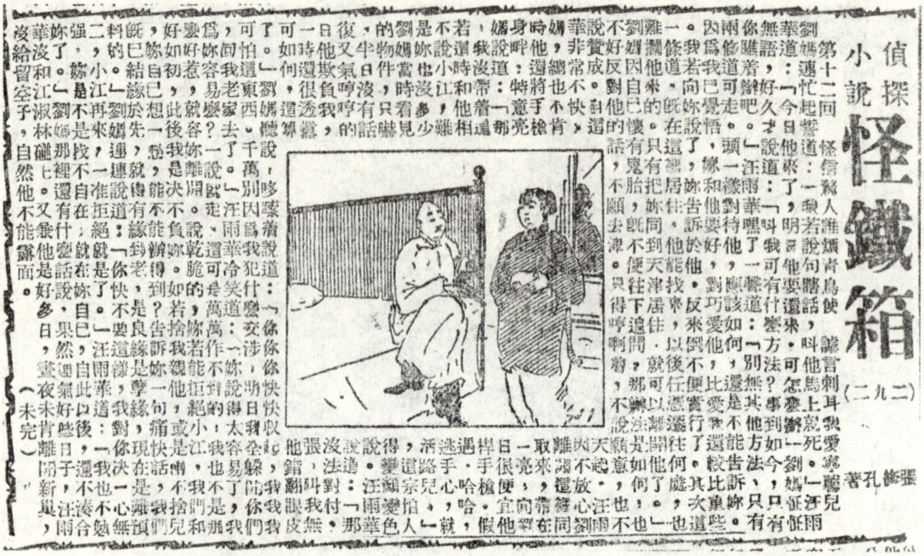
偵探小說

怪鐵箱

（二九二）

《怪铁箱》报影

当差的。听他说大概是民国二十四年（1935年），当时张学良的高参少将王化一的一位姨太太与一名勤务兵关系不正常，王化一发现后就将勤务兵遣送回老家了。但没过多久，这个勤务兵又回来了。王化一一怒之下，指示厨子大张杀死勤务兵，并将其肢解分装在两个铁箱子中。王化一带着两个铁箱子到前门东车站，经过行李房要查行李时，他谎称没带钥匙，并将铁箱扔在了车站上。后来发现这里面是尸体时，王化一已经到了西安，无从追捕，于是警方就逮捕了厨子大张以结此案。这段事儿后来经《实言报》记者整理成侦探小说，在报上连载。

明嘉靖年间出的《京师坊巷胡同集》中有关于南河漕的记载，在南河漕北口儿有一个地方叫大石桥，此地确实有过石桥，当时还放着三四个石头桥墩儿，1954年修路时才拉走的，桥下水流是南北向的。

水是从崇文门以东的护城河流下来的，走北羊市口、南羊市口，到南羊市口南口是一个岔儿：往东南流就是东河漕，往南来的就是北河漕。从北河漕过大石桥就是南河漕，南河漕往西就是西河漕，再往南就是三转桥。从三转桥往东南斜就是半壁街那边儿。所谓半壁街就是一边儿有房屋建筑，一边儿没有房屋建筑，以前是一片水。现在的半壁街还是北边高，南边低。我知道事儿的时候，南边已经建起房了，

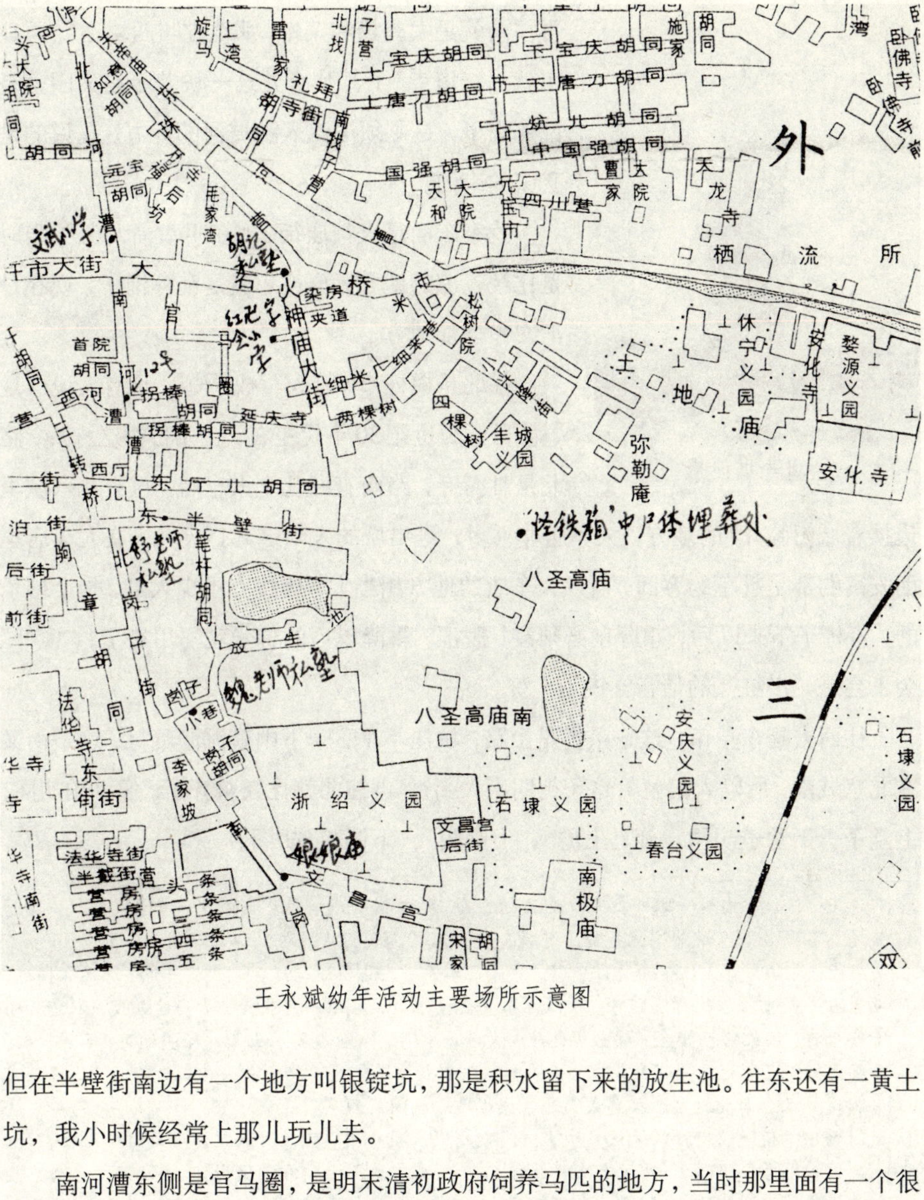


王永斌幼年活动主要场所示意图

但在半壁街南边有一个地方叫银锭坑，那是积水留下来的放生池。往东还有一黄土坑，我小时候经常上那儿玩儿去。

南河漕东侧是官马圈，是明末清初政府饲养马匹的地方，当时那里面有一个很大的空场。官马圈西边是河流，有青草，正是养马的好地方。往南是一个购物的地方，这地方有油盐店、纸店、茶叶铺、烧饼铺、猪肉铺、羊肉铺。过去有一个特殊情况，猪肉铺一定挨着羊肉铺。羊肉铺里边还有卖羊肉包子、卖烧饼的。再往南去，西侧就是正蓝旗的营房。当时营房已经撤了，都是民居了。东侧是南岗子娘娘庙。

法塔寺塔旧影

再往南就是大粪场和菜地，那地方叫四块玉[①]。再往东就到法塔寺[②]了，整个儿这一块儿不是义园就是乱葬岗子，是龙须沟流入护城河的地方。这说的是我家的南面。

我家东面是火神庙街，现在叫幸福大街[③]，当时是比较荒凉的地方。再往东就是乱葬岗子，现在是汇文中学那地方。

往北是榄杆市，有人写成“揽”，也有人说这是“桅杆”。20世纪30年代左右，在大石桥这一片，路北是甘露寺，路南有好几个大车店。过去北京城里边挨着城门脸儿[④]的地方，大车店非常多，进出城的人来这儿打尖儿。在大车店里面安寓的都是赶车的客商，所以大车店的地方相当大，店里有不少大缸，是漤柿子的。青柿子下来以后，霜降前必须漤、脱涩，霜降以后的柿子就不用漤了。“榄杆”会不会是“漤缸”的谐音？说不太好。

往西去是东草市，这一条街是土路，坑洼不平，一下雨就泥泞难行。这条街又在北京城南，所以人们就管这条街叫南大街[⑤]。再往北就比较整齐了。像手帕胡同，上堂子、下堂子胡同，旋马上湾[⑥]，上锅腔[⑦]、下锅腔[⑧]胡同。

---

① 四块玉：传说，当地一眼井，井口是汉白玉石，被井绳磨成四块。当时这一带全是窑坑、苇塘荒地。有些贫苦人常到这里挖黄土进城去卖，久之，人们就将这里称“四块玉”了。

② 法塔寺：即法藏寺。位于崇文区中部，寺庙已不存在。法藏寺始建于金大定年间，原名弥陀寺。明景泰年间重修，改称法藏寺。法藏寺当年规模很大，后因年久失修，寺庙建筑大多损毁，唯寺塔独存。因此塔可攀登，故农历九月初九登高之时，京师各界人士来此登高远眺，名噪一时。

③ 幸福大街：此街北段明朝为柴市，民国初年改称火神庙街。1952年称火神庙大街。1965年将部分街道并入，南北打通，拓建成大道，因近幸福楼而定现名。

④ 城门脸儿：指城门内外的地段，城里叫门脸儿里，城外叫门脸儿外，此处应是门脸儿外。

⑤ 南大街：原为广渠门大街，《光绪顺天府志》载：“广渠门大街即南大街”，1965年更名为广渠门南小街，其北20世纪50年代另辟新路与原蒜市口、大石桥合并为现在的广渠门内大街。

⑥ 旋马上湾：今旋马胡同，胡同名称来源不详，自明、清至民国均称旋马上湾与旋马下湾，1965年将两湾合并定现名。

⑦ 上锅腔：今上国强胡同，在明万历至崇祯年间称锅腔胡同，清光绪十五年（1889年），以南小市口街为界划分为二，此以西为上锅腔胡同，以东为下锅腔胡同。据传，明朝此胡同因有做烧柴草用的锅腔作坊而得名。民国六年（1917年）即有国强胡同之名出现。1965年将后河胡同并入，定现名。

⑧ 下锅腔：现名国强胡同，民国六年（1917年）即有此名。1965年仍定此名。

往东南是龙潭湖，这个地方原来分东湖、西湖，我记得当时叫“大浅儿”。那个地方水里长着很多的水草，到了夏天去游泳的人很多，有的人就叫水草缠住淹死了，所以那个地方有一个说法叫“ 三年拉替身”，就是一种迷信的说法，说人死了成鬼以后，要再拉一个活人当替身才能托生，这个地方死的人多，就说是鬼在这儿拉替身呢。它以广东义园为中心，也就是袁督师庙那地方。那时候外省人侨居北京，故去以后，采取两种形式。一种形式是埋在北京，但多数人不埋在北京，要回归故里。回归故里也有两种办法：一种是寄灵在寺庙里头，一般庙里头的收入一个是香火钱，一个就是寄灵钱，到一定时间就得运走。如果不寄在寺庙里头，就到坟茔里丘[①]起来。挖坑埋在地底下叫埋，在地上面，棺材放在上面，边儿上砌上砖，给它搭一个小棚似的，砌起来，那叫丘。过去北京有个土语，说你净看着不动，净丘着不干活，就是这个意思。再南边儿就是窑坑[②]，窑坑那边儿有刘家窑。那个时候窑就都没有了，只留下坑儿，水很多，是苇塘，夏天有人到那儿去，是游泳洗澡的地儿，我到那儿去招老干儿，就是招蜻蜓、招蝴蝶，逮蛐蛐儿。

老北京街头卖柿子的

## 南岗子娘娘庙

南岗子娘娘庙在北京的旧方志里都没有记载，可能是在民国年间建的。在南河漕地方有三个大户，一个是南河漕南边儿的李玉书，京东人，他房产很多，是比较富有的。还有一户就是路东开车店的，回民，还倒腾[③]粮食。再有一户姓史，是做毡鞋的，比作坊大点儿。李玉书和姓史的两户倡议集资建的这个娘娘庙。娘娘庙在

① 丘：暂时将棺木浮厝。
② 窑坑：北京过去砖瓦窑挖土形成的大坑。
③ 倒腾：读捯腾，腾读轻音，由此处移到彼处，反复交替地变动。这里指做买卖。

路北，就是在南岗子当间儿[1]靠东边儿，现在的文昌胡同，就是过去文昌宫的西口，整好把口儿[2]的地方，靠北边儿，一层殿。它开庙是在农历四月十五到四月十九，四月十八是正日子。

金顶妙峰山在北京这片儿的香火最旺盛，就连天津、河北一代的人都要到金顶妙峰山去烧香。它开庙时间是农历四月初一到四月十五。当时交通不方便，路不好走。城里头人要到那儿去，得先到西直门，再步行、骑驴或者坐驴车到妙峰山。到了妙峰山又有40里山路，去两三天才能回来。有人去不了，去东顶、西顶、南顶、北顶、中顶（东、西、南、北、中顶也是娘娘庙）也不方便，无法拜娘娘，怕娘娘要怪罪怎么办呀？得了，咱们城里再盖个庙吧。金顶妙峰山一关庙门，咱们就把娘娘请到咱们这儿来，方便附近的善男信女到这儿拜佛来。

娘娘庙建起来以后，香火很盛。到农历四月份，人们一般都穿单裤单褂了，男人戴马连坡大草帽[3]，女人穿竹布[4]裤褂——那时兴穿竹布裤褂。到北岗子北头儿就开始热闹了，人多，拿着香的，隔不远就一个茶桌。这些茶桌是为了接待到这儿烧香的善男信女的，摆着些茶，到那儿可以喝茶。到庙里头的时候，人就更多了，越往南人越多，相当热闹。咱们北京有一句土话，你许了愿就必须还愿。还愿有几种，一种形式是烧香，烧香还愿；一种还愿是跪拜，我曾看到从北岗子北头开始就走三步磕个头，走两步甚至走一步磕个头，一直磕到庙门去，估计得有一里地；还有一种还愿形式，就是趴在地上，爬着走，身上还放一个马鞍子，作为牲口形式，让娘娘骑；再有一种很残酷的还愿形式，拿一个像大茶壶大小的香炉，点着香，用一尺多长的铁链子吊着，再用一个针插到肉里边儿去，吊着香炉。大部分是替父母还愿的，父母重病，求医不好，给娘娘许了愿了，许了愿了以后病真好了，许愿的时候就说我到时候儿要来还愿。我很小的时候儿就喜欢这些民俗的东西，但是我不信佛。

---

① 当间儿：物体或范围的中部。

② 整把口儿：把口儿为紧靠街口之意。整把那口儿即正把口儿，指正紧靠街口。

③ 马连坡大草帽：大檐草帽。

④ 竹布：指淡蓝色的布纹致密的棉布，常用来做夏季服装。亦有白色，称白竹布。

# 二
# 启蒙之路

孩子们在先生古板严厉的面孔下接受“人之初”的启蒙，也许童年的他们并未知觉，然而看待和观察世界的目光却因此延续了传统的观念。

## 启蒙

我六周岁就开始上学，是个私塾，在南岗子，老师姓魏，是个大个子，他家在南岗子跟北岗子交界处，再往东去，现在叫永生巷的地方，我就是在那儿上学的。当时学堂里有20来个学生，一进学堂要先拜孔圣人，再拜老师。私塾房我现在还记得一些，其实很简单，老师头了[1]有一个小二屉桌，桌子旁边有一个孔圣人的牌位，写着“大成至圣先师孔圣人之位”。当时要行跪拜礼，先给孔圣人磕仨头，再给老师磕仨头就完了，很简单。

① 头了：前面。

旧式私塾课堂

民国年间的新式学校

老师桌上有一杆笔，一个砚台，砚台是红朱砂的，有一个墨儿，研红朱砂的，是判仿[①]用的。桌子上还放一个二尺多长的藤子棍儿，旁边挂一个戒尺，一寸半宽、八寸长，手指头这么厚。学生用的都是破桌子、烂板凳儿。

像这样的书房念什么书的都有，不是像现在一个年级统一一个教材，算术、语文都是一个教材。一个书房里，大的学生十好几了，念《孟子》、《中庸》，小的刚入学的念《三字经》。这个地方离我们家比较远，但那时候没有家长送的，都是自己夹着书包上下学。当时书包是什么样呢？就是家长给一块蓝布，把《三字经》、一本红模子、一杆笔、一个砚台拿蓝布一包一裹，夹起来就上学去了。到学校见老师作揖，向孔子牌位行礼。当时的规矩是上学见到老师，回家了见到父母、见到长辈都要作揖，不能不打招呼。作完揖就坐那儿念“人之初，性本善”，这边儿有的念“子曰：学而时习之，不亦悦乎？有朋自远方来，不亦乐乎？”那边念“赵钱孙李，周吴郑王”，那场面就跟相声里说的“蛤蟆吵坑”似的。但是你要是不念，老师在课桌那儿，拿个藤子棍儿敲桌子，“啪、乓”，口中喊：“念！”

上厕所那时叫“出恭”。私塾房里有一个恭牌儿，你要是上厕所，不管你大便小便，得拿那个恭牌儿，20来个学生，就一个恭牌。这个学生要上厕所，必须等那个回来。有的小孩儿淘气，出去就不回来，让你憋着尿。有一次我憋不住，还尿了

① 判仿：童蒙学生写完仿书（俗称写仿），写得好的由老师用红笔画圈，或改正笔画，叫做判仿。

裤子，让老师打了我一藤子棍儿。此后我上学就憷头①，开始逃学。上学的时候，你不能夹着书包满世界②跑啊，那时我家住的四合院大门旁边儿有下雨流水用的沟眼儿，我就把书包藏到沟眼儿里。后来在街上被邻居碰见了，就跟我父亲母亲说："他怎么没上学去，在外边晃悠呢？"我在这个南岗子小巷魏老师的私塾房念了不到两年，《三字经》还没学完，因为逃学，不好意思在那儿继续念下去了，就转到北河漕文武小学读书。

文武小学也是私人办的学校，老师也姓魏，叫魏湘枚（音）。虽然这个学校是私人办学，但这位魏老师不同于南岗子小巷的魏老师，他的思想比较新。所以文武小学办学形式近似西方学堂的形式。教室整洁正规，学生课桌颜色、形状规整，位子安排有序。教学内容有旧学也有新学，而且不是死念书，有上下课。这个学校为什么叫文武小学呢？因为这个学校除了学文化还学武术，请河北省大兴县武术学社的老师教武术。我在那儿学会了四平拳和四平棍。

我在文武小学还参加了童子军。当时正是南北统一③后国民政府推行新生活的时候，要让小学生也学点军事知识，过点军队生活。我们当时穿童子军军装，系法绳，佩水壶，吹口哨，并唱"三国战将勇，首推赵子龙，长坂坡前逞英雄，戚赤卡扎④响连声……"。"智、仁、勇"三个字是童子军精神。有一次是在中山公园中山堂前的五色土欢庆"四·四"儿童节⑤。我们文武小学在五色土上表演武术，我还练了一趟四平拳。

---

① 憷头：怯懦而不愿意去做。

② 满世界：到处。

③ 南北统一：1928年国民政府对中国实行的统一行动。1927年，蒋介石叛变革命，成立南京国民政府，建立在国共合作基础上的北伐战争归于失败。1928年，国民政府将各派系所辖军队改编为四个集团军，开始了国民政府的第二次北伐。北伐军很快就到达京津外围，将张作霖及其所辖奉系军队赶出京津地区，国民政府军顺利接管京津。1928年6月15日，国民政府宣布"中国统一告成"。

④ 戚赤卡扎：拟声词，形容动作迅速，干脆利落。

⑤ 儿童节：1925年8月，世界54个国家的代表，聚集在瑞士日内瓦举行"儿童幸福国际大会"，发表了爱护儿童、保障儿童福利的宣言。国际儿童幸福促进会倡议建立儿童纪念日。1931年，上海中华慈幼协济会提议定四月四日为我国儿童节，并由国民政府公布确定。1949年12月，中央人民政府政务院发出通令，废除旧的"四·四"儿童节，将6月1日作为我国的儿童节，与"六一"国际儿童节统一起来。

民国年间的童子军

我在文武小学念了两年书。那段时间我很高兴，喜欢在这所学校念书。但我的家长特别是我父亲不满意，因为他觉得交学费上学，没念什么书，净玩儿了。因此，我只好离开文武小学，转到一个舒老师的私塾念书，我在这儿念的时间长。这个私塾离我家不远，在东半壁街路北，是一个庙，庙有两层殿，舒老师在前殿，比较大，分里屋和外屋。到这儿也照样拜孔子，拜老师。舒老师比较开明，他还会英语、数学，我在这儿先念《三字经》、《百家姓》、《千字文》、《名贤集》、《弟子规》、《六言杂字》，再念《中庸》、《大学》、《论语》、《孟子》、《诗经》。当时的私塾房大同小异的，不过有的老师厉害，管得严一点，有的管得松一点。比如说学生都屋里哇啦哇啦念，老师一看有人不念了，他就拿藤子棍儿在桌上拍一下；你再不念，冲盹儿[①]，他就用藤子棍儿照你头上"啪"的捎[②]你一藤子棍儿，打你一激灵。

念到按现在的时间说大约上午11点，老师说："别念了。"就开始背书。背书是一个一个背，我们都拿自己的书走到老师跟前，把书放在桌儿上，给老师作个揖，然后扭过脸儿来就背。比方你学的 "人之初，性本善"，背下来了，他就给你上新书，讲新的内容。"人之初，性本善，性相近，习相远"，教上两回，到中午就拿上

① 冲盹儿：打瞌睡。

② 捎：拂掠，抽打。

书包回家了。要是有背不下来的，他提醒你一下，还背不下来，就“啪”一藤子棍儿，教几次还背不下来，就拿那个戒尺打板子。把手放在书桌上，底下垫着书打板子。有的厉害的老师，他的板子上有眼儿，打一下手就鼓起一块来。再背不下来就罚跪，最后让家长接来。那时候的家长不像现在的家长，老师越管越要感谢老师，跟老师说：“您越管得严越好”。如果说你家长要心疼，那老师该说了：“你上别处儿念去。”那时候的私塾房，念新教材的很少。戊戌变法以后，建立了很多的新学堂。但那时学堂很少，根本不能满足入学。另一方面，有些家长不乐意让孩子上那儿上学去，认为学不出东西来，净玩儿了，上四十五分钟就下来要玩儿，一天净玩儿去了，你上那儿去干吗？我得让我的孩子有人管着，跟现在的人的主导思想不一样。现在的主导思想是怕孩子受委屈，那时候的主导思想是这孩子得学出点儿什么来。

下午的主要课程是写字。现在说是“书法”，那时候还没有说“书法”这个名词，就是写字。刚入学的学生描红模子。描完红模子以后，稍大的就有仿影儿的①，仿影儿写的差不离儿②以后就学帖。反正是小孩儿一篇红模子，年龄大一点儿的一篇大字，再大一点儿的加三行小字。再有就是学算盘，会点加减乘除，这样你走上社会才能干点什么。

## 先生的束修

再说说束修，就是每月给老师的学费，有的地方是五毛钱，有的地方是一块钱，给一块钱的比较少。在我们那片儿，私塾有好几个，官学堂在南岗子有一个，东河漕有一个。三节两寿，年节（那时候没叫春节的）、五月节（端午节）、八月节（中秋节），这是三节；两寿，就是老师的生日和孔夫子的生日。这三节两寿，要给老师双份儿的束修。我们那儿大部分老师的生日是在三月份。因为孔夫子的生日是在阴历八月二十七，又赶上个八月十五，八月又有月的束修，家里得给三份，如果老师再八月生日，那四份怎么拿呀？冬天还有煤火费，取暖的时候得给老师煤火费。

---

① 仿影儿的：指旧时小学生初习大楷毛笔书法，用印好的范本，趁在薄薄的“仿纸”下面，按照透过的字形影痕描写，又称为“写仿”。

② 差不离儿：差不太多，比较像样儿了。

于是老师就想办法把自己的生日给改个日子，大多放在三月份。有的老师开明，我记得有一次我们给老师拜完寿，老师还带着我们吃了一顿。在蒜市口[1]路北东海轩，吃打卤面，放了一天假。这是三节两寿，老师拿这个维持生活。夏天还有一个搭天棚的棚钱。过了五月节，天儿一天一天热了，20个左右的孩子在两间房子里边相当热，就在外边儿搭天棚，到外边儿来上课。

街头的“书春”摊

当时私塾没有礼拜日，也没有什么初一、十五，只是老师生日放一天假，孔夫子生日放一天假，五月节、八月节放一天假。年节放的时间长，有的从腊月十五就放，有的从腊月二十放，反正差不了三五天，一直放到正月初六，最晚的也到不了灯节[2]，就又该上学了。有的老师在放年假时就去摆对子摊儿，我就跟着老师摆过对子摊儿。那时候每到新年，不论穷富，家家都贴对子。摆对子摊儿，一般在花市。摆对子只弄一个茶桌儿，或者叫油桌儿就行了，上面铺一块蓝布，放一些红纸、笔墨，要什么对儿就给写什么对儿。有门对儿、大门门心对儿、财神对儿、灶王对儿，各种对子都不一样。对子摊的招牌上写“书春”，就是书写春联儿的。有的写“换鹅”，有的写“借纸学书”。“换鹅”是晋代王羲之的故事，讲他到一个道观，看见一群鹅相当好，就要买这些鹅。道长知道王羲之是大书法家，就说，“我不卖，请抄一部《道德经》来换吧”，王羲之就写了一部《道德经》，换了这些鹅。这就是“换鹅”

---

① 蒜市口：是崇文区一条古老的商业集市，出现于明代正德年间（1506—1522年）。因每日早晨街道两旁摆满蒜摊，故名蒜市口。清朝时期，蒜市口地区为北京城官酒集散地，愈加繁华。1965年，并入广渠门内大街。

② 灯节：正月十五。

的典故。如果招牌上写“换鹅”，说明这个人很骄傲，自比王羲之。很少有人用“换鹅”当招牌。“借纸学书”就是很谦虚的说法了，说是借点纸学写字，不过也很少有人这么用。

## 货币及物价

我上学时吃早点是在三转桥，那儿好像一个小镇似的，卖什么的都有，学生大都在那儿买早点，一般都是两大枚买一个烧饼，一大枚买个焦圈儿。

在这儿我再附带说一下“大枚”这事儿。当时社会流通的硬币是银元，就是那种袁世凯的大人头，一个大人头重七钱二。还有就是铜币，也就是我说的那个大枚。普通铜币是河北省银钱局铸的，二十文一枚，钱上写着二十文；还一种最大的——那不常用——是五十文的；再一种是十文的，称小枚，这个也不常用，这是硬币。还有纸币，可能也是河北省银钱局出的，中央银行也出纸币。一块的、五毛的，但很少用。当时一块钱等于十角，五十文是一分钱。二十文那是一大枚，刚才我说的两大枚买一个烧饼，那两大枚是四十文，加一个焦圈儿是六十文，那就相当于是一分多钱。在七七事变以前很长的一段时间，五大枚换一吊钱，五十吊换一块大洋。但当时银、铜的兑换率不固定，有时候银价高了，铜价就降低，有时候铜价高了，银的价格就降低。有很长一段时间是四十六吊换一块钱，那就是铜板的价高，银价低①。

那个时候很长一段时间物价相当稳定。我记得我父亲跟我说，那个时候的警察月薪就是七块半大洋。要去买白面呢，那时候卖的“炮车”的、“福兴”的，是有名的白面牌子，都是从私人面粉公司出来的，大概在宣武区那边，两块钱一袋面，是四十四斤（市斤）。也有涨到两块五的时候，那就是贵了，我就是说当时物价的比例。那时我买一个烧饼、一个焦圈儿才三大枚，也就是不到二分钱。当时家里买面，我们到粮店跟他说：“你给我送一袋儿洋面去”，他就给送一袋儿洋面去，他巴结我买东西，一定给送一袋儿洋面过去。跟过去那时候烧煤球儿似的，跟他说“给我五百斤煤”，他就给送五百斤煤来。什么都不说，没什么脚钱路费，没那么多说的，因为下回你烧的不好我还不叫你了呢。当时那个社会就这么一个情况。

① 货币兑换：一大枚（铜币）＝20文；一分＝50文；一吊钱＝5大枚＝100文＝2分；一块钱（大洋）约兑换50吊（兑换率不固定）。

# 三
# 孩子的游艺

趴在门缝窗沿偷听评书，疯跑到野地里打滚撒欢……这种日子大概已经在现代都市里消亡许久了，可是在自然之中嬉戏的快乐是那么纯粹和阳光。

我在15岁以前是不务正业的，很好玩，这跟我家里也是有关系的。我父亲带着我满世界跑。我家对我的学习又不是很重视，也就是会认些字，能写，会打珠算，将来在社会上能找到工作就完了。所以那时候我也就是这么想的，就到处玩，我父亲可以算一个自由职业者，原来是在饭庄子里头，给人做饭，那会儿没有厨师一说，叫厨子。我记事的时候，他就开酒铺了，所以他那时候很悠闲。家里养鸽子的时候，我就迷鸽子，跟着他一块儿上隆福寺、护国寺的鸽子市。他又好打麻将，我跟他满世界去打麻将。我母亲不是城市人，是农村人。就是在广渠门外，叫八棵杨树，现在那个地名没有了，就是现在的双井附近。

# 听评书

我的爱好是多方面的，其中一个就是从小爱听评书，也看一些小说，但看的比较少。我家住的地方，靠南边儿有两个书茶馆儿，一个是德林居，就在南河漕的南口儿，东厅胡同的西口儿路北；还有一个在东厅往南一点就是东半壁街那儿路南有一个瞎子茶馆儿还是匣子茶馆儿我说不清了，反正我知道都能叫。一般说评书的时候，都是灯晚儿，就是点灯以后，白天没有，白天卖茶水。过去都是平房，德林居这个茶馆儿是三间房，跟普通民居一样，门在最东头，都糊的是纸窗户，说书的在屋里紧靠西边儿有个桌子。那里边都是人，支了个没有抽屉的油桌①，房子前檐儿是窗户，窗户分两部分，上面的纸窗户是活的能支起来的，夏天热的时候能通风，下边儿是玻璃的，到冬天晚上的时候就上闸板，也叫窗板，就是一个板子，给它挂在窗户上，既挡风又遮光，不让外面人看见。

我为什么说这个格局呢？因为这个格局和我听书有关系，说书的人一般都是两个月一转儿，比方说这个人叫品正三，有名的，或者是王杰魁，到每个茶馆儿里就说两个月，一般都是正月里头，他上的时候一般不会很早。从二月初一上，外面有一个大木牌子，写着本居特请谁谁说《小五义》或《明英烈》等，说两个月，四月就走了，再转到别的茶馆儿去说，都是两个月，很少有第三个月第四个月还没走的，都是两个月一转儿。我听书那会儿也就是八九岁，我有一街坊，我们俩上私塾的时候就是同学，他跟我一块儿去听书。那时候说一个段子十来分钟，到一个扣子的地方，一拍醒木，茶馆的伙计就拿一个小笸箩一个一个的要钱，那时候儿也就一大枚，这么一段一段的。茶馆儿和说书的是三七分账，或四六分账，一晚上下来当时就算账，三七分账就是说书的拿七成，茶馆儿拿三成，因为你占了别人地方。或者是四六分账，如果这个说书的很有名，老满场就是三七分，

旧时书茶馆里评书艺人在说书

① 油桌：指厨房内放烹调用具及调料等的粗制桌案。

如是不行就是四六分，让人茶馆儿多拿点儿钱，这么分账。我听书是不花钱的，家里也不给我这钱。那就蹭听吧，进去听不行，就扒着闸板，闸板也得有缝呀，从缝里就能看见。同时都漏音儿呀，一听就是一晚上，每次都是家里叫我才回去。夏天还好，茶馆儿都支着窗户；到冬天就不一样了，冬天冷呀，但就是冻得厉害也不走，段子有意思就在那儿听，德林居有好书就上那儿听，那儿没有就上瞎子茶馆儿去听，听的都是好演员的书，什么王杰魁的《小五义》、《包公案》，田岚云的《明英烈》。

我还去过一次远点儿的茶馆儿，在标杆胡同，出西河漕往北一点儿有一个水窝子，就是水井，是过去卖水的地方，那边儿有一个茶馆儿。我记得那是绳林祥说快板书，说一段唱一段，边打竹板儿边唱，我听着挺带劲儿的。哪儿有好段子就上哪儿听，估计听了有五六年的功夫。七七事变以后到1938年左右才不听了。我听书上瘾，比方说有一个段子，是说“岳飞被困牛头山”的，南北二圣会面，那时候说书的把金兀术算北圣，岳飞是南圣，在牛头山那儿，岳云报号，是个大扣子，那就一天也不能断。我还好听戏，这都跟正事儿没关系，但是它多多少少也让我长了知识，这是听书。

## 捉蜻蜓

前面说了一回，龙潭湖东侧原来有个窑坑，夏天的时候我经常去那儿招老干儿。当时的北京人管蜻蜓叫“老琉璃”。蜻蜓又分好多种，绿色的是公的，叫“老干儿”；母的叫“老仔儿”；黄黑色相间的叫“老膏药”；小个儿的叫“老黄儿”，全是黄的；满红色的叫“红青椒”；满灰色的叫“灰儿”；满黑色的叫“黑老婆”。过去每年夏天，我就拿着逮“老琉璃”的编织网和招蜻蜓的“招子”，到城内城外有湖、苇子塘和有积水的地方逮蜻蜓。经常是左手晃着招子，右手拿着编织网，嘴中还朝飞着的蜻蜓喊着：“这边有水，那边有鬼”，“黑老婆，洗脸不洗脖”，“上天没脑壳儿”，好像蜻蜓懂我的话似的。飞着的蜻蜓看见招子就扑了过来，想和招子上拴着的母蜻蜓驾起排来[1]。这时，我左手拿的招子就落了地，右手的编织网也随着罩下来，这样就把这只蜻蜓逮住了。随后，把蜻蜓四个翅膀一合，夹在左手小指和无名指之间，

① 驾起排来：雄蜻蜓和雌蜻蜓连在一起飞行。

就可以逗蜻蜓了。招蝴蝶比招“老干儿”还有意思。招蝴蝶就是弄一根竹棍，拿一根白绳，系一个纸片，一晃悠，舞着，那蝴蝶就跟着你跑。那儿也有水，但我没下过水、打扑通儿[①]什么的。

## 逛二闸

二闸在过去来说是很远的。我是跟我父亲去的，出了东便门，在大通桥东侧有一个茶馆儿，名字记不清了，是个野茶馆儿，野味儿很浓，一片很荒凉的地方。每年秋后，放鹰、打猎的都在那个茶馆儿里。一般放鹰都是在冬天，地里的庄稼都没了的时候。有两个人走在前边儿负责趟兔子[②]，兔子一跑，鹰就追去了，就这么放。那时候管野兔叫野猫，到打野兔的时候常看见两人搭着血淋淋的兔子，架着鹰胜利而归。过去的那些人什么走会的、玩鸟的，放鹰的，都是所谓的“耗财买脸”。耗财的意思就是把钱消耗去了，买脸就是所谓的增光彩，这是过去北京人经常说的一句话。

在茶馆儿里喝完茶，大概是九、十点钟的时候，顺着通惠河往东去，再往南岸走，那有两个地方，一个是张家花园，一个是乐家花园，已经是残垣断壁了。这两

东便门外的二闸旧影

---

① 打扑通儿：指初学游泳。

② 趟兔子：打兔子时，有两人走在前面找兔子的踪迹，称“趟兔子”。

个花园的相对位置我记不清了，张家花园我想不出来是谁，但乐家花园是同仁堂乐家的。往这两个花园里看，有房子，有走廊，还有太湖石，但都很残破，没人住了，所以里边很乱，蒿草丛生。二闸里面有花舫，有弹拉吹唱的，那是很兴旺的时候，我记得很清楚。所谓二闸，就是大通桥以下的第二座闸，叫庆丰闸。二闸上面也有茶馆儿，下面是瀑布，有几个十来岁的小孩，都是赤条条的，有人往闸口儿投硬币，他们就下水捞去。游艇已经寥寥无几了，就在二闸以西、大通桥以东，有一个摇摆渡的，是南北摆的游艇，我们就从这儿走。

## 玩鸽子

我父亲开鸿泰轩酒铺的时候，在家里养了三四十只鸽子，这个最费工夫了，因为当时那一片儿，有好几户是养鸽子的。养鸽子需要一些工具，一个是逮鸽子用的海网，就是一个大网，棉线织的，直径有二尺多吧；还有就是弹弓，打鸽子用的；再有就是轰鸽子的竹竿，上面有红绿的飘带儿。鸽子窝要用细竹子编的栅栏儿围起，里面有木头格子。房子上都得搁有标志，一般用黄琉璃瓦或绿琉璃瓦，鸽子在天上飞，看见标志好认识这地儿。养鸽子也是一种玩儿，玩儿的是什么呢？就是一盘儿鸽子——二十只也好三十只也好，这叫一盘儿——放起来后就围着你头上转，转了一会儿就落了，拿食儿叫它下来，喂它们。有的街坊也放鸽子，有时候鸽子就找不着群了，如果你的鸽子很熟还可以，要是生鸽子，买了以后要先把它翅膀绑上，不让它飞，等慢慢养熟了再放。鸽子放飞了以后找不到群，跑到别人那里去，它一看底下不是它的窝，就不下来，所以你要把它叫到房檐上，蹬着窗台儿拿海网给网下来。如果鸽子老是在房顶上不下来，就用弹弓打它，把它的嗉子打破了，下来缝上了还能活。养鸽子户之间，分“过活的”和“过死的”。“过活的”就是如果你逮了张家鸽子，张家人找你来了，就给人家；你的鸽子让别人逮住了你不能要了，要是你逮住了别人的鸽子，他也不能要了，这叫“过死的”。我们家养了一段时间鸽子，后来因为跟街坊在逮鸽子上闹矛盾了，有时候自己的鸽子养得挺好的，被人家给打了，或人家的鸽子被你给打了。我父亲说不要养了，这玩意儿得罪人。

## 养鸟

老北京里玩鸟的

养鸟一般是秋天，夏天不行。养鸟一般是养交子儿，交子儿是一种鸟的名字，嘴有点儿尖，还发红。当时养交子儿，就是把核桃弄上窟窿眼儿让它叼。再有就是养梧桐和老西儿，它们的嘴都比较大。养它们来打弹，有一个竿儿，竿儿上放一个小弹，都是用骨头磨的，要比黄豆大一点儿。玩儿法就是把弹扔向高空，然后放起梧桐和老西儿，让它们追上弹用嘴接住，这就叫打弹。要是养的好的话，还可以打底弹和盖弹，就是两个弹，手扔起让它接住，称底弹；而后再接一弹，称盖弹。这个比较文雅点儿。

## 屎壳郎拉车

那会儿五六岁、六七岁的孩子有时候玩儿的东西现在的人都不可想像，就是玩儿屎壳郎。那时候蟠桃宫甚至有卖屎壳郎的，一个挑子上有一个柜子，能支起来，还卖纸糊的小车儿，用高粱秸儿、用线缠到屎壳郎的背上，用屎壳郎拉车，这就叫做卖“好肥骡子好热车”的。现在根本没有人听说过这个词了。那时屎壳郎很好找，过去北京都是土地，人都随地大小便，有时候出去不留神就踩一脚。尤其胡同里，有的孩子就灌屎壳郎去，看见平地有一堆土，就说明有屎壳郎，把土豁开以后用水灌它。那时候的孩子，不管有钱的没钱的都玩儿这个。除了王府的孩子玩儿的比较高雅一点儿，但也没什么。那时候的老百姓，也就是放风筝，滚铁环。可是风筝一个人也放不了，一般的都得八九岁才可以玩儿这个，再小的，就只能玩儿屎壳郎、弄蝈蝈儿了，很不干净，后来就没有这么玩儿的了。

# 四

# 百姓人家

寒来暑往，居家过日子也就是端茶倒水、家长里短。老百姓的日子大都如此，数十年就这么晃晃悠悠地逝去，才发现那日复一日絮絮叨叨的单调也已成了陌生。

## 住房

我的家在南河漕路西，就是一个随墙的门儿，进门儿以后拐个弯儿，西房是三间半，东房是三间，因为它有个过道儿，南房是一间平房，北房也是一间平房。一般居家院儿里没有男厕所，只有女厕所，一半是女厕，一半是放煤球的。房子基本是这格局。房子是自己的，民国年间，南河漕这儿有几间房，在营房那儿还有十几间房，两处房子，家庭不算小康，但吃、穿都不着急，是那么个状况。

刚才说了，东、西房都是瓦房，房间不是很大。我哥没娶媳妇儿的时候我们住西房两间房，外屋靠后檐儿墙是一个条案。条案前是一个八仙桌儿，八仙桌儿的两

民国年间北京人的房间摆设

边儿一边儿一个官帽椅子，条案当间儿放着一个和尚头的座钟。所谓和尚头就是前面有一椭圆形的头儿，和尚头座钟外面有个钟罩子，两侧一边儿一个瓷的帽筒，再两边儿就是两个盆景儿。过去女人陪送嫁妆的时候要陪送座钟、盆景儿。盆景儿那儿有一个玻璃罩子，再旁边有一个掸瓶。前边八仙桌儿上放了一个茶盘儿，装茶壶、茶碗儿这些茶具，上边儿有一个小缸子，珐琅的缸子，那是我一位姓罗的干爹送我的，他是珐琅作[①]的。靠南墙是两个顶箱立柜，有一个二人凳儿，也叫懒凳儿；北边儿靠墙是一个橱柜，一个水缸；面缸放在条案前面。里头屋就是前沿儿的炕，那时候没有床，是砖搭的炕，不像农村是土炕，底下有炕洞，但是不烧火；后面对着炕是一张八仙桌，也有两把官帽椅子；靠北墙还有一个“连三”，连三是说案子下边有三个抽屉，底下有个柜子，是因为有三个抽屉才叫连三，如果是两个，那就叫橱柜；连之上边的平板跟条案似的，三个抽屉底下有一个开门儿。炕上还有两个放衣服的箱子，这是基本的家具形式。窗户上面儿都是纸窗户，下面是两扇玻璃，这是家里的情况。

① 珐琅作：制作珐琅的作坊。

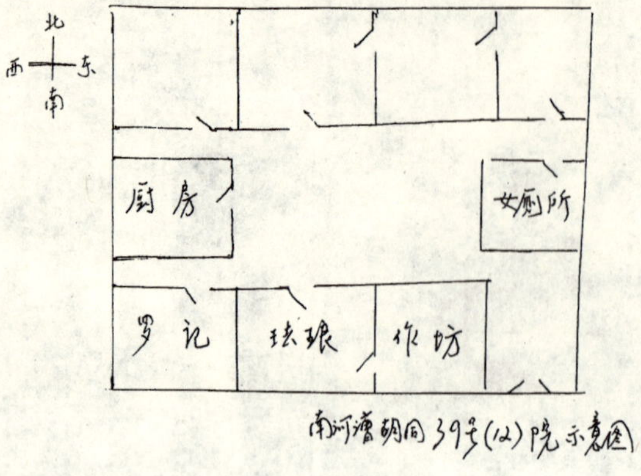


房屋格局示意图

南房住的是街坊，东房也是街坊，租出去了。东房三间房就是珐琅作，他们干活，都将地面砖砸碎了，打铜胎、烧蓝、掐丝。我记着那个南屋搬进过一个军官，那个人是在靳云鹏[①]手底下当军需官的，在袁世凯当皇帝时，在大典筹备处待过，心算、口算都清楚，汉字也比较好，他住我们南屋小房时已经败落了。

老北京街头的猪肉杠

家里照明用的是玻璃的煤油灯，底下大，当间儿细一点儿，上边儿是搁油的，有嘴子，用线织的油线捻子，要大的时候，能捻得大，要小的时候，能捻小，上边是玻璃罩子。还有一种是用铁的，红色的，不高，里边就是放油的。北京有做油灯的，油有“美孚”油，从欧洲进的“亚细亚”油，点灯时用这个，那时候还没有电灯呢。夏天有时候晚上就不点灯了，怕招蚊子。到冬天四点钟就得点上煤油灯，把煤油得弄好，捻子剪好，天天得擦煤油灯罩，就那一盏灯。我记得我父亲常在煤油灯底下给我讲故事，吃完晚饭他就念那个《三侠五义》、《彭公案》、《小五义》给我听，所以我的印象很深。

① 靳云鹏：民国时期重要的军政人物，曾追随袁世凯，任北洋军师长。北洋军阀时期曾任国务总理。离开政坛后，靳云鹏创办经营了多家企业，于1951年逝世于天津。

用煤油灯，还得打煤油。从我们胡同往南再往西有个三转桥，那边现在看来像是一个小的集市似的，有粮店、有猪肉杠①、有羊肉床子②、有烧饼铺、有纸铺、有茶铺等，一般都上那儿买东西打煤油去。

## 煤球炉子

我们取暖用的是煤球炉子。那时候还没有蜂窝煤，蜂窝煤是日本人来了以后才有的。煤球炉子有两种，一种是铁的、一种是搪瓷的，搪瓷的好一点儿，上边挂上瓷釉，比那个铁板的强，铁板的没有两年就坏了，是炉盘先坏，炉眼再坏。那个搪瓷的能多用两年，因为上边有一层瓷釉。

弄煤球炉，你得买劈柴、买煤。首先得跟劈柴厂子打交道，我记得有个姓陈的，他专门把木头弄成段儿卖劈柴。那时候买煤方便，你要一百斤煤球儿，他给你挑，给你送来。如果不好烧我就不要你的了，送煤没有脚钱，很快给你送来。我们家都是自己摇煤，什么时候摇煤呢，就是秋后，秋后我父亲上崇文门，又叫哈德门，哈

老北京人取暖用的煤炉

摇煤球

① 猪肉杠：旧时卖猪肉，将猪肉挂在粗的木杠上，而木杠立在猪肉店中，因此猪肉杠代称猪肉店。

② 羊肉床子：指羊肉店，旧时，卖羊肉，在门前摆放木床子样式的案子，上放羊肉，故而得名。

德门东边有护城河。河岸东边有几个煤栈，煤栈和煤铺不一样，煤栈是批发，是从门头沟、大同那边儿，直接用火车运来的。用煤末子就可以摇煤球，还有煤渣子，就是碎煤块儿，他买些煤末子、渣子，到秋后，街上就有打临时工的，摇煤的来了。一般都是两个人带着筛子，还有一个花盆儿，花盆儿是在摇的时候垫在底下的，还有一个大平铲。买了黄土，有卖黄土的，卸了黄土他们给摇。摇得在街上晾，完了自己收进去，给他们工钱。我们那北屋一半是女厕，一半是存煤球儿的，一年的煤球儿都存在那里。煤球儿炉子就烧这个，但那时候也不觉得冷，那时候烧煤球儿没有烟囱，我记得在我们那一片都没有烟囱。当时铁铸的花盆炉子还没有出现呢，都是这种煤球炉子，生火的时候都是早晨，有一拔火罐，约一尺高，底下点着，煤生上以后，用那个拔火罐拔火，就相当于烟囱，火上来以后给端进来，那就十点多钟了，就做饭。冬天在屋里做饭，等做完了还有一种水汆儿[①]，汆[②]水的，汆点儿水，灌入暖壶，那时候的暖壶是瓷的，用棉布包着的那种，做完饭了，火也乏了，还得把火炉搬出去。搬出去以后再添上火，晚上做饭还那么样。到睡觉的时候火还得端出去，因为没有烟囱，万一中了煤气怎么办，拿一个破铁锅盖上，第二天再笼[③]。那时候取暖做饭，就是这样生活，半夜里没有火，黑洞洞的，还冷。

## 生活用水

老北京人喝的水是买的。

南河漕往西有一条小胡同叫西河漕。西河漕南边有个水窝子，又叫水屋子，有个辘轳井，头了一个大木头池子，打上水来放里面。送水的大部分都是山东人，《竹枝词》上也写着“草帽新鲜袖口宽，布衫上又着磨肩[④]。山东人若无生意，除是京师井尽干。”夏天还好点，冬天多冷呀，就是一个苦活。推个独轮车，一边一个水桶吱扭吱扭的，因为老这么走，搭落[⑤]水，两边都结了冰了。那时候一大枚，一挑

① 水汆儿：即汆子，一种煮水用具。是一有柄的细长小铁筒，可以深深插入炉火中，能将水很快煮沸。

② 汆：因水少而能够快速地煮沸。

③ 笼：在炉、灶里燃起柴、煤来生火叫“笼火”。

④ 磨肩：挑水人所穿半臂衣服。

⑤ 搭落：往下滴。

老北京的送水人和送水用的水车

水给你送到水缸里了，当时不给钱，划一个道儿，不在里面墙，在门口外边墙上给你划一道儿，五个是一组，一个佛手。算账的时候等到一个节下了，比如说五月节、八月节、年节，他一算多少钱，有阴天下雨、年节的时候，还得给他加上酒钱。这个都讲信用，他也不给你瞎划，你也不擦去。现在执行不了，要是现在就乱了套了。那个时候做人讲信用，比方说我不能应人的地方我不应人，应了就要做到，民无信不立。水屋有水道，水屋掌柜的有很多伙计替他送水，南河漕、西河漕，我们东边的拐棒胡同，这一片都归他送，这是他的水道，别人不能来送，这是政府批下来的，这个是他的产业，所以就出现一些水霸。

## 淘粪

还有淘粪的，男厕所在街上，那时候不叫厕所，叫茅房。院里只有女茅房，女茅房是马桶的，有马桶就有淘粪的，水有水道，淘粪的也有粪道。在我们那儿有个叫小石头儿的，他来淘，这也是个产业，也能继承，能买卖，有时候你得罪他，他好几天都不给你淘粪，那水要是不给你送，你可以自己去挑，可是粪不能啊，所以

民国年间北京城里的土路，一下雨满街泥

阴天下雨得给他酒钱。街上的茅房都是露天的，我们南边有一个茅房，地底下埋着一个小缸，有两个砖头。

街巷院子里没有下水道，更没有自来水，那时候有阴沟，污水排到街上。还有土筐、脏水都往街上泼，所以说街上比较脏一点。大街小巷都是土道，等到1948年的时候，那片儿从磁器口儿到珠市口儿，打了洋灰路①了，原来都是土路，所以经常刮旋风，有人说这是鬼魂，那纸经常被刮得很高。民国年间，北京的大街小巷，只有前门大街和长安街是柏油路，有的地方是卵石路，其余大部分都是土路，这就是北京人所说的“无风三尺土，有雨一街泥”。但是街道比较整齐，外城没有私搭乱建的，院里更没有，要是房屋改建，搭一个小门楼儿都要上报，管理比较严。近几年我还短不了②到崇文门那边去，有时走到南河漕那边，破烂的相当厉害，卖早点摊摆的到处都是，房子破烂不堪。那时不是这样的，房屋都很整齐，大门都没有残缺的地方，说明当时管理的比较好。

## 天狗吃月亮

天狗吃月亮就是现在说的月食，我小时候人们不知道这是怎么回事，就都说是天狗把月亮吃了。每到有月食的时候，就要引起一阵轰动，那会儿也没有广播报纸的预告、宣传，但人们都上街去，不是为看这个景观。大家手里都拿着铜茶盘子、

① 洋灰：水泥。
② 短不了：少不了。

铜脸盆等金属的器具使劲地敲，有些商铺还拿出铜锣来敲，为的是吓走天狗，不让它吃月亮，还有的人就跪在地上，直到月亮再次出来才算完。

## 日常饮食

平时吃的是小米面窝头，有很多是玉米面的，小米面的比玉米面的好吃，有时候吃炸酱面跟热汤面，到节日、生日的时候吃饺子。出门大部分都是徒步行走，后来有了有轨电车，人力车是很少的，所以大部分都练出来一双铁脚板，能行走，我们家情况基本就是这样，我附近的人生活大部分也是这样。比较好的，日子过得不错的，在南岗子娘娘庙那条街上有个叫李玉书的，那家生活比较好，比我们生活强，还有一家叫史相朴，他是做毡鞋的，是作坊掌柜，旁边还有一个开轿子铺的，阜顺轿子铺，这是比较不错的。史相朴有包月的洋车，这就是大致的情况，就是七七事变以前的情况。

## 日常礼俗

下面再说一下日常礼俗。1949年以前，一般人都是穿长衫，衣帽整齐。男人大部分剃光头，部分人推平头。只有肩挑叫卖的或者干力气活的劳动者穿短衫。郊外的农民，到秋后推着小车到城里卖白菜，穿大棉袍，他还把大棉袍系起来掖在搭布[①]上。那时候在家中就不用说了，可以穿短衫，如果出门就必须穿长袍，还必须戴帽子，那时候帽店比较多，生意比较兴隆，因为出门以后光着头是不礼貌的，不穿长衫更不礼貌，让人笑话。来客人了，你要马上换成长衫，纽扣和脖纽必须扣整齐了，不许敞胸露怀，不然就是对客人的大不敬，同时自己也失礼。帽子必须戴正了，如果有帽正[②]的也必须戴正了，不能偏一点儿，否则会特别难看。戴毡帽的，后来流行的礼帽也一样，这是衣着的礼俗。还有像“坐有坐相，站有站相”，坐必须坐正了，不能斜挎着或是坐得不端正；站有站相，不能跷着脚，最忌讳的是踩着门槛，扶着门框。站着的时候脚不能颤抖，身子摇摆，这是相当不礼貌的。晚辈在

---

① 搭布：布腰带。

② 帽正：所谓帽正就是帽子上镶的一块石头或一颗珠子。

长辈的面前，如果长辈站着的时候晚辈不能坐着，长辈先坐后晚辈才能坐；走路的时候长者先，幼者后，长辈在前；出门的时候必须跟父母打个招呼，回来必须见个面；客人来了，长辈和客人讲话时不能插嘴，问你时知道的才说，不知道就不能说，这是一般对子女的要求。家里的座位有主次之分，那时摆的八仙桌，以主人坐的位置分，客人要坐在左边，主人坐在右边，如果来两位客人，那就是两位客人一个坐左一个坐右。给人家敬茶，不能给人放的很满，那时候都用茶壶，茶要轻轻的倒，壶嘴不能对着人，现在有的宾馆招待客人的时候，有招待员还穿着古装，倒茶的时候都“哗”的一下，在那时候都是很忌讳的。

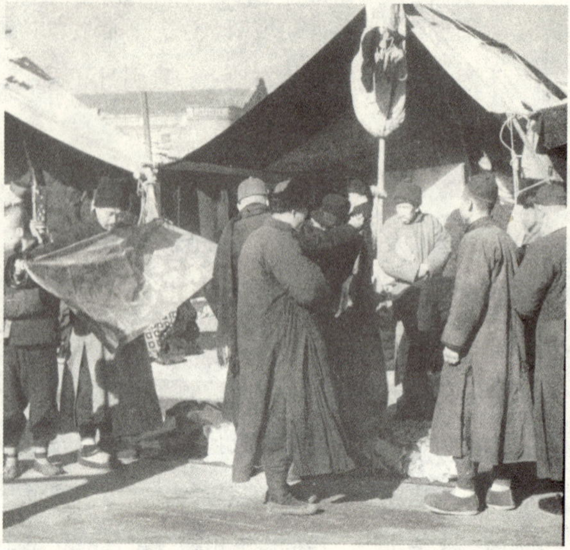

民国年间北京普通百姓的穿戴

## 人际关系

当时的人，不管是富与贫，长者对自己的子女抱着一个教养的态度，这是他的责任。我观察的家庭、亲友和我接触的看到的都是这样。子女对自己的父母都要报答养育之恩，父母有钱的，他不依靠子女来供养；但是绝大部分中等人家和贫穷人家的子女都认为自己应该供养父母的天年，这是做子女的责任。很少有父母给他养大了以后，还要跟父母张手要钱的情况。但是在七七事变以后，有不孝之子沾染一些恶习，比如抽了白面儿、大烟以后，就跟父母要钱，除这种人以外都认为养父母是自己的责任，如果还跟父母要钱，那是耻辱，让别人看不起，这就是那时候的社会风气。

对别人、对社会的一些事，大部分人都是钱财应取的取，不应取的不取。不取不义之财，要互相帮助，讲义气。人和人说话一定要有信用，如果说我这件事办不到我就说办不到，如果应了别人就得办到，如果不办没信用了，那这人就臭了，谁也不会和他交朋友了。如果发生矛盾了，都以和为贵，忍为高，过去有名言，“忍一时之气，免百日之忧。”比如在茶馆酒肆发生冲突了，不忍让，两个人动了手了，后果是谁给谁伤了，惊了警察了，惊了法院了，那就是有“百日忧愁”了，所以该忍的忍，取得和气。过去说这个人不地道，可以不和他打交道，犯不上和他争吵。还有一句名言：“你敬人一尺，人敬你一丈”，当时这种名言在社会上很流行，人人都知道，所以受这种影响，人与人之间很少争吵。

我记得原来在那个院儿住好几十年，院子虽然小，人也不多，但也很少有吵架的，那条街也很少，更没有说谁与谁打起来了的。所以说远亲不如近邻，有急事的话，找街坊就行了。人和人都抱着互帮互助的态度，当然处理别的事也是这样，你不能自己合适就得，不考虑别人，要互相体谅。过去四合院里的，火炉子、煤箱、劈柴都是放在自己的屋檐儿底下，没有放在别人那里的，也不放在公共的道路上。因为大家都很替别人想，不妨碍别人，自然也就没有纠纷。但是有闹矛盾的，都是串门子讲别人，传到人家耳里了，这种事大部分都出在妇女身上。

另外，在路上打听道儿的时候都很客气，骑车的下车，不会骑着车不下车来打听道路，北京的讲究就是你不下车就不理你。如果不客气地打听道儿：“花市怎么走呀？”人家会连看都不看你，所以必须得有礼貌。

蹬鞋踩袜子的过去有，虽然是小事，有的时候闹成纠纷，都是一些年轻人不讲礼貌闹成的。从总的来看，吵架的、只顾自己不顾别人的，这样的有，但是比较少，什么时候都有讲理的。我举个例子，我们本院我认那个罗掌柜做干爹的，如果关系不好就不可能有这样的关系，后来他家搬走以后在别处发展，我们还有来往。另外有一件事，我父亲爱养鸽子，后来有一只鸽子被街坊打死了，当时养鸽子的有几家，就是因为这个闹矛盾了，所以我父亲一狠心不养了，怕得罪街坊，自己的鸽子被打了也心疼，但为这点儿事闹别扭不值得。这就说明人和人之间相处尽量是不得罪人的。

# 五
# 北平沦陷

半大小子感受到的屈辱莫过于精神的奴役、生命的无常、未来的渺茫和时时的恐慌。日伪时期的北平是没有晴天的，因为再灿烂的阳光也无法照亮内心的阴霾。不过，无论如何，男女老幼还要坚强地活着，他们也许会偶尔在一个艳阳天里舒展一下抑郁的心胸。

七七事变是北京历史的转折点，也是百姓生活的转折点，绝大部分人家在七七事变以后破产了，生活比较贫困，有一小部分人发横财了，像当汉奸或者是贩毒的，或是投机倒把的。

## 1937年农历六月的一天

那是1937年的时候，我正在东半壁街舒老师那儿上学，到五月份的时候搭天棚了，屋里热得没法待，就在天棚底下读书。大约是农历六月的一天，日本飞机从脑袋上飞过去，那时候小，看到飞机来了，就都看，都叫膏药旗子，那时候还不知道

卢沟桥事变后，准备抗战的二十九军

要打起来了。后来不久就听大人说，二十九军在卢沟桥和日本鬼子打起来了，那时是七月份，我们这些孩子有个印象，二十九军穿着灰军装，打着裹腿，穿着靸鞋[①]，后面背着大刀。我曾记得，是一个传统节日，二十九军走会，高跷、五虎棍开路，在哈德门大街。我就在哈德门大街东侧一个千芝堂药铺那边站着，看二十九路军在那儿歇息，跟老百姓关系比较好，参加走会。我对二十九军的印象是不错的，过去人们都说军阀军队不讲理骂人，北京人对军阀军队印象最不好的是东北军，就是张作霖和张学良的那个军队，张口就骂人，说“买东西还他妈的跟我要钱”，总之东北军态度是不好，太野，还有石友三[②]的军队也是那样子。二十九军给我的印象最深的是大刀队[③]，我还记得20世纪30年代的时候我和我父亲逛白云观，在墙上贴着

① 靸鞋：靸意为将布鞋后帮踩在脚后跟下，靸鞋即指无后帮的鞋。

② 石友三：字汉章，吉林长春人，国民革命军陆军中将。一生中曾先后投靠冯玉祥、阎锡山、蒋介石、汪精卫、张学良、日本人和共产党，而又先后背叛之，被时人称为“倒戈将军”。

③ 大刀队：长城抗战中，驻遵化西北军二十九军宋哲元部一零九旅临时组建的一支五百人的队伍，因在喜峰口战役中挥大刀与日军展开肉搏战重创日军，故得名。

二十九军的大刀队在演练

许多二十九军大刀队在长城喜峰口[①]与日本鬼子血战的漫画，那时候我就对二十九军有好印象了。当时我认为二十九军能打赢鬼子。后来又听说卢沟桥和宛平县都让日本夺去了，觉得那都是传言。后来不久又听说二十九军有一个战士18岁，夜里摸进日本军营拿一把砍刀砍死了十几个日本鬼子，大家都很解气，说这个二十九军真了不起。同时都传说日本人就怕大刀队，日本人也信佛，每个人怀里都有一个佛像，日本人就怕砍脑袋，如果砍了脑袋魂就回不去本土了，那时二十九军就砍他们的脑袋。

有一次我在我们胡同玩，往南往东有一个空场，就是派出所的阁子那里，偶然间来一个20多岁的年轻人，穿着白裤褂，跟我打听，城里头还有军队吗？我说以前有，这会儿没看见。我就问他问这个干吗？他说他是二十九军的，从南苑打散了以后逃到城里了。赵登禹守南苑那时候，传言有飞机不断地轰炸中国军队，佟麟阁、赵登禹坐着汽车走在海慧寺的那地方，中了日本的计了。这个人可能就是那儿打散来的。我就告诉他赶紧找去，这里没有。

后来又有传言通县保安队张景慧或叫张庆慧，原来是汉奸队的，就是冀东自治

① 喜峰口战役：1933年长城抗战中的一场战役。国民党二十九军张自忠师与日军展开的拉锯战。此战是长城抗战爆发以来日军首次遇到劲敌。3月11日夜，二十九军乘日军疲惫、疏于防范之机，偷袭日军，重创日军部队，日军在发动侵华战争以来首次受挫。此战令日本国内大哗，称此役“使日本皇军遭到奇耻大辱”，“喜峰口一役，丧尽皇军威名”。

政府[1]的，殷汝耕是冀东自治政府的头头儿，是汉奸。又听说保安队炸了窝了，杀日本人、杀帮助日本鬼子做坏事的高丽人，大家都打日本人解气。今天一个消息，明天一个消息，消息很多。在我们南边儿那儿还贴出一个布告来，是华北政务委员会的安民告示，是让老百姓正常生活、勿慌的意思，下面挂的名字是张自忠。那时候说二十九军都走了，日本占了北平了，大家都骂张自忠，说张自忠是汉奸，没有人不骂，以为他和日本勾着。后来知道张自忠是保卫北平的。卢沟桥事变以后，在我所居住的地方老百姓七言八语的，我想其他地方也大同小异。

伪冀东防共自治政府大门

## 北方中学

七七事变之后，学就不能上了，可能是到了八月份，天很热，我跟我父亲走到哈德门大街，一个人都没有，路上很静，那可能是北平沦陷了。那时候想千万别做了亡国奴，日本人会欺侮我们，都害怕，但事与愿违。后来我就在火神庙大街的红卍字总会第一小学上学，去那里念洋学去了，那是所谓的官学。在北头路西的一个大院子里边，后边还有操场，是不要钱的。我一开始上四年级，字识的多，写的也行，会打珠算，别的都不会。有三个老师，我记得都是复式班，一个教室有好几个年级，教了这班又教那班。有一个老师姓费，有40多岁，上古文，历史知识很丰富，我爱学历史可能跟他的影响有关系。由于我爱听戏、听书，其他的社会事都很喜欢参与，跟这个可能也有关系。有一个姓高的老师，教小四门，就是音乐、体育、

① 冀东自治政府：即冀东防共自治政府，是日本利用汉奸殷汝耕在华北建立的第一个傀儡伪政权。1935年11月建立，设立“冀东防共自治委员会”，伪冀东防共自治委员会宣布冀东非军事区所属18县以及昌平、宝坻、香河和察哈尔省的延庆、赤诚、龙门，均属“委员会”管辖。12月，伪保安队又占领塘沽并强行将塘沽、大沽划入辖区。冀东防共自治政府是继伪满洲国之后第二个在日本帝国主义扶持下的汉奸傀儡政权。

日伪统治时期的学校

美术、劳作。他的家眷就住这儿。还有一个教体育的姓徐，人挺好的。

不久就是1938年了。我们那时开始就必须得学日语，开日语课了，谁教日语呢？就是那个教体育的徐老师的哥哥请来的，岁数挺大，他是红十字会的，那是个慈善机构，他在日本留过学，就他教日语课。我记得他不是一个班一个班的教，而是三、四年级以上的到一个大屋子里，统一教。反正学字母的时候大家都起哄。高老师教音乐，就唱日本歌曲，什么歌我记不起来了，总之就是中日亲善的歌，什么“天无私覆，地无私藏，亚洲有史四千年，中日光华照四方”，都是这样的，讲的就是中国和日本是同根同种。上到五年级，就是1939年，闹大水，北京水也挺大的，但是没淹。听说是把天津淹了，因为那年雨水很多①。

①《中国水灾年表》上有对这场水灾的记载：“……其中海河水系7、8两月洪水总量达84亿立方米，为1917年以来最大值。由于洪水峰高量大，次数频繁，致使河中下游河道多处漫溢、决口……造成广大平原地区严重水灾，受淹面积达4.94万平方千米，受灾农田346.7万公倾，被淹房屋150万户，灾民近900万人，死伤1.332万人。冲毁京山、京汉、津浦等铁路160千米，公路565千米，交通几乎全部中断……”。

后来徐老师说上中学吧，放暑假以后，我就考到了北方中学，在和平门里顺城街，离我们家很远，要走着去，那时候人很多，穿的都很洋气，和我穿的服装就不一样了。有穿短制服的，戴的帽子也不是小帽了，是带沿儿的那种，男生也有，女生也有。我记得就是课本比我后来教书的时候质量好，纸张也好，文章挺多，回忆起来冰心的《寄小读者》印象挺深，其他的就很淡了，那时候勉强上学，无心上学。在那儿跟红十字会第一小学就不一样了，日语是必修课，必须得学，到中学时候就有教材了，在小学的时候没有教材。后来知道这个北方中学校长，罗庆山，是个文化汉奸。在北方中学日本味儿很浓，日本教官在每次上完早操以后训话，唱日本歌曲，“中日亲善，中日提携，咱们都是同根同种，到这里来是帮助中国的，不要做英美的奴才了”，都是这一套话。老师也好，学生也好，见到日本教官都毕恭毕敬的。我印象很深的一次有两个女学生一边走一边谈，没有看见日本教官，教官就怒了，对这两个女学生扇大耳刮子，扇完了以后还不行，说你这是中日不亲善，最后还让伪警察局给带走了。这事给我留下很深的印象，日本人对中国人就是那么残暴，我就想：这是做了亡国奴了。

日伪统治时期学校里上日语课的学生

日伪统治时期的某胡同

在北方中学也就读了一个学期，因为我没心情读了，为什么呢？七七事变以后，到1938年，这个时候银元和铜板都没有了，日伪发行了伪币，是中国联合准备银行

东交民巷里日伪联合准备银行今貌

①的联合票②。当时物价飞涨，物价涨了以后影响最大的就是粮油，不断涨钱还时常缺货，所以饭馆、饭庄受的冲击最厉害，因为饭馆、饭庄离不开粮油、肉，物价一涨今天你卖的明天就买不回来了。我父亲虽然当时没开饭馆、饭庄，但在西唐洗布街开了酒铺，也不行，所以就把买卖收了回到家里，开了一个小杂货铺，那也不行。我家的经济状况很快就一落千丈了，学费太高，付不起了。我记得那时候上一次学，学费就得两袋洋面。退学以后只能自己找出路。

## 大烟馆儿和白面儿房子

北平沦陷后有两个概念，一个是日本人管北平叫北京了。国民政府南迁的时候，民国十七年（1928年），南北统一了，统一以后，因为它不再是京城了，就改成“北平特别市”了。七七事变以后日本就把这儿作为京城，又成了“北京”，但是咱们始终还是没承认，说是伪北京，始终还是叫北平。另一个是日本鬼子占领中国大片国土后，它采取分而治之的办法，把中国分成了好几块。一块是长江以北到南口这地方，是伪华北政府委员会；南口以北蒙疆地方，原来叫蒙疆，张家口是河北省，那时候叫察哈尔省，蒙疆政府有联合政府；一块是山海关以外，也有伪满洲国；长江以南是汪精卫的伪中华民国，当时中国就是这么一个政治情势。

提到日本对中国人的残害，首先是允许大烟馆儿和白面儿房子。大烟谁都知道

① 中国联合准备银行：即伪中国联合准备银行。北平沦陷时期日伪证券组织成立的金融机构。1938年2月11日成立，总行设在东交民巷30号。银行成立后，即履行中央银行之职，主要包括发行钞券、统制外汇、成立票据交易所及管理金融机关四项任务。银行成立后即发行中联券，并发布《中国联合准备银行货币发行章程》及《整理旧通办法》等一系列法规，逐步占领华北金融市场。

② 联合票：即伪中国联合准备银行发行的货币。

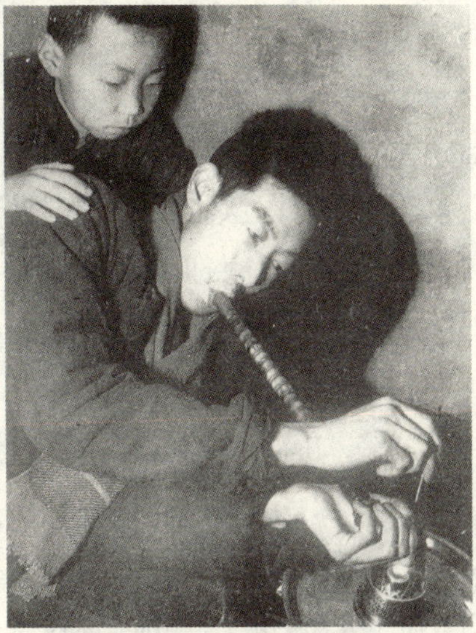

民国年间吸大烟的人

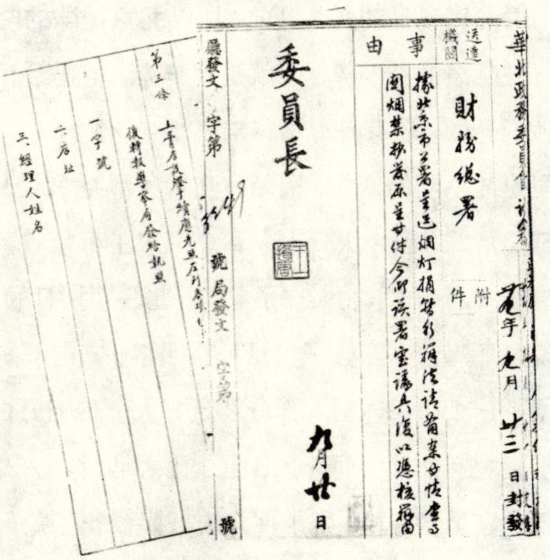

華北政務委員會
送達機關 財務總署
事由
委員長
發文 字第 號
附件
年 九月 廿三 日封發
九月廿 日

民国时期的“烟灯捐”文件

是毒品。后来，1941年日本伪政权，立了一个《禁烟法》，禁止鸦片烟。当时我不知道这个“禁烟法”，我知道日本伪北京有伪禁烟局，但是处处都有土膏店，也就是大烟馆，公开收售，这不就是矛盾的吗？开土膏店的都是中国人，都是跟日伪有关系的，公开发照的。当时全北京有700多个土膏店，到处都有，最大的一个土膏店就在我眼皮子底下，在大栅栏精明眼镜行对过儿①，原来有一个天成信布铺，关张以后，叫公益厚土膏店，是北京最大的土膏店。2004年，我帮崇文区地方志办公室编《百年崇文图鉴》，曾去南京第二档案馆找照片，老照片没找到，但找到一份大汉奸王揖唐审批的调整灯税的文件，如果不了解情况的找不着这个材料，当时我一看这灯税就明白了，因为抽大烟的，需要床铺点灯啊，他是按有一盏灯拿一盏税，就是说你这个土膏店有两个床，一个床两盏灯，两个床是四盏灯，拿四盏灯的税。比如说有五十盏灯，就拿五十盏灯税。日伪一方面设禁烟局，另一方面又可以公开办大烟馆，并查私运鸦片。目的有两个，一个是查不良分子；另一个就是查有没有土膏，查到以后没收或给你判刑，说你逃税，不是说不让你卖。

还有白面儿房子，那时候的白面儿可能就是海洛因，我在大烟馆里看过吸白面的。

① 对过儿：意为同一条路两边相对的处所。

白面儿房子是朝鲜人开的，所以北京沦陷的时候一是恨日本人，一个是恨给日本鬼子做坏事的高丽棒子，就是朝鲜人，他们给日本鬼子当翻译，当特务，白面房子是他们开的。还有是恨给日本鬼子当狗腿子，残害北京人的东北人。可能是因为他那里是先沦陷的，很多翻译官和特务都是东北人，但是大部分东北人是好的，不是说都是坏的，因为跟日本人到北京来了都是做坏事的，都是汉奸，来的那些人都是干这个来的，给东北人抹了黑，东北联军抗日的那你能说坏吗？还有安善良民那你能说是坏吗？高丽棒子也是那么回事，来的都是痞子，到这儿没做好事儿，所以给人留下这个印象，但大部分还是好人。他们开白面儿房子，还有“小押儿”，什么叫小押呢？你抽白面儿，白面儿比大烟贵，没钱了还上瘾，那些纨绔子弟败家子没钱就从家里偷东西，到小押儿去押换钱花。偷一块儿表来押上了，这块儿表值200块，小押儿呢也就值20块，半个月来赎，你过半个月要是不来赎就死了。当铺有时候是12个月，有的是18个月，利息还小，小押儿不仅时间短，而且利息还大，给定的

日伪时期日军细菌部队曾驻扎在天坛神乐署内的这所房屋里

天坛细菌试验基地：“九一八”事变后，日本侵略军在中国设立了大规模的细菌部队，总人数达两万人。1938至1945年，日军占华北地区，其北支甲1855部队，又称细菌兵器研究所，对外称“华北军防疫给水总部”，总部设在北京天坛外坛，以野战供水和传染病预防为招牌，培植鼠疫菌和繁殖细菌传染媒介物——跳蚤，进行细菌武器研究。侵华日军在进行细菌试验同时，还在中国战场进行细菌战，在和平区放毒菌，残害百姓。此外，日军为研制杀人细菌武器，用中国人进行活体实验，大量中国被俘士兵和平民被当作实验对象惨遭杀害。

价钱还特别低，只有1/10，这就是开小押。

## 货币贬值、生活艰难

这时候货币贬值，最后出过500元一张的伪币，票面有天坛、孔子的图像，“孔子拜天坛，五百顶一元”，这是那时候的顺口溜，就是500块钱只值一元。物价飞涨，尤其是粮店。搜刮粮、油、肉，咱们看不见真正的好粮食，最好的大米是草包米，因为米口袋是草包的，那个是日本人、汉奸特务吃的，老百姓连看也看不着。到1943年的时候出现了混合面，我吃过。当时报纸上宣传这种混合面有50多种营养丰富的粮食合在一起，营养很丰富，所以称混合面。买混合面还要排队，因为没有别的粮食，在我学徒的眼镜店里，我们吃了一回从大和恒粮店里买来的混合面，是混合面蒸的窝头，黑着呢，玉米面是黄的，小米面是土黄色，这个整个儿是黑的，有点紫、硬，掌柜的吃了一口就走了。他一走，大家全不吃了，跟大师傅说把它丢在街上给要饭的吃吧。后来紧跟着在北京出现了霍乱，当时不叫霍乱，而叫“虎烈拉”[1]，上吐下泻死了很多人，开始人们都以为是吃混合面的原因，后来才知道天坛里有一个日本人制造细菌的地方，这件事就是跟他们的试验细菌有关系。

## 献铜献铁

1944年的时候有一次献铜献铁。过去北京没有铝，脚盆、脸盆分三种材料，一种是搪瓷的，比较少，只有结婚的时候才买；再有就是铜盆，一般以铜和锡的比较普遍；铁盆是小作坊用的，不怕摔打，木头箱子的包角是铜的。献铜献铁从现在来分析，是因为日本物资缺乏。头年我们上南京的时候，在南

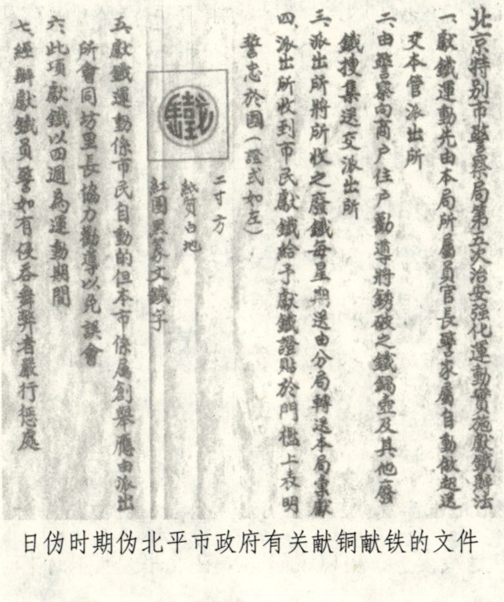
北京特別市警察局第五次治安強化運動實施獻鐵辦法
一、獻鐵運動先由本局所屬員官長警家屬自動獻起送交本管派出所
二、由警察向商戶住戶勸導將銹破之鐵鍋壺及其他廢鐵搜集送交派出所
三、派出所將所收之廢鐵每星期送由分局轉送本局彙獻
四、派出所收到市民獻鐵給予獻鐵證貼於門楹上表明警忠於國（證式如左）

五、獻鐵運動係市民自動的但本市係屬創舉應由派出所會同坊里長協力勸導以免誤會
六、此項獻鐵以四週為運動期間
七、經辦獻鐵員警如有侵吞舞弊者嚴行懲處

日伪时期伪北平市政府有关献铜献铁的文件

① 虎烈拉：霍乱的英文cholera音译。

京第二档案馆发现了档案材料，要献铜献铁，给“皇军”用，老百姓都得拿出来。

因为日本鬼子这种掠夺，绝大部分的人都很贫穷，小作坊也完了，同时又有日本货占领北京市场。在北平沦陷时期，关张最多的就是餐饮业，比如有名的便宜坊是比较大的饭庄子，像城里的福寿堂、会贤堂、天和堂、同兴堂这些都关了。正阳楼那个饭馆是很有名的，它之所以有名，一个是涮羊肉，一个是大螃蟹。掌柜的叫孙学仕，跟政界攀上关系，他是商会的副会长，南北议和以后，他曾是欢迎南京代表到北京的人士之一。他跟段祺瑞、吴佩孚都有来往，有时候北京政界开一些重要会议，宴会都在正阳楼。到20世纪40年代他才关张的，第一个原因是切涮羊肉肉片切得最薄的师父让东来顺给请去了；第二个原因是原料缺乏。

北平沦陷，日伪统治搜刮是事实，但是说一片萧条都要关张那也是不准确的，都要关张的话，以后物资怎么交流呢，这是不可能的事，我也经历过这段，知道有很多繁荣的，比如精明眼镜行就发财了，就是前门大街大栅栏这片地区，饮食业完了，其他的行业还照样干，人来人往相当繁荣。所以说那时大部分不好做是肯定的，但有的行业不仅是没有垮，反而还更繁荣。

## 拿麻子

北平在沦陷时期出现了几件大事。当时，北平的老百姓已经做了亡国奴，没有办法，虽然恨日本，但见着日本人却是极端害怕的。日本占领北平的时候，很多重要的路口都由日本军队把守，同时，还有巡逻兵。我经常去广渠门，那时候城门是晚上关闭、早晨开启，那时我还小，走到那儿就害怕，害怕他给我叫过去搜身检查，上下摸。说是搜查，实际上就是看你不顺眼，不顺眼就给你叫过去。伪军就是治安军，治安军归治安总署管着，当时治安总署里管事的是齐燮元，原来是吴佩孚手底下的，日本人来了以后，他就当了汉奸，做了治安总署的头了。可以说当汉奸的没有好人，虽然有时汉奸也会良心发现，但总的来说，大多数的人当汉奸就是在给日本人做事，陷害中国人。如果人被弄到日本宪兵队去了，他就说“不良分子，你的良心大大的坏了。”日本宪兵队在东珠市口路北，就是现在崇文区交通中队的位置，那儿原来是个天津会馆，日本鬼子在里面设立了日本宪兵队。进了日本宪兵队，就是九死一生，里边皮鞭子打、老虎凳、灌辣椒水，等等，不死出来也是残废了，可以说日本人在北平是无恶不作。

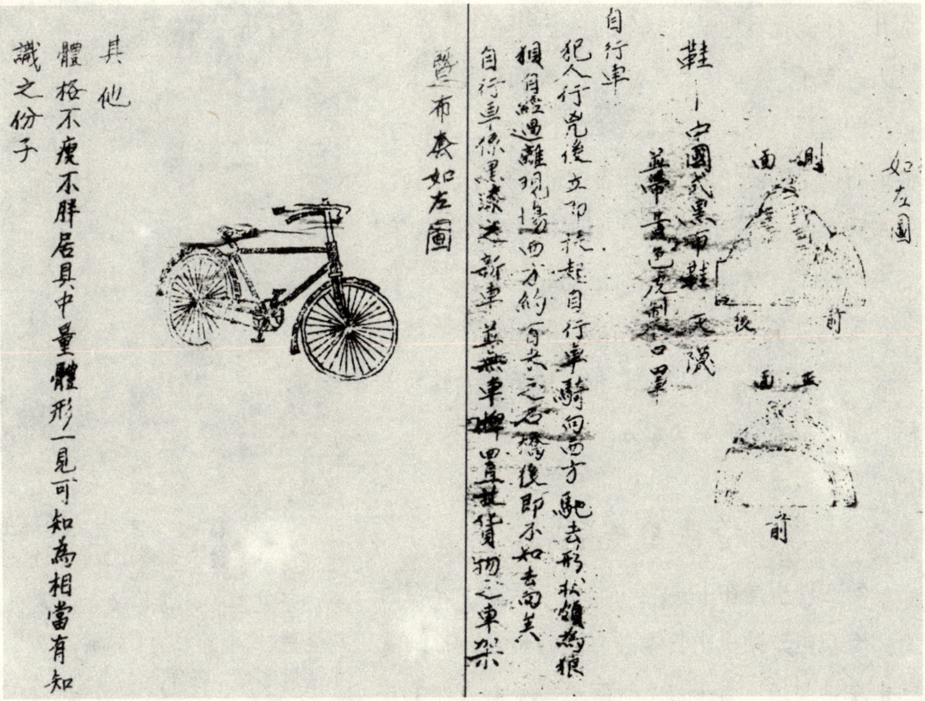


日伪时期北京的拿麻子告示

抗日的时候，发生的第一件事就是全城拿①麻子，当时，脸上有麻子的人就会被日本人抓走，为什么见着麻子就要逮呢？是因为那时候传说有个麻脸人打了日本人，实际上这麻子是个好人，当时人们都背地里解恨，说打得对。1940年冬天，资料上写的是1940年11月29日上午10点钟左右，有两个日本中佐骑着大马，在当时日本驻屯军的总部，就在张自忠路路北的段祺瑞执政府那儿，从西往东走，走到南锣鼓巷南口的时候，有人骑着一个旧车从胡同里出来，冲着日本人打了两枪，这两个人就被打下马了，之后，那个人骑车往西跑了，跑进了一条胡同，现在叫东不压桥，后来人们再去找他的时候，早没了踪影。当时对于那两个日本人，有的人说被打死了，有的人说没被打死，就这么，说有一个麻子脸的人把日本军官打了。这事发生以后，当时的伪警察局、警察署、日本宪兵队都如临大敌似的，把那个地方全都封锁了。同时，将东边的一个煤铺作为指挥部，问煤铺掌柜的看见这个事情没，这个煤铺掌柜的说没看见。后来听说有一个进城卖黄土的人，被日本人逮住了，因为当时他刚好走到

① 拿：捉拿的简说。

那儿，他说我看见一个骑车的，进胡同往北去了，这人有麻子。可能那人真有麻子，也可能是这个卖黄土的瞎说八道，掩护他，拿麻子就是这么来的，最后听说是国民党地下工作者搞的，打完了以后，就跑到京西去了。现在有些人说那人好像是姓麻，后来被捕了。拿麻子是当时惊动北平全城的一件事，那时候长着麻子脸的人都不敢出来，这就是“拿麻子”。指挥者是马汉三，他是抗日战争胜利以后，北平军统的主要负责人。

马汉三像

国民党官员。早年追随冯玉祥，后投靠蒋介石。历任军统局五原办事处处长，傅作义参议等职。1942年，任军统局华北试验区区长。抗战胜利后，任军统局北平办事处处长。1947年任北平特别市民政局长。后因与毛人凤发生矛盾，违背蒋介石意图，被毛人凤逮捕枪决。

## 枪杀日本兵

第二件事是在1944年9月的一天晚上，在西直门有轨电车站枪击日本兵。当时是在西直门有轨电车站北场，有个日本兵跟着一个女人要上有轨电车，这时候一个人从胡同出来给了他一枪，打死没打死说不清，最后这人跑掉了。事发后，日本宪兵队把很多胡同都封锁了，西直门和地安门一带的胡同也都被封锁了很长一段时间，但挨家挨户的搜查也没找着这个人，最后没办法，也就不了了之了，有人说这人可能是八路军的地下工作者。事后，伪警察局局长把当地的一些伪警察、一些站岗的，还有派出所的人，都撤职了，起码这也是一种失职吧，怎么处罚的就不知道了。

## 光陆电影院爆炸案

第三个是在日本快投降的时候，1945年3月25号，那天下午，我到东总布胡同办事，走到光陆电影院时[1]，看到那儿有很多日本兵，还有一些伪警察，看起来那里是刚被放行的，车跟行人都不多，人们都很惊慌，后来听有人在念叨，“光陆

① 光陆电影院：即今东单北大街路东的大华电影院。此电影院在当时是一座高档次影院，到此看电影的大多是日本人。在光陆电影院放置定时炸弹的是王士敏和陈熊二人。

电影院那儿发生爆炸了，定时炸弹，炸伤了人了。”到底炸伤了几个人不太清楚。在北平被日本统治的沦陷时期，光陆电影院这地方给日本人办了专场，出来进去看电影的都是日本人。胜利以后，知道是由一个从河南卫辉来的少校，是个伪治安军，跟一个住在西城拐棒胡同里的人一起策划的，在电影院里放了定时炸弹。俩人原本是商量好的，结果那个放炸弹的人放好了炸弹后就离开电影院了，而另一个人不知道他已经走了，去了就找他，结果就被炸死了，同时也炸伤了一个日本人，这件事当时也轰动了北平。这些算是在北平沦陷时期，在抗击日本人方面有名的几件事。除此之外还有很多，例如贴抗日标语的等。

## 神风敢死队

与此同时，在1945年的时候，我已经工作了，正值严冬。一天下午，从东边来了一队日本兵，估计有20来人，都是穿着三角裤衩，赤着身，头上包着一个白布，白布上有两个红字，写的是“神风”，中间有一个人，挎着个大鼓，是个洋鼓，有几个人用两个鼓锤子打着小鼓，一队人打着鼓，从东往西来，天气那么冷，穿成那样儿，有人就看，实际上这是什么时候啊，是日本人要玩命了，那就是所谓的“神风敢死队”。后来听说在太平洋战争中，日本人要和美国人拼命，它的飞机直接钻进美国战舰的烟囱，炸了美国战舰，那就是神风敢死队[①]干的，是日本在做垂死挣扎。实际上，这个时候，不断的美国飞机也来到中国了，美国飞机来了带着一道白烟，撒传单，在咱们北平上空就看得见。很明显，当时的日本已没有制空权了，日本飞机起不来，同时日本人在离火车站不远的沿线地区，尤其在车站附近的地方砌起了两堵高墙。这高墙干什么使的呢？听说飞机如果扫射的时候机身不是垂直的，而是斜斜的，那么，如果飞机来了，在低空飞行的时候，火车就可以把客车甩了，机车就钻到两堵墙的中间，客车倒没关系的，飞机不会打客车就打车头。日本人就用这种

① 神风敢死队：又称“神风特攻队”。二战末期，日本为了抵御美国空军的强大优势，挽救其战败的局面，利用日本人的武士道精神，按照“一人、一机、一弹换一舰”的要求，建立了对美国舰艇编队、登陆部队及固定的集群目标实施自杀式袭击的敢死队，即神风敢死队。其主要攻击方式是在军中、民间招募飞行员，进行简单的飞行训练后，让其驾驶只有单程油料的飞机满载炸药起飞，在美海军军舰上空，以自杀攻击的方式撞向军舰。在这种攻击方式出现的初期，给美军军舰造成了一定损失。但在美军加强防空火力后，这些攻击就鲜有成功战例了。

方式来避免美国飞机的扫射以保卫自己的机车，这个形势完全说明日本要完蛋了。

## 五次强化治安

日本在占领北平时期，曾实行过五次强化治安，所谓强化治安实际上就是一种白色恐怖，用军事手段来控制北平地区，来搜查抗日的爱国人士。这五次强化治安是比较厉害的。

第一次是1941年3月30日到4月3日，这次强化治安是在城郊区，对北平居民实行户口调查，用五天的时间进行户口调查，从中发现所谓的不良分子。

第二次强化治安是1941年的7月7日到9月7日，时间较长，向百姓发良民证，只有有良民证的人才是良民，“籍以分析良莠……使不良分子、宵小匪类无潜伏隐匿之机会或致作乱亦无逃避之余地”，从而达到控制全体居民的目的。用这个办法检查行人的时候，没有良民证的人就会被带走，这时候，人们都照快相，照得特别难看。这是第二次强化治安，就是发良民证。

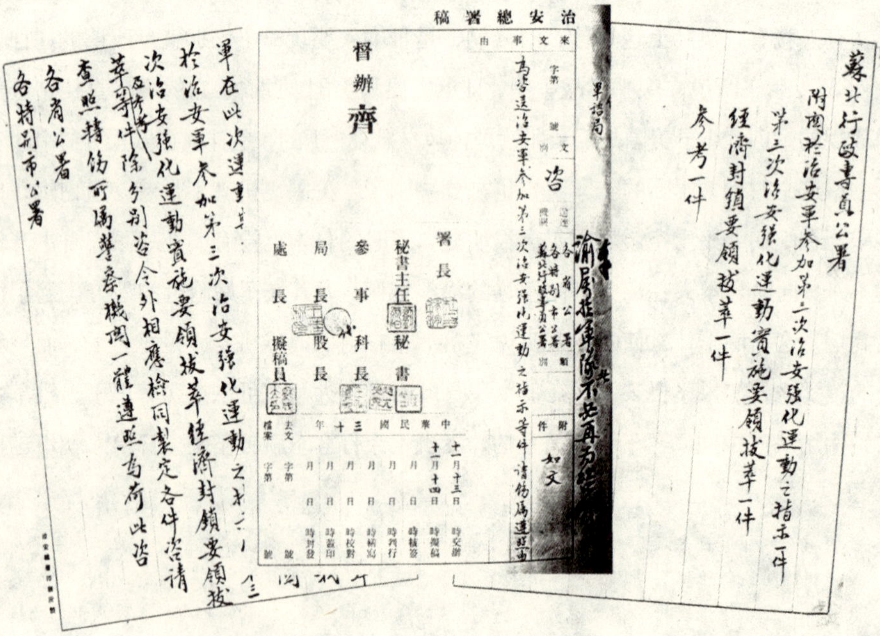

日伪时期伪北平市政府的有关强化治安材料

第三次强化治安是1941年11月1日至12月26日，对北平附近的八路军抗日根据地实行封锁，限制粮食、燃料和其他的军用品出境，像医药之类的东西都被限制出境。这说明当时中国的战场虽然有国民党的正面战场，但也有八路军的敌后战场，显然八路军的敌后战场对日本威胁比较大，所以它对八路军根据地进行封锁。尽管封锁了，但还是有一些爱国商人私自卖给到北平来联系购买物资的一些人，卖给他们限制物品。像中兴百货店就曾经发生过这样的事，伪政府称它是违法的卖给解放区东西，下令逮捕，还有大栅栏的四箴药房卖给八路军药，也曾被拘留过，这种事件时有发生，这是第三次强化治安。

第四次跟第五次是连在一起的，第四次是1942年的3月30日至6月15日，紧跟着1942年10月8日至12月10日是第五次，之所以连在一起，是因为前面有良民证了，同时对解放区进行封锁了，在这期间就有日伪特务进行半夜查户口，来抓捕不良分子，实施白色恐怖。有时在繁华街区突然来了几车伪军跟日本兵来设岗，临时在某地检查行人，发现问题就带走。

所谓的五次强化治安实际上就是日本人对北平沦陷区人民的一种残酷统治，同时查找抗日分子以稳固它的统治。但这么做也没能改变或缓解其失败的结局，到1945年时败局已定。我记得在那年的八月十五，日本投降以前，曾在伪报纸或是在《华北日报》上的不显著位置有一条很短的消息，是关于中立国家对美国的抗议的。中立国指的是瑞士，瑞士始终是作为中立国家的，它抗议美国在长崎投下了惨无人道的原子弹，美国在长崎和广岛投放的原子弹杀伤力很强。后来又听说在北平的日本人都圈在一个很严密的屋子里听天皇大诏，听完后都痛哭流涕，有的还剖腹自杀，天皇大诏中就提到原子弹，说我们如果不投降，大和民族就灭种了，所以只能投降。中国人受日本人的气不只是八年了，在1931年的“九·一八”事变前，日本就不断地欺负咱们，因此日本投降后就听说常有痛打日本人的事情发生，大栅栏里没有，吓的当时的日本人出来的时候都是穿中国人的衣服。那时候我在大栅栏的精明眼镜行学徒。有一天有两个日本兵，可能是日本军官，拿着一个黄皮包到眼镜行去了，进去后没买东西，而是把皮包打开了，从中拿出两把手枪放在柜上，想把手枪卖了，商店里谁都不敢买，但也不得罪他们，有这么个事。从1937年到1945年据我所经历的或者我所知道的，我只能说1/100或者1/1000的情况。

# 六 大栅栏里的小学徒

熙熙攘攘、鱼龙混杂的大栅栏，店铺林林总总，小儿郎在这儿当学徒学点手艺、长点见识、领悟点生意经，还能历练历练人情世故。在这个极品大染缸里，只要有一颗“性本善”的心自然还是能“出而不染”的。

## 找工作

我为什么选择眼镜行学徒？不是我选的眼镜行，是眼镜行收留我。不是像现在这样似的，现在比如说我要考研究生，或者是不考研究生我要就业，有个打算，有个目标。当时七七事变以后，以我的家庭情况，人家要我就不错。那时我有个打算，从当时来看我有旧文底子，但社会认不认你的文化程度是另一回事，而且那时候我初中刚上第一学期，第二学期还没上，这个时候，你没有本钱只有去学徒。

北平当时社会状况就是这样，高层的人受高等教育，家里富有的人才能说我要干什么干什么。大部分人想要从政当官，学文学理的都贫困不能发财。当时只有一小部分北京人在官场上、在机关上当小公务员。小公务员生活很凄苦，我记得是挣七块大洋，我印象很深，小公务员比警察多挣不了多少，还要从事副业才能养家糊口。只有当大官，靠贪污才能发大财。当时的老百姓对官是既怕又恨，都认为当官的没有好东西。

那时候北平人一般走的几条路，第一条路就是进店铺学买卖，一条是到作坊去学手艺，那太苦了，三九天儿的时候，小徒弟穿着空心小棉袄、灯笼裤，穿着片儿鞋，给师父打二两酒，买点儿花生米，跑去再跑回来，在作坊里什么都得干，太苦了，我不干。第二条路有点学问的有点知识的当公务员去。第三条是从商。第四条路进作坊做作坊头子。第五条路是给轿子铺、杠房打执事，作小买卖，没有别的路。我就想比较好一点的，商店里没有文化还是不要你，还得有点知识得认点字，我就争取到商店。但很多商店是不要北京人的，这是有地区性的，布铺是河北高阳人多，就是保定府以南这片是布业的人多。有些钱庄山西人多，这屋子都是山西人，你来也呆不了，人也挤对你，钱庄还有南方人。茶叶铺都是安徽人多，像张一元、森泰、吴裕泰，这些字号都是安徽人干的，但是像东鸿记和西鸿记，在大栅栏里边那儿，那是孟家，是山东人干的。虽然饭庄子可以去，但我觉得那是伺候人的，也不想去。精明眼镜行可以去，但还是通过关系，不是我选的，是人家要我，其他地方没法去。

1937年北平沦陷，家境日渐败落。原来我们家有两所平房，一所是本身住的那所，另外东半壁街那一所有12间房，后来因生活所迫就卖掉了，但还是入不敷出，尽管人口不多，但是当时物价飞涨，生活很艰难。到1939年的时候，天津闹大水，水患很厉害，到北平来的灾民很多，尤其是河北省的。这个暑假我上了北方中学，但也就上了一个学期就辍学了，因为家里生活紧迫，我也没心思上学。辍学以后想干什么去呢？起码你得找个为生之路吧！在那个社会，有一条路就是做小生意，帮助家里解决经济困难，但这个我不想干，也不会干。再一个就是学手艺，北京有一句话：贱年饿不死手艺人。就是说生活再贫困，社会再动荡，手艺人是饿不死的，有手艺就能维持生活。我们那一片手艺人小作坊不少，什么打铜叶的①，做铁炉子

① 打铜叶的：制作铜器的一道工序，指将铜捶打成薄厚大小合适的铜片，便于下一步加工成形。

的[1]，做疙瘩针[2]的，打丝线的[3]，打线绳的[4]，还有我干爹做的珐琅作[5]，但是我受不了那个苦。最后没办法，我父亲过去经常到崇文门外往西的河泊厂[6]去，我姑在那里，那会儿叫二娘，我爸爸上她那儿去打牌，认识一个牌友，就是杜泽臣，就这样，他介绍我去他二弟杜杰臣的精明眼镜行那里当学徒。我记得那会儿是正月，过了正月十五就上学徒。那时候大栅栏相当红火，上午九十点钟的时候人就很多了。

## 眼镜行的小学徒

我到那儿以后，杜杰臣不让我叫他掌柜的，按家族统治那个形式，叫二叔，管他媳妇叫二婶。我记得他家住在笤帚胡同，就是大栅栏西，东琉璃厂东门，延寿街的东面一点。在笤帚胡同的西口路南，当时那还是人家的房，他租房住，我记得住北房三间。当时店里有五六个人，我记得大师兄叫姚耕辛，那是杜杰臣比较器重的。那时掌柜的四十多岁，姚耕辛也得三十出头了；还有一个马凤才，和姚耕辛都是昌平县人；还有一个叫李西园，是北京人，住在大栅栏北边畬家胡同；还有一个姓张，叫什么我记不起来了，是通县人。开始就这么几个人，后来第二年又上了一个叫张福成的。

我一开始去做些零活，什么开关店门了——店门有个闸板，晚上上闸板，不能说关门，不好听，很忌讳这个；打扫卫生，来客人送茶水，拿纸烟，还有送修理的零活儿，我经常到厂东门[7]东北园那个作坊，去送磨眼镜的活儿。他们作坊干活我也经常看，确实苦。磨眼镜片的工人坐在高凳上，手握镜片在铁制圆形屯子上磨，屯子下有个大铁锅，锅中是凉水，水中有钢砂，工人不断用手从水中取钢砂在屯子上磨，冬天也如此。到做铜活的时候，就到筒子胡同，都在东琉璃厂附近。没事的时候我的工作就是每天开关店门，一般的说太阳没出来就起床拆铺。当时楼上就有

---

① 做铁炉子的：即打制煤火炉子，旧称“黑铁行”。

② 疙瘩针：是一种固定钿子、钗朵等的短簪。因簪首有一疙瘩形结花而得名。

③ 打丝线：由蚕丝制成丝线的工艺。

④ 打线绳：把几股线拧成绳子。

⑤ 珐琅作：指制作珐琅器的手工工场，珐琅指用蓝色的珐琅在上面制作花纹的金属器皿及首饰。

⑥ 河泊厂：即今天河泊厂胡同、河泊厂西巷、河泊厂东巷、河泊厂南巷以及河泊厂北巷在清宣统时期的统称，此地在清乾隆时期称荷包场，因有专制各种荷包的作坊而得名。

⑦ 厂东门：即琉璃厂东街。

两个铺，楼下得搭铺，那铺板得从楼上搬楼下来。按现在说七八点钟就开店门了，开店门以后一天都在店堂里头。到晚上什么时候关店门呢？不像现在似的，八小时制，或是两班倒，是要到很晚的。电影院当时是一场一场的，戏园子里边晚上11点半散戏。还有义务戏，大约有十出戏，准6点半开戏，得到12点多钟才能散戏。义务戏不要钱，是救济贫苦行业的。当时的戏不像现在9点半就散戏了，得11点半才散戏。那会儿散戏人多，掌柜的还想做号买卖呢！有的地方就关门了，像同仁堂、瑞蚨祥都按规矩的关门了，但是他关门得11点多。最后关门的，有一个二妙堂，是在庆乐戏院东侧卖冷饮、卖咖啡、卖牛奶的。散戏了以后可能有人在那儿吃点夜宵。有那样的，掌柜的说必须得看二妙堂关门了你再关。关门得12点，然后洗洗，搭上铺，躺在铺上休息就得夜里1点了。得工作多少个小时啊！

刚开始的时候我出去上厕所，可以过过风[1]去，我要送零活儿去也是一个机会，可以在外面溜达溜达。当时店里面没有厨房，要回掌柜家吃饭去，吃两顿，中午饭和晚上饭，不能全走，要分班，一次去两个人，回来以后再换人。走大栅栏，出西口奔煤市桥[2]，往西是取灯儿胡同，再往西就是笤帚胡同，走到笤帚胡同西口的路南第二个门就是他家。他家是他大儿媳妇做饭。他大儿子死得早，他大儿媳妇那时已经孀居了。他有两个姑娘，有一个姑娘有鼠疮脖子[3]，这病不容易好，所以我经常上同仁堂抓药去，一来二去的就对同仁堂比较熟悉了。他媳妇有一个妹妹，也是孀居，好像都管她叫三姨，在这寄居，帮忙做饭。反正不送活儿一天也得走两个来回，这也是过过风。过了不到一年，精明眼镜行“立伙”了，“立伙”就是安了厨房了。厨房安在楼上，找了个大师傅，我记得是姓袁，都叫他袁师傅。我看这人很有本事，他好像是西郊六郎庄的人，在清宫御膳房学过徒，后来清宫垮台了，他那时候也就四十多岁。他炒菜的味道比较好，还有一个是他的板条面抻的比较细，另外在门口买菜的时候，他说这捆菜是一斤半，一称它准是一斤半。这人很倔，不和气，有他做饭以后我就不回掌柜家吃饭了，这样就少了两次遛弯儿的机会。

我记得有一次到年终了，掌柜的就让袁师傅给他家做年菜，蒸完馒头，送到家

---

① 过过风：这里指从工作的地方出来走走得到休息。

② 煤市桥：北自杨梅竹斜街东口，南至大栅栏街西口为煤市桥，后统归煤市街。

③ 鼠疮脖子：即现代医学上所说的淋巴腺结核病。

去。做年菜都是腊月的时候，天气比现在寒冷的多，但是那会儿年轻，穿得很单薄也不怕冷，我记得有很多次蒸了馒头炒了菜，放在屉儿里，让我给他家送去。屉儿就是用秫秸编的放饺子的那种，北京叫屉儿。有两个屉儿放得满尖儿满尖儿[①]的馒头，用布系起来，就这么提溜着，那时学徒的没有手套，你戴手套人家说你娇气。里面穿一件薄小棉袄，外面套一件薄大棉袄，那时候大棉袄都挺薄的，没有现在这么厚。拎着年菜送去，尽管我是年轻人，但是也冷啊！后来我想了办法，大栅栏里虽然人很多，但早上毕竟人还少一点，往西不远，我看见一个拉人力车的，那时叫洋车，带棉棚。我说“拉车的，给我拉到笤帚胡同，我给你两馒头”，他挺高兴的，笤帚胡同离这儿不远。我给他两馒头，就进车棚，把帘拉下来，让人看不见，拉着我到那儿，到掌柜家门口附近我就下来。当然菜不能短了，馒头又不数，缺了也不知道，我有很多次都是这样送的。

## 借上厕所偷看戏

我难以忘怀的就是戏园子，因为我那时候经常去看戏，一个是庆乐，有永春社唱武生的李万春，他和他的管事经常到精明眼镜行去买眼镜。他是在晚上演，白天是李万春组建的科班——鸣春社在那儿演[②]。粮食店里的中和戏院是尚小云组建的科班荣春社[③]。我经常在每天早晨九十点的时候看到从大栅栏里头由西往东走，有五六十个戴青小帽穿青长衫布底鞋的孩子，

粮食店里的中和戏院

① 满尖儿：形容装得满。
② 李万春于1931年自组永春社，在各地巡演，20世纪40年代在北京创办鸣春社科班，先后培养了近300名学生。
③ 荣春社：1938年尚小云组建，1948年解散，属于小科班。

都是十四五、十五六岁的模样，这些就是荣春社的学生，白日要到中和戏院演出去，那就是所谓的上园子。

在精明眼镜行上面有层楼，楼的南窗外面是六必居。六必居相当大，从粮食店那里往西延长到精明行以西都是它的地方。晚上的时候我站在精明眼镜行楼上，往南就能看见中和戏园，晚上演出的时候，我们在楼上就能听见那里唱，这是两个戏园子。一般的来说，到下午以后掌柜的到精明眼镜店看看，天一黑就回家了。他回家以后我们有时要去厕所。精明眼镜行里能小便，大便都要上外面，我一般去前门大街。那里有个最大的厕所叫一本堂厕所。它从前门大街进去，往南能走到大蒋家胡同，这个厕所就这么长。有时我借上厕所的理由就跑到中和戏园去看戏，有时到更远的鲜鱼口小桥[①]的华乐去看戏，有时候就在庆乐看戏。这种不买票进园子听戏，就是听蹭儿戏，有认识人，哪地方戏好上哪儿去看。西面广德楼也是老戏园子，谭富英经常上那儿演。

我记得有一次我到西面送零活去，修理眼镜，过去老式镜片儿是玳瑁的那种老式的大框子的，鲨鱼皮的眼镜盒，带着坠子能系在腰带上的，很像戏里的欧阳德[②]，不好看就磨小一点，磨小点上化学框，到东北园琉璃厂的老孙那儿改。还有就是一尺大街往南筒子胡同，我一般学徒时候都到那里去送零活，回来以后有时候就去广德楼看戏。我印象很深的是两出戏，一出是杨盛春演的《恶虎村》，另一出是谭富英的《奇冤报》。还有一次是在三庆，那时快散戏了，已经到了大轴了，是叶盛章的《时迁偷鸡》。一般戏园的前面有坎子，就是验票的地方，到大轴时坎子也撤了，也没人管，随便出进，剧场里三层外三层的人，走道都站满了。我看那会儿正是吃火那段儿，相当好。所以我到那儿看戏，开场戏不怎么看，不是好角儿，到大轴了都是好角儿，前面也没人管，坎子人我也认识就随便进去。我在大栅栏里头呆了六年，虽然说不是天天看戏，那也是接三岔五的去。在那里演出的大部分是京剧，曲

① 小桥：今并入鲜鱼口街。乾隆年间，胡同之西原为河道，上有小桥一座，故得名。乾隆以后，桥即不复存在，但此胡同名沿用至1965年。

② 欧阳德：赵如泉曾据《尹家川》及《贺兰山》，加“冰山冷村”、“打韩登”等情节，改编为连台本戏，易名《欧阳德》，叶盛章又曾改编，分四本演出，情节不尽相同。欧阳德是戏中主角，他反穿皮袄，头戴瓜帽，鼻上玳瑁眼镜，手持一旱烟杆做武器，功夫超强，个性诙谐，喜抱不平，故有“怪侠”之称。

艺很少在园子演。说相声的，大鼓书的一般都是在天桥撂地的，那时只有鼓界大王刘宝全来大戏园演。他演他拿手的《大西厢》的时候，我就要到那去看刘宝全演出，所以说在那个地方看了不少的好角，同时还都是名段的演出。

## 眼镜行的生意经

过去眼镜店很少，一类是卖真眼镜的，就是晶石眼镜。过去老人都戴矿石镜。矿石的眼镜跟玉器行有关系，也是跟磨玉似的磨。西打磨厂有个三山斋眼镜店，那是过去最有名的，就卖矿石的，不卖假货。那时候戴帽子，戴马聚源的，戴眼镜就讲究戴三山斋的。还有一类就是卖假的，就是玻璃做的。像大明、精益这样，是所谓的科学镜片还验光配镜，它不卖真的，都是玻璃的。后来还有一类就是精明眼镜店，既卖真的也卖假的，就这三类。

那时不像现在，从东四北大街到崇文门就有13家，那时候全北平市也就几户。当时夏天得戴太阳镜，那时候还有所谓的养目镜，讲究戴晶石的和水晶的。大军阀、大老板都戴深色的大茶晶。镜片跟古玩玉器一样分色，矿石拉①开了磨成的，很讲究，大部分都是苏州来的，北京也有，少，就打磨厂那儿有几户。后来有南方来的精益、大明，卖的都是科学镜片，还验光配镜，那时候就很流行了，新派人就戴近视镜、散光镜。那时很多给日本人做事的特务，都讲究戴眼镜，特务不都戴太阳镜吗？那时候生意还是比较好的，所以不能说日本来了以后就百业萧条。

钟表行都是机械手表，讲究瑞士的，后来，日本的就不行了。钟表我也知道一些，因为抗日胜利后我在天津的国际钟表眼镜公司呆了半年多。还有的钟表铺代卖眼镜，那少，亨得利有一个柜台是卖眼镜的，还有慎昌，和亨得利挨着，两家老较着劲儿。那个水晶的是苏州片子，规格称“千边平”，磨得了来的；那假片子就是科学的，一部分是上海货，一部分是日本货，那时候还没有塑料的。镜架大部分是化学的，都是北京做的。还有一个很有名的克罗米的镜架，白铁的，都是上海的。还有一种从西方来的，白金的，那价钱特贵。眼镜店既规矩又不规矩，比如说三山斋眼镜店那纯粹是规矩买卖，这东西多少钱就是多少钱。像精明眼镜行虽然有定价，这

① 拉：二声，切割。

民国年间西打磨厂街上三山斋晶石眼镜店的横匾

个五十块，看你嫌贵，就说：拉主顾，少算一点。这就打了折扣了，200块算195，最后人家给180也卖了，这就是不规矩。一种镜片有一个绒托，边儿是绿的，面儿是白的，这两个镜片搁在这上头，你如果拿一块儿破布托着镜片搁在跟前，就这东西本来值钱也变成不值钱了，这个装饰就跟一个锦匣里放一个破铁也是宝贝似的。这镜片里摆着两个片子，一个片子是纯白的，是托力克，还有一个变色的，叫克罗克斯，现在有没有我不知道，那时候是有，在太阳底下有颜色，不在太阳底下没颜色。卖家看人行事，要是客人问还有好的没有，他就再端出来一个，跟那个其实是一样的，但价钱就上去了。你不是要好的吗？要是钱花的不痛快，他就不买了，上别人那去了。所以客人要好的，卖家就给拿好的，就那样，拿着绒托就托出来了。还有卖布的，布是老尺加一，过去尺有新尺老尺之分，老尺大，新尺短，老尺加一就是说你买一尺给你加一寸，买十尺给你加一尺，这是做买卖的所谓的生意经。

在眼镜行里，商品知识得学，你得知道科学镜片，什么是克罗克斯的，什么是托力克的，当然这个比较好学。什么不好学呢？就是茶晶、水晶，晶石眼镜，你得能辨别真假，哪个是等级比较高的、好的。茶晶也好，水晶也好，如果是单片的，好辨别，两个镜片一碰有金属音，“当……”有后音；而玻璃片一碰就“叭啦叭啦”

的，一听就明白了。但上了镜框以后就只能意会，不能言传了，这就是个经验问题，看久了才能分辨出真假。茶晶也是一样，你得能看出哪是合片子，是假的，哪是造的棉[①]，真棉和假棉也是不一样的，这是一个功夫。再有就是将镜片和镜架组装成一副可佩戴的眼镜是个功夫。

精明眼镜行进货时，都是镜片和镜架分别进入。茶芯片论副，一副是一对，水晶论包，每包10副，科学镜片论罗、打，一罗12打144副。镜架都论打，一打12个。你得给安上，得合成，合成以后戴上得合适，要会做这个。镜片与化学镜架组合，要用煤油灯将化学镜架烤软才能把镜片安上。小火，化学架不软；火大，化学架就可能烧毁，所以必须适度。钢镜架当时叫克罗米架。镜片安克罗米架需用改锥拧螺丝的，那时候的尺寸，四四的正常的，四二的是比较小的，四六的是比较大的，上面得垫铜丝，你得会垫。最难的是带卡子的没有镜框，弄不好镜片就碎了，得拿砂石钢丝通玻璃眼。但是这些东西没人教你，都得自己想办法学。一般的师兄不教你，你要偷着学他还限制你。为什么呢？因为精明眼镜行的杜杰臣不雇伙计，伙计难使用，得给人工资，待遇要高。他就用学徒，学徒三年一节，没有工资就管吃，在这住不能回家，病了自己看去，病厉害了就家走[②]，所以他的学徒是一班顶一班的，这个学徒满了想办法让他走，那个学徒顶上来。这师兄想，我教会你，你行了，我走的日子就不远了，而且出去以后，眼镜行很少，只能去钟表店代卖眼镜那地方找饭碗去。我统计过，从1924年开业到40年代，也就十几年的功夫，他用的学徒大概有20多人，有姚耕辛、刘五爵、金定义、马凤才、李宣，有的想起来姓，有的想不起来名字。就因为这个，学东西都是自己想办法。

上化学眼镜得用煤油灯，一般是美孚的，铁座上边是玻璃罩子，点好了拿那个灯熏眼镜框，给它熏软了，那个框子才能上地去，如果掌握不好火候，轰的一下，镜架就着了。眼镜行的利润相当大，那时候镜架和镜片一般都按打儿算，次片儿按摞儿算，你烧了一副眼镜架无关大小，配一个腿，甚至配一个螺丝来就能顶上，卖出一副镜架，一打儿镜架的价钱就收回来了。茶晶的价钱就更没边儿了，可以和古玩儿相比，你要是烧了他会心疼，就不让你练了。那就要找修眼镜的，用旧眼镜架

① 棉：特指水晶中的杂质，是丝绺状。

② 家走：回家。

来偷着练，你必须在这三年里把这修理眼镜的功夫学好，这个难度比较大。

后来还得学验光。当时不像现在是电脑验光，那时只是插片验光，就是带一活动镜架，换镜片儿。哪个对哪个看前面的字清楚就可以；但验光的轴能转，能够验出散光来。后来我曾管过一段账，那时候的账就是账簿，包括收入、支出、现金、存货，这个好管。不好管的是什么呢？就是得做假账，那时候有所得税了，开始税务局有查账的，那时候你得弄一套真账和一套假账，这事我都干过。后来逐渐地又上了人，有个姓田的叫田治国，还有姓贾的、姓高的、姓常的几个人。

还有，卖眼镜也是一种商业经，他跟卖别的不一样。比如说买茶叶，你买一包儿高末儿[①]也好，买一包儿小叶儿[②]也好，没有两人交往。还有像瑞蚨祥卖布的时候，人家乐意买什么布就是什么布，买多少就是多少，给人算账就完了，那种可以说是比较好做的买卖。不好做的买卖是什么呢？就是眼镜行，它有定价，但是不完全定价，少给也可以。如果是在三山斋那种眼镜行，是言无二价的，真的就是真的，假的就是假的，你买什么眼镜就是什么眼镜。但是精明和明明这种眼镜行不是这样，因为掌柜的都是摆摊出身，做小生意的，他认为做买卖要活。比如说这个是18块，你不愿意要，就给你打个折扣少算一点，可以17块，16块甚至是15块就拿走了，他讲究进来一个主顾就不能让他走，如果你招待两个主顾什么都没买就走了，到第三个主顾那儿，他就跟你楞僧眼儿[③]了。就是有的好主顾也不能卖给他低价钱的，尤其是验光的，买别的都是成镜，写着价钱呢，验光的就不一样了，验完光得选镜片，选镜架子。验完光以后用绒托托出两个镜片，一个是托力克的，一个是克罗克斯的，让你选择。顾客不满意，还有好的，伙计于是又拿出所谓CO的——就是靠镜片边上刻着CO两个英文字母的镜片，O在里面C在外面。克罗克斯从英国来的都是有CO的，CO是在原来的镜片当中。而精明眼镜行的CO是伪造的，让慎昌钟表眼镜公司一工人专门用一种什么药给刻出来的，其实那个CO是假的，卖最好的康泰斯那也是假的，都赚了不少钱。甚至有同一副镜片拿进去以后再拿出来，就说是换了个好的，所以说无商不奸，我是深有体会的。可以挣钱的买卖你必须得挣钱，人家要好的你又没有好的，他就走

---

① 高末儿：指上好的茶叶末。

② 小叶儿：即“小叶儿茶”，是比较高级的茶叶。

③ 楞僧眼儿：用眼神表示很不满意。

了，如果你坑他一下子他倒痛快。所以做好生意的人确实要懂得揣摩顾客的心理，不过我觉得不规矩。眼镜行跟一般的行业不完全一样，尤其那时候眼镜行又少，掌柜的做买卖是有一套的，虽然买卖不大，但据我所知，在当年北京城眼镜行，他可以说是一大户。北平沦陷的时候，物价飞涨，他有一个办法，就是存货不存钱。

## 精明眼镜行

精明眼镜行的生意相当兴隆，从早上九十点钟大栅栏上人以后到下午都有人光顾，尤其是天一黑，人越来越多，店堂里头总是满的，买什么的都有，每天的销售量都很大。掌柜的不存钱，都买货，物价涨，钱贬值，货就能增值。当时有很多货，店铺里存的不太多，尤其茶晶、水晶一些比较贵重的商品，都存在家里，甚至有的时候商品直接送到他家去。比如北京做化学眼镜架最好的张东印就直接给他送货。还有苏州有一个人姓缪，叫缪镜清，是苏州眼镜厂的，在北京坐庄，住在打磨厂的天成店，他经常从苏州运来水晶，供给他。还有一个跟他做买卖的，是上海的，在北京做科学镜片的，这个人姓朱，浙江宁波人，掌柜的还和他攀了亲。后来有一个日本人也卖给他货。他收货有的是给现钱有的是赊销，当时生意相当兴隆。所以说，在北平沦陷的时候，有的买卖是不行了，但如果说商店一片萧条是不太合适的，像大栅栏里的这些店铺，大多数还是很兴隆的，有很多发了大财。

我那时候在精明眼镜行当学徒，每天得7点钟起床，到夜里12点才能休息，一天干18个小时左右，夏天有时候才有一个小时休息，伙食又很一般，所以陆续有人病倒。头一个是得痨病死的，叫李西园，和我关系不错，就是畲家胡同的那个，那时候得痨病的话没法救。他死不久，通县那个姓张的也死了，别人也都有病了。后来杜杰臣认为风水不好，就请了一个阴阳先生来看。在店堂里看了有两三个小时，之后诌出一个谬论来：死人是因为这里是五鬼门。所谓五鬼门，他说店堂这是一个门，店堂有个隔断，前后各有一个中心柜，这边一个门，那边一个门，通到后边暗室验光那地方，楼梯那儿又一个门，在楼梯旁边的账房那儿又是一个门，一共五个门，他说死人是因为你这犯了五鬼门，必须把五鬼门改了，才不会死人。最后掌柜的就把隔断拆了，去掉了两个门，再验光就得拉帘。但是五鬼门改了之后还是有人病，我记着好像是一个姓李的山西人也病倒了。其实不是五鬼门的问题，而是因为工作时间太长，又见不到阳光，所以才会生病，我是幸存下来的一个。后来我学出师了，当然这一套东西我都会了。

当时到眼镜店去买东西的大部分都是有钱人，一些农民只是到眼镜店去买老花镜，汉奸特务有时候买东西不给钱。当时精明眼镜行代卖火石，打火机，有一次一个人买了两块火石，价钱当然不贵，他装上火石就要走，有一个叫马凤才的学徒跟他要钱，说："先生你还没给火石钱呢？"他说："你给我开个发票吧。"马凤才说："两块火石还怎么给你开发票呀！"他说："那你就给我送去，送到广德楼戏院，后面有个弹压席，送到那儿就可以了。"所谓"弹压席"是什么呢？那时候一些剧场后面都有一个专座，就写着弹压席，因为那时候剧场比较乱，什么人都有，所以专门给军警宪兵设的专座。马凤才是农村来的，很不明当时社会的事理，说："我们不管送"，他就急了，过去给了马凤才一个巴掌，说："你居然不认识我，大栅栏没有不认识我的，我是警察局特务科的，外号叫小老虎"，然后就开始打他，别人劝也不行，打了还没完，还把马凤才带走了，就带到大栅栏西口往南有一个小齐胡同，那有一个派出所，到派出所就让他跪下，打了一通儿，最后给他放回来了。杜杰臣知道了就说他找事。

还有另外一件事，1945年抗日战争胜利后，有三个伪军，就是伪治安军，一个下级军官带两个士兵到庆乐戏院去看小科班儿①的戏。在售票处那儿点名要前几排的正座，当时正座已经没有了，给他偏座他不同意，给他稍微靠后一点的正座他也不同意，这时候伪军官急了，掏出枪给了卖票的一枪，售票员一躲，打到墙上了，子弹反弹回来，正赶上这时候后面一个叫李鸣祥的演员到前面找人来了，子弹从他鼻子和眼窝旁边打进去了，当时他可能不觉着疼，就捂着脸赶紧到医院看去，没多久就死了，当时那三个伪军就走了。

这个阶段我倒是在大栅栏里交了一些朋友，大部分都是商店的，所以了解了一些情况，积累了一些老店铺的资料，整个的情况我基本就讲完了。

后来有一段时间我离开北平到天津去了，有半年多，1948年回来的。当时到天津一个国际钟表眼镜公司当伙计，后来东伙不和，就是领东掌柜的和投资的闹翻了，东家把买卖收了，其他人都解雇了，我就是这么回来的。

---

① 小科班儿：指招收学生的京剧班子，相对于专门演戏的"大科班儿"。

# 七
# 1949年以后

命运中偶然的事太多，正像这本书。

我在这一生中喜欢历史，学习历史，后来又从事历史方面的教学，这里面有自己的努力，也有一些机缘巧合。我原来在商店里学过徒，后来当过一段时间的伙计，1950年开始到学校去教书，那时我没想过要教书。我正在家里边呆着，有人敲门找我，出去一看，是我的一个小学同学，叫马文泽，和教体育的老师高贤梅。原来高贤梅在崇文门外的求志小学那儿教体育，后来在那里当校长，是个私立的学校，当时正赶上一年级有个姓董的老师辞职不干了，缺个老师，高老师让马文泽教，他说教不了，就上门找我帮忙，让我教一年级识字。就这样，我走上了教育工作的道路。后来遇到了“三反”、“五反”[1]，那时没有教育局，我就到区教育科参加了“三反”、“五反”工作组，回来后就到了新民小学，就在南小口上国强胡同那儿，也是私立的，我去那里当了校长。过了一年左右就改为市立，国家接收了，我又到了大石桥小学，离我家很近。教五六年级的历史和地理，这我倒喜欢，边教边学吧。到了1956年，国家提出向科技进军，大量培养人才，小学老师可以指定考师范，我那时已经三十好几了，考上了北京师范学院，如果不是这个机会，我根本就不可能上高等学府，一开始我学的是语言文学，我不是很喜欢，认为语言文学备课麻烦，还得处理作文。我很喜欢历史，所以申请转到了历史系。

1981年年初，那时我在前门中学，每个学期结束的时候有一个全体老师会，记得在会上我一时心血来潮，想要给《北京晚报》写个东西。写个什么呢？想到年底一部分人高高兴兴的，一部分人拿它当年关，尤其是负债的人。我这就想起了避难馆，就是茶馆，现在东晓市十一中对过儿，避债人到那喝茶躲债去，所以我的文章说的是腊月二十三开始逼债去，负债以后在家避债，到了年三十，债主堵着门逼债，为了躲债，他到避难馆喝茶去了，要吃有吃要喝有喝，过了一会儿听见钟打十二点了，外面接神的鞭炮一响，一吃煮饽饽，这就不能再要债了，所以我的题目就叫《避难馆和煮饽饽》。我知道投递东西不是那么简单的，还得审查作者是谁，出身怎么样，需要政审，我都没想过能被刊用，离过年还有七八天工夫的时候我给他寄去，没想到能用我的，年三十儿晚上发在报上的。后来我每年三十儿都有一篇上报，一写就是七八年，写年三十什么最忙了，还有说官话了，还有栖流所[①]的悲泣声了，既吃年饭，还要不忘苦，忆苦思甜。就这样，这篇文章敲开了我的写作之门，于是开始写北京史，积累了一些过去的资料就开始写了，后来逐渐在全国各地的报刊上发表文章，这也是个偶然之机吧。

我写专著，也是很偶然的，是由于李建平，我和他是1982年通过王灿炽认识的，因为他们两个都是地坛中学的。我跟阎崇年认识的时候，李建平在北京哲学社

---

① “三反”、“五反”运动是1951年底到1952年10月开展的一系列斗争的统称。是在党政机关工作人员中开展的“反贪污、反浪费、反官僚主义”和在私营商业者中开展的“反行贿、反偷税漏税、反盗骗国家财产、反偷工减料、反盗窃国家经济情报”的斗争。
“三反”、“五反”运动的胜利，巩固了国营经济在国民经济中的主导地位，为实现对资本主义工商业的社会主义改造打下了基础。

① 栖流所：今为广渠门内大街，因清政府在此处设立的外城东城的栖流所而得名。

会科学院工作，他们有一个“七五”规划项目，是写丛书，什么《天安门》、《智化寺》、《香山》，还有《大栅栏》，其他的都有作者了，《大栅栏》还没有，正巧我对大栅栏知道的比较多，李建平就让我来写这个。从那时起我就走上了写专著的道路。后来就把《北京的商业和北京老字号》写出来了，里面写商业的比较多。

# 第二部分

# 民俗

# 一

# 一年四季逛庙会

兴盛的庙会，让人与人有很多的亲近，因为在这里传递的是丰厚的善意和问候。

庵观寺院，庵是尼姑庵，寺是和尚庙，观和宫都是老道庙。下边我就是按月份儿来说一下我去过的几个庙会。岁数小的时候我父亲带着我去庙会，等我长大了，有的近处我就自己去了。

## 正月间去前门关帝庙

第一个就先说正月初一的前门关帝庙，那时候一般就叫老爷庙。

北京过去有一说：明修长城清修庙。明朝要防备外族的入侵，就要修长城。到清朝，北方安定了，就多修寺庙，尤其是老爷庙多。北京的老爷庙，据说有100多个。

正阳门关帝庙旧影

正阳门五牌楼旧影

其中最有名的是前门老爷庙。前门老爷庙只有一层小庙，在前门瓮城里边。这个老爷庙庙小神灵大。我去过几趟，印象比较深的是1941年的时候。我1940年到前门大栅栏的精明眼镜行学徒。老爷庙是大年初一子时开庙。那年除夕的时候，吃了饺子过了12点，商店就关门了，我们也睡觉了。我父亲敲店门喊我，给我叫出去，说到老爷庙烧香去。出了大栅栏东口，人多的用北京土话说就是缕缕行行[①]的人，都从南往北去，就是从珠市口那地方往北，走到五牌楼那儿，这是北京最高大、最雄伟的油漆彩画木结构的五牌楼，牌楼上有“正阳桥”三个大字。过了五牌楼，有三座跨越护城河的石拱桥，就是正阳桥。过了正阳桥就是前门箭楼了，那时候前门瓮城已经拆了，庙外面只有卖香的。那有一个香池子，人们的香点不起来，就把香投到香池子里边，烧香的火苗子得二三尺高，始终不断。这就是关帝庙，它就初一开一天庙。那时候的人都上关帝庙烧香，说那地方老爷灵。连以前的皇帝也要到前门老爷庙去祭祀去。这是大年初一的老爷庙。

## 正月间去五显财神庙

老爷庙祭过去以后，就是大年初二的五显财神庙。咱们平常供财神，一个是文财神范蠡，一个是武财神赵公明。范蠡帮越王勾践复国以后，因害怕从政受害而弃官为商，成为很有名的大商人，后来人称陶朱公。过去的北京商业也好、工业也好，大部分供的是陶朱公。但是五显财神不是那样。五显财神是五个做大案的大案贼——曹仁广、刘义广、李诚广、葛信广和张智广五个人，据说他们行侠仗义，偷富济

① 缕缕行行：人非常多，络绎不绝。

贫。五显财神庙里最重要的活动是“借元宝”，香客们都争先恐后地要将元宝“借”到手，以取吉利。五显财神庙的老道利用“借元宝”活动发了大财。名为“借元宝”，但若不给钱，老道是不“借”的，而且去得晚了还“借”不到。老道每年都在纸铺订做大批的黄、白纸做的元宝，供香客来“借”。假如一个白银纸元宝本钱是两大枚，香客“借”就要给四大枚；黄纸的元宝本钱是三大枚，香客要交六大枚才能“借”到手。五显财神庙每年都在东配殿往出借元宝。香客拥在东配殿前一手交钱，一手接元宝，三间配殿的元宝，从早晨开庙，不到中午元宝就借光了。可以说到五显财神庙去烧香也是轰动全城的事儿。

## 三月间去蟠桃宫

三月份蟠桃宫最繁华。这个庙不大，在东便门里。蟠桃宫的香火比太阳宫和大钟寺的都盛，我正赶上它旺盛的时候了。

蟠桃宫的位置很特别，人家的庙一般都是坐北向南，但它是坐南向北的。我想它坐南向北可能是因为东便门的位置特殊。东便门是一座坐南向北的门，它不同于别处的门，别处的门只是外边有护城河。东便门头里①就是内城护城河的河岸，河上有桥，就是喜凤桥。靠东便门的北侧②还是外城护城河，河上也有一个桥，叫大通桥。也就是说东便门里边有一个桥，外边也有一个桥。现在还在的那个城楼子，有的人管它叫东便门箭楼，是不对的，它实际上是北京的东南角楼。我曾在

蟠桃宫旧影

北京城东南角楼今貌

① 东便门南侧即东便门内。
② 此处为往东流的通惠河。

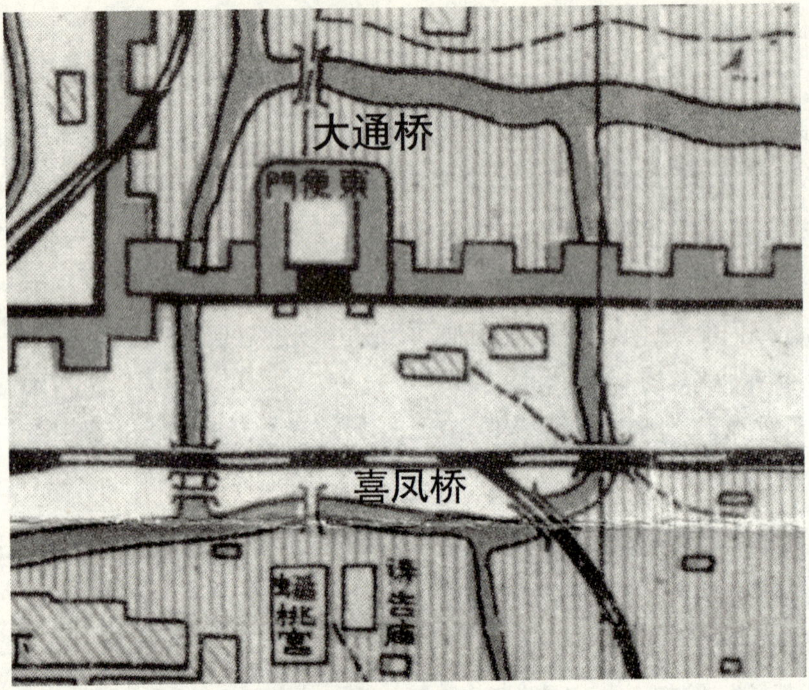


民国年间东便门一带地图

《北京晚报》上写文章纠正过一次，但现在还有这么称呼的。它这儿跟东便门没关系，因为从防御来看，在北京内城城圈的东南角，西南角，东北角，西北角，各有一个角楼——那是堡垒，也就是说东南角这个角楼是内城的角楼，跟外城东便门没关系。在没修外城以前，内城崇文门来的护城河水到这儿以后，就围着城向北流了，但它这个河不是，它的水是从涵洞出城去的，它还有一岔，是往东流去的，是从外城城圈出的城，那就是说这儿有条水，所以必须得有个桥。

蟠桃宫在护城河的南边，桥的南边。蟠桃宫也是一个小庙，祭王母娘娘的，里边进去有一个跨院，应该说不算一层殿了。后边好像是有一个斗母殿，前边是王母殿，有一些娘娘配殿。庙是这么情况，我记得那是在20世纪30年代左右，我几岁的时候到那儿去的，山门里头就有一个韦陀，就是护法，还有一个什么神我给忘了。等到40年代，它就加上拜佛的了，上面有浮雕，西天如来佛，有王母娘娘，各路神仙，这是三月三赶蟠桃盛会的那个盛况。

庙里香火很盛，如果和南岗子的娘娘庙比，娘娘庙烧香的人多，还愿的也有

民国年间的蟠桃宫庙会

老北京街头拉洋片的

很多，但是摆货摊的人很少，而这个蟠桃宫是货摊多。我那时去蟠桃宫走南小市口和北小市口，有时走南羊市口和北羊市口就行，出南河漕进北河漕就到了南羊市口和北羊市口，出了北羊市口北口沿着河往东走。这个地方的货摊多，从崇文门桥头那儿开始，在河沿上，就有赶脚的，骑驴的，走不远就有茶棚。因为三月三的时候天气转暖，大部分都穿单裤单褂了，有卖茶的茶棚，有卖小孩儿玩具的，有卖食品的。地方风味比较多，煮的东西比较少，大部分是成品的东西，比方说卖元宵、炸丸子的就很少；卖绿豆糕、糖葫芦、切糕这类食品的多。还有卖日用品、卖布的、卖鞋的。另外还有打把式卖艺①的，摔跤的、变戏法的，还有照西湖景的②。

西湖景有两种：一种是推拉的，有一个小木箱子，一尺多宽，二尺高，拉得挺长，得有一丈多长，木箱子里面挖出一个窟窿来镶那个放大镜，人就通过放大镜往里边看，里边有画片儿，那就是照片儿，镶上镜框，照西湖景的就往上推，一个一个往里推，都是成套《三国》的，成套《西游记》的，都是这种画片儿；还有一种是拉的，也是一个大木箱子，宽得有两米，高也得有两米，架在架子上是半椭圆形的，箱子前边镶着放大镜，往里头看。上面有个画片儿挂着，一个画片儿放上去，一个画片

① 打把式卖艺：以武术表演为职业。

② 照西湖景的：指拉洋片。

民国年间的东岳庙庙会

儿拉上来。一般就是八大片儿，它旁边木架上还有个鼓和一个镲，一边打着鼓和镲，一边唱着。

再有就是卖泥饽饽的，是磕泥的饽饽，有模子，能磕出孙悟空、猪八戒什么的，用胶泥抹到模子里，再磕出来，等晒干了就成形了。那时候小孩儿都玩儿这个。蟠桃宫相当繁华，货摊也相当多。还愿的我倒没看见，当然也可能有，但我没看见；也有会，但不多。走会的没发现，因为那路上不好走会。我父亲说他曾见过跑车跑马的，就在蟠桃宫的南面和东面那个空旷之地，这个我没赶上。

蟠桃宫最近几年不是修桥才给拆了吗？拆蟠桃宫的时候很多人都很惋惜，我那时也想，前届政府对古迹还是比较重视的，保护古树，给它镶上标签，镶上标牌子，都记上账，就是表示保护。我想蟠桃宫必定比古树强，蟠桃宫是相当有名的，不单是北京人知道，全国人都知道，要是修这个桥的时候，把古迹让出来是完全可以的，古树保护起来了，庙却给拆了，真是太遗憾了。

老北京护城河冰面上的冰床

## 三月间去东岳庙

三月里头有掸尘会，是三月二十八东岳庙里的掸尘会。掸尘就是掸浮尘，这个掸尘会很有名，举行的盛会比别的庙都多，什么高跷老会、开路、扛箱的，等等。三月二十八的掸尘会我没去过。但是，东岳庙我去过很多次，我印象最深的是冬天坐冰床去东岳庙逛庙会。

过去北京一到冬季就碴河①，碴河的时候就有这种冰床，估计得有七十多年了。冰床有三尺高，宽也得有三尺多，有二米多长，长桌子形的，有四框，四根柱子，下边镶着刀子，就放在冰上。这个冰床是放在东便门外护城河的冰上的，冰床前面有大顸②绳子，拉冰床的人拿着这个绳子背在身上拉，穿着皮布的鞋——过去到冬天，在外面干活的人就把牛皮里边放上草把脚给包起来，穿这种鞋防水保暖。冰床是在东便门坐，在东便门西面的护城河，那地方比较宽。从齐化门——现为朝阳门，那时不叫朝阳门叫齐化门。——过的水是通惠河水，所以那个地方比较宽。那个地方夏天种藕，种荸荠。在逛蟠桃宫的时候我看见过，出城到这个地方买藕、买荸荠。挖荸荠、挖藕，或是叫踩荸荠、踩藕，得先踩，踩着以后再挖出来。冬天这地方结冰以后还有冰窖，冰窖的北边是坐冰床的地方。冰床能从东便门坐到朝阳门，也就是一里多的路。北京城内城有一个“城见城三里”的说法。就是说齐化门到东直门是三里，东直门到安定门也是三里，这么个“城见城三里”。崇文门到城东南角有一里半，所以到齐化门也就一里多。我那次是跟我父亲去的，我那时还不到十岁，给两个大枚就行。那床上边能坐五六个人，拉床的人得先跑，跑出一定速度，再借着惯性坐上冰床，走一段不走了，他再下来跑，快了再坐上来，这就是坐冰床。可能有人知道这个，老照片里有，但是不知道怎么坐，也没过过这个瘾，后来就没有了。只有冬天结冰很厚的时候才能在上面走。到齐化门桥那儿下来往东去就是东岳庙了。

东岳庙是很热闹的，北京的道观一个是东岳庙，就是张天师那个。一个是白云观，就是邱处机的那个。这两个不仅是在北京，而且在华北也相当有名的。东岳庙里头我逛过，其中我最感兴趣的，看的也是最细的就是七十二司，实际上是七十六司③；因为小孩子对这个感兴趣，什么上刀山下油锅、抱火柱、受雷击、割舌头这些都有，看起来是很恐怖的。我那时对正殿不太感兴趣，小孩对那些也不懂。对东

---

① 碴河：河水结冰。

② 顸：粗。

③ 七十六司：北京东岳庙元代初建时是七十二司，同治年间增至七十六司。

民国年间东岳庙内的七十六司塑像

岳庙有名的碑林我那时也没往心里去，琢磨碑林是以后的事了。那时候对七十六司，还有就是铁算盘、大算盘感兴趣。因为我们街坊四邻，有哪个男孩子已经是二十多了——过去一般二十左右都结婚了——都二十多了还没有找到合适的，家长就到那拜月下老人去，最后花钱买根红线。找不到媳妇就到这儿来求月下老人。

## 四月间去妙峰山

四月就是妙峰山，金顶妙峰山，我有幸去过一次，那一次是头七七事变[①]，那时候我也有12岁了。四月初一到四月十五，我父亲每年都去一次。去的时候要起个大早，坐有轨电车[②]先从磁器口坐到珠市口，从珠市口倒一路坐到西直门，出了

① 头七七事变：指七七事变之前。

② 关于有轨电车：1921年，官商合营的北京电车股份有限公司成立，标志着北京的电车时代即将到来。1924年12月，北京第一条有轨电车通行，是从天安门发车的环线电车。至1929年，已发展到6条线路，其中红牌第一路是由天桥到西直门；黄牌第二路由天桥到北新桥；蓝牌第三路由东四到西四；白牌第四路由北新桥到平安里；绿牌第五路由崇文门到宣武门；粉牌第六路由崇文门到和平门（后改为到菜市口）。所以口述者乘坐的是第一路。

西直门以后过护城河的桥。然后我记得坐的是趟趟车，就是小驴车，他来回两趟跑，所以都管它叫趟趟车。当时还有赶脚的，赶脚的一个驴只能骑一个人，我父亲不习惯，我也害怕骑驴。坐趟趟车就比较稳当了，一个上边能坐六七个人，但比较慢。到了海淀打回尖儿，就是吃饭，之后顺着海淀走过了青龙桥就一直往西北去了。到北安河那地方住一宿。那时候，农村那地方到庙会期间当地人都腾出几间房来开临时客栈，挣一笔收入，住一宿一毛钱。夜里起来以后，我父亲买了一个桃木棍上山，一个是能拄着，一个是能避邪。在当时是有这个讲究的，棍是红色的。

当时给我的印象就是走不远一个茶棚，沿路还碰见了不少朝顶进香的老会，现在叫花会，实际上那时候没有花会这个名字，都是什么什么老会。从各个地方来的，有五虎少林、五虎棍、有高跷、有杠箱、有开路。我印象中当时走会，一般走十次得有九次打架，但在妙峰山上没有。这些会都是一边走一边练。遇见茶棚要打三参，参拜的参。老会和茶会都有领头的，叫督管。见面了以后要互相请安道虔诚，道声“老督管虔诚”。一上了山就好像进了仙境了，什么也都不要想了，就是给佛爷进香，都是一心向善不做恶事了。

我附带地说一下，组织会叫“拴会”，“拴会”的人必须都是有头有脸的人。比方说咱们东郊吧，高碑店的高跷有名，唐家坟也有高跷。过去，唐家坟的高跷和高碑店的高跷见面两人就不和，但是当地人都是乡绅，有钱，还得认人多。这一般人是弄不了，你官面上也得认识人，私下里朋友多，社会上各个层面的人都得说得出去。这个一方面得有钱，一方面得有人，用北京话就是得戳得住[①]才行。

接着说妙峰山，到了山顶上朝顶进香的人相当多，这些人不完全是北京人，还有天津人，京东有一部分人。妙峰山过去有一句土话“妙峰山的娘娘，照远不照近”。近处倒无所谓，没拿这当回事，但是远道的人来朝拜就都很虔诚。妙峰山的庙会我只去过一次，回来的时候还要“戴福还家”，就是头上戴一朵红绒线花，取吉利。

我也看见还愿的了，还愿的有几种形式：一种是磕头，有的是从山根儿底下就

① 戳得住：有威信和能力，可以支撑局面。

北京第一条有轨电车开车典礼的彩车

妙峰山香会

带着枷锁到寺庙里还愿的香客

民国年间到妙峰山进香的香客

开始磕头，我父亲讲有40里山路；也有在半路上磕头的，磕头的必须得有两三个陪着。磕头的比较多，有极个别的到庙前背上个马鞍子，也有带枷锁的。去还愿的人很多，大家都崇信金顶妙峰山，认为它灵验。而且乾隆等一些皇帝也去参拜过，这也是个号召力。七七事变以后，那地方归解放区了，好像是有游击队。

回香时候，一般都是坐着大车，敲着回乡点，咚咚锵、咚咚锵，匆匆忙忙地就回去了，见了茶棚什么的也都不下车了，只是老督管下车打个参就算完事了。

咱就说那时候人说的又是笑话又不是笑话，说呀，小偷到金顶妙峰山他都不偷了，他虔诚了，见人都是："您啊虔诚"，还有一下千儿，这叫打千儿，腿一伸行礼，打千儿。所以这个就是所谓的道法无边。

## 五月间去卧佛寺

北京五月份的庙会是卧佛寺，卧佛寺庙会离我家比较近，在畲家馆西边，就是袁督师庙，袁崇焕的坟在那儿。畲家馆是原来的老地名，就是现在的东花市斜街。卧佛寺在以前是相当有名的，庙会一般是五月初一到初五。我去的时候尽管已经很残破了，但山门还有哼哈二将，后边还有四大天王，主殿就是卧佛，西天如来佛，佛像是躺着的，所以称为卧佛。一般的佛殿都是在前边烧香祷告参拜佛爷，这个佛爷除了参拜，还有一个风俗，如果你头疼就摸摸卧佛的头，背疼就摸摸卧佛的背，脚疼就摸摸卧佛的脚。

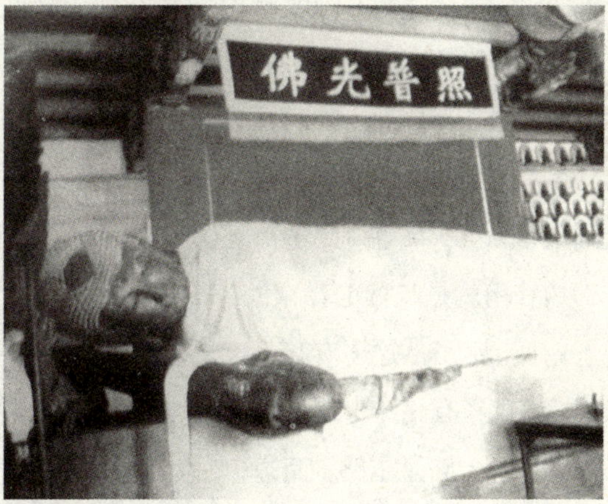

崇文门外卧佛寺卧佛

我记得那个卧佛横躺在那，头西脚东，侧卧着，头相当大，后来我知道这个卧佛一丈多。当时的人都有这种迷信，应该也算是风俗吧。到了那儿你哪儿不合适[1]

① 不合适：指身体不舒服

就摸哪儿，到底管事儿不管事儿，那就不得而知了。寺里边的香火不太盛，远不如南岗子娘娘庙。但是人还是很多的，在庙前还有一些摆货摊的。可能是20世纪六七十年代吧，卧佛寺拆了，卧佛就被移到法源寺去了。这是五月份北京很有名的庙会。

## 六月间去中顶庙会

六月份的庙会有两个，一个是中顶庙会。北京有五顶，除了金顶妙峰山以外，北顶安定门外；南顶有两个，大南顶马驹桥，小南顶永定门外；东顶东直门外；西顶西直门外蓝靛厂；中顶在右安门外——北京俗称南西门，草桥、花乡这地方。在20世纪30年代左右，五顶中香火最盛、最热闹的就是中顶。当时东顶和北顶都已经不行了，西顶还行，但是比起中顶来就差得很远了。原来的中顶有山门，山门里边第一层殿供的是碧霞元君娘娘，第二层殿是东岳大帝，庙很整齐。我见到的时候就只剩下第一层殿了，第二层殿已经坍塌不齐了。前一层殿也是年久失修，但是还很兴旺。

我记得我父亲每年都去，跟一些街坊一块去，因为中顶比较远，交通很不方便。我可能是十来岁的时候去的。是农历六月初一，那时候已经很热了，去的时候先坐铛铛车[①]，从磁器口坐到菜市口，从菜市口到牛街那边往南就是步行走着。出了南西门，虽然这还有几里地，就已经有络绎不绝的烧香的人了。路是土路，两边有货摊子，是卖香的、卖吃食的、卖农具的。这种货摊

民国年间右安门外的中顶庙会

① 铛铛车：旧时北京人称有电车为“铛铛车”，因其铃铛的声响而得名。

一个挨着一个，不远儿就是一个茶棚，当时是助善的，各个会办的茶棚，茶棚有茶水，只要是烧香的人都不要钱，还有绿豆汤，那时候天气热了，熬绿豆汤，所以一路上人多也不觉得累。庙里就一层殿，但人还挺多。有好几十档的各地走会的，像开路、五虎少林什么的。五虎是五虎棍，赵匡胤在董家桥和董家五虎交手的事，少林就是少林武术，少林跟五虎棍一般都是在一块儿的，所以既表演五虎棍，也表演枪刀对打，就叫五虎少林。还有高跷、杠箱会、太狮少狮会，等等，有好几十档子。有从城里去的，有从乡下来的，相当多，相当开眼，这个地方很繁盛。这是六月初一的中顶庙会，七七事变以后就衰落下去了。

## 六月间去十里河老爷庙

农历六月二十四是十里河的老爷庙会，那时不称关公都称老爷，一提老爷就是关公。老爷庙在左安门外十里河，六月二十四开庙，六月二十四是老爷生日。一般初一、十五也开庙，五月十三也开庙，五月十三是老爷磨刀。十里河的这个庙原来在萧太后运粮河的边上，从左安门一直到张家湾有这么一条水那时称十里长河，那时的河已经有名没实了。这个庙会我也去过一次，跟中顶来比差多了，有几档香会去，庙也比较残破。

这两个庙会因为路途远，都是我和我父亲一块儿去的。

## 七月间去江南城隍庙

北京七月份也有庙会，七月份就是江南城隍庙，北京的城隍庙一个是西单牌楼的都城隍庙，香火很盛的时候我没赶上，我父亲也只赶个后尾，我也没过多的问他。另一个就是江南城隍庙，它里边供奉的称为江南之神，所以叫江南城隍庙。这个庙在虎坊桥南边，南横街东口路北，那一片往南就是北京有名的南下洼子，也是个乱葬岗子[①]。这个七月十五开庙。咱们知道中国有上元节、中元节、下元节，七月十五是中元节，就是鬼节，纪念亡人的，各家都要祭扫坟茔、祭奠祖先。傍晚后，小孩就点荷花灯为乐，还唱童谣："荷花灯，荷花灯，今日点了明日扔。"当时的北京，

① 在北京土语中，乱字读成烂，指无主的坟地，尤其是家贫无茔地者，死后一般埋于此。

每年的七月十五这天在北海、护城河、通惠河上都放河灯。原来听说曾有城隍出巡，这个连我父亲也只是听说过，东岳庙也有道爷出巡，搭的道爷，有的是木头的，有的是纸糊的，有道士念着经，打着法器，到街上来出巡，巡察有犯法的没有，那时候挺多的。我逛庙的时候让我记忆深刻的是有两个会打起来了。别的地方各会见到以后都礼让，这儿却打起来了。因为一个会压着一个会。当时走会的规矩很多，两个会对面来了必须得互相礼让，如果有一个会在前面了，后面这个会不能越过前面的会，否则就违反了会规了。如果同时在一个地方聚到一块儿，他们排次序也是有规矩的。不管你是什么会，就是打出龙旗来了，说我的是西太后封的圣会，给哪个皇帝、太后表演过，都不管那一套，走头了的必须是开路，就是耍叉的，以次类推，什么开路、五虎少林，这么排下去。在江南城隍庙那次就是两档子都是高跷会，这种两档子都是一样的会那就难办了，高跷也叫秧歌，它不像五虎少林这样的会只表演，高跷有演唱，一边表演一边唱。前边那个会演“过桥儿”，就是用几个桌子、椅子或凳子给搭起来，踩着那个一个一个过去，这是演他们自己所谓的绝技，观众看了给鼓掌喝彩，越鼓掌越演得起劲。后边的给压着的过不来，这样就发生矛盾了，打得头破血流。后来听老人讲走会，每趟庙会走会的时候，不打架的很少，就因为礼节不周就挑理儿了，那时候很讲理。这就是七月份的江南城隍庙会。

## 八月间去灶君庙

八月份都要去灶君庙。灶王爷也是一个人人敬仰的神，是家家都要供的，是一家之主。这个灶君庙在东花市路北，就是现在回民小学的那个位置，过去是穆德小学。这个庙有香火，庙外面摆摊的大部分都是卖香的。八月初三是灶君的诞辰日，八月初一到八月初三开庙三天，我知道的时候庙很残破了，都有居民在里面住了。但是因为人人都敬灶王爷，所以烧香拜佛的人还是很多。庙前面有两个铁狮子。所以北京有句土语说是“灶君庙的狮子——铁对儿”，就是说两个人老离不开，就是这么来的。另外因为开庙的时间离八月十五中秋节近了，这地方除了卖香蜡，还有卖兔儿爷的，兔儿爷摊儿摆的跟台阶似的，一层一层的，不是平地的，最上面供着一个最大的兔儿爷，兔儿爷背后还插着旗子，一层一层的，北京有一句话就是“你坐那儿跟摆兔儿爷似的”，就是说你坐那不动弹，安安稳稳跟摆兔儿爷摊儿似的。在灶君

民国年间东花市路北灶君庙前的铁狮子

庙里面除了一般居民来拜以外，就是饮食行业的人来拜的多，像饭庄子、饭馆子、饭铺子、厨子茶房什么的，各行各业都有祖师爷，过去像鞋铺的供孙膑，卖笔墨的供文昌帝君，药铺的供孙思邈，灶王爷就是厨子茶房的祖师爷，如果说厨茶行要拜师或搞什么活动就到灶君庙来，这是厨茶行主要活动基地。

除了这些庙会以外，还有每年初一、十五例开的庙会，像火神庙，有花市火神庙、后门火神庙；药王庙，有南药王庙、北药王庙、东药王庙，这是几个大药王庙，最大的是南药王庙，就是现在十一中学在的地方。南药王庙就是初一、十五开庙，没有走会的，只有烧香的，我说的都是按季节固定开庙的日子。

八九月天凉的时候就没有庙会了，其实不管僧跟道，选择开庙会的日子，一个是佛祖的圣诞、忌日什么的。更多的是春、夏、秋，天气适宜人出游的时候，到冬天就不适宜出游了。如果办庙会的话香火不会很盛，收入不会很多。但正月的时候不一样，正月是年节，年节的时候各行各业连官府都休息，所以说像白云观、五显财神庙一类的寺庙在正月里香火很盛。因为年节的时候不管多冷，都有人出去看。

可以说大部分有名的庙会都在春夏秋季节里。

## 我看庙会

对于庙会的认识，小时候就知道那是玩儿的地方，当时我父亲好逛庙会，好玩这个，带着我去，尤其是小孩子看见高跷、耍叉的、太狮少狮、两个狮子逗、小狮子爬高，那是很有意思的，对我的吸引力很大。当时娱乐场所很少，所以那会儿我只有盼着到庙会玩去，看人烧香。庙会人多，也热闹，还能买风味小吃，像豌豆黄、老豆腐、扒糕，又吃又看又玩了，那当然很吸引我的。现在看起来了庙会是既有文化也有艺术的。比方说我认识一个做铜佛的，现在这一行已经不行了，这个人比我大七岁。他就跟我讲：我们做铜佛的，得先用胶泥做出一个胎儿来，然后给它雕好了，造出一个模子来，然后把铜汁倒进模子里，这样就倒出来一个佛像来了。铜佛里边都是空的，里边放一个棍，不管是大佛爷还是小佛爷都要放一个棍，棍上都要绑上五谷杂粮，同时拴上用金属做的心肝肺，底下封上，就是一根立柱。所以北京有一俗话，你有主心骨儿没有？这个主心骨儿就是佛像肚内的这个立柱，铜佛或泥佛里都有这个。等到要给佛爷烧香礼拜了，这就是开光，那个铜佛做得了以后眼珠子是没有画出来的，这时要给眼珠子画出来，就有眼神了，就算开光了。现在看起来蒙人的事都有，什么上庙会里头给一个碗，说是开了光的一个碗，那不是胡说八道吗？开光就是给铜佛开光。所以北京有一个俗语叫“堆泥匠不信佛——心中有数”，塑泥菩萨的叫堆泥匠。这些佛爷都是我堆出来的，我浇灌出来的，你们去给烧香不是傻子一个吗？寺庙里头是有艺术的，包括佛殿建筑，尤其是彩画，佛爷的雕塑等，这是艺术，而且各朝各代是不一样的。中国的古代建筑中，普通的建筑保存下来的比较少，而古庙保存下来的比较多，包括里边的佛像等。因此寺庙里是有文化和艺术的，是富有文化品味的东西，这就是我对庙会的一些理解。

# 二
# 繁华无限说庙市

庙市与庙会不同，逛庙市就是去赶集，这里没有精神上的期待，只有令人眼花缭乱的吃喝玩用的世俗生活的需要。

## 隆福寺和护国寺

除了这些庙会以外，隆福寺、护国寺、白塔寺、土地庙这四个庙是庙市，庙市跟前面说的庙会是完全不一样的。这种庙市里烧香的寥寥无几，主要都是赶庙市买东西的。其中最繁华的是东庙和西庙。东庙是隆福寺，西庙是护国寺。以前北京有一个说法，叫“七八护国寺，九十隆福寺”，就是农历每月逢七、逢八护国寺开庙市；逢九逢十隆福寺开庙市。隆福寺庙市所在的大街因为它的影响成了一条商业街。这条街在繁华的时候，东边以文化书籍为主。当时北京的文化街，刨去[1]琉璃

① 刨去：除去，减去。

民国年间的隆福寺庙会

民国年间的护国寺庙会

厂，那就是隆福寺市了。其次还有东打磨厂，就是崇文门外的打磨厂有几个店，像宝文堂还有几个卖年画的，但是不如隆福寺，隆福寺街靠东边有十几个老书店。这条街到开庙的时候，庙里庙外都摆摊，像东侧那边刨去书市以外还有鸽子市，卖鸽子的。我去隆福寺大都是跟我父亲去卖鸽子或买鸽子。东侧有一个叫大沟沿儿的地方，就是一个鸽子市，还有花场子。隆福寺的花儿是很有名的，就是花乡在这个地方设的卖花的门市部，各种花都有。在庙里还有卖布的，卖鞋的，卖花样的，还有卖各种吃食的，这地方比较高雅的还有卖古玩玉器的。同时这也像天桥儿一样，还有打把式卖艺的、变戏法儿的、摔跤的，当然没有天桥那么多，有那么两三个场子，很繁盛。护国寺、白塔寺和隆福寺大同小异。不过各处都有一些有名的摊位。比方说护国寺有一个卖香料的很有名，他就不到别的地方去。

## 土地庙

另外还有土地庙。北京的庙多，一个是关帝庙多，另一个就是土地庙多，过去北京很多胡同里边都有庙，就是关帝庙、土地庙、观音庙、火神庙等这些最多。像土地庙，很多就一间，连院墙都没有，只有一间小房子，里边供着土地爷、土地奶奶。土地爷就是一方之神，就跟《西游记》里说的似的，孙悟空到一个地方，不知道这个地方叫什么名字，有什么妖精，他先把土地爷叫出来问问，所以土地爷就是一方之神，在所谓的天上就是一个最基层的神仙，但是都土地庙不一样，是受过皇封的。都土地庙在广安门内下斜街那儿，但是我去的时候那个庙也已经很残破了。土地庙卖的东西有特点，跟隆福寺、护国寺完全不一样。像崇文门的花市那儿，就是卖农具的多，卖花，它那块儿离花乡近，那有花场子，其他的没有。这说的是几个庙会。

## 花市

再有就是逛花市的事儿。花市离我家很近，这个更方便，尤其是逛花市集，逢四有集，四就是农历初四，十四，二十四。北京过去的时候，土地庙是逢三，农历初三、十三、二十三；花市集是初四、十四、二十四；初七、初八、十七、十八、二十七、二十八，这六天是护国寺；初九、初十、十九、二十、二十九、三十，隆福寺六天；白塔寺是初五、初六、十五、十六、二十五、二十六，又是六天。一个月有二十四天，就剩下六天没事。我逛花市集一般是在私塾放年假的时候，有时从腊月二十号放到初七、初八；有时放到十五。那时候的老师没有教育局管，爱放多少天就放多少天。放假以后我天天都去花市，从南河漕到北河漕。东花市不如西花市繁华。花市大街明代曾叫神木厂[1]，我正赶上繁华的时候了，人相当多。逛花市集[2]的都是普通老百姓，那时候像样的店铺不是很多，尤其是农村，所以一些农民就到花市集来买些布之类的东西。街上北侧和南侧的店铺一个挨着一个，在当间儿又加了

① 神木厂：明初重修北京城时，曾将建城所用木料囤积于此，故有神木厂之名。

② 花市集源于西花市大街中部的火德真君庙庙会，此庙建于明隆庆二年（1568年），为神木厂悟元观下院。清乾隆四十一年（1776年）重修。清代旧历每月逢四（初四、十四、二十四日）有庙会（1922年以后改用阳历逢四）。后来火神庙香火断绝，庙会遂演变为纯商业性的集市。此为花市集。

一行，就是三行，就隔出了两条街。北边一条街窄，是不走车的，靠南边的就有车走。当间儿有一行摆摊的，位置不固定。我喜欢蹲在卖年画的摊儿前面看年画，尤其是看关于战争和武侠的，种类很多。再有就是四扇屏，都是串起来的，有三国的故事，水浒的故事。那时风花雪月的也有，主要就是吉利的画多，但是大部分都是古代戏的，像五鼠闹东京。所以我一放年假，就天天上花市去，主要是看卖年画的。

1949 年以前哈德门外大街相当繁华，尤其是花市这地方，路南路北两行的商店，商店外边是摆摊的，当间还有一行。因为那时候，外城很少有大商场，郊区就更没有了。我母亲原来是广渠门外人，在当时就是郊区人了，所以我对郊区也很熟。郊区那地方一个村儿里边只有一个酒铺，那种酒铺就卖一些花生仁呀，煤油、蜡这种东西，其他东西就都到花市来买。花市是逢四集，腊月十五以后就连集了，天天儿是集，办年货的多了。摆摊卖布的、卖鞋的、卖针头线脑的、卖窗花的、卖鞋样的。有办年货买对子的，尤其是农民，那时候，东南城一些农民，城里的一些市民也都到花市去买对子。

# 三
# 天桥里的百态人生

天桥是百姓的天下、平民的乐园。在北京城属于老百姓的有限活动空间里营造出一个娱乐大众的乐园是几代天桥人的贡献，而天桥人的无奈人生才是时代的真实写照。

## 平民乐园

在我青少年的时候，天桥在北京可谓是名声显赫，吃穿玩乐无所不有。但是到那个地方玩儿的都是社会的下层人物。天桥就是一个杂巴儿地。那时，去天桥的游人绝大多数是男人，女人去的很少，有女人也是去那儿买东西，其他娱乐场所也很少有女人去。当时外城的娱乐场所以现在的广安大街一线为界，广安大街以北是社会上层人玩儿的地方，像大栅栏、前门大街、鲜鱼口等这些地方；广安大街以南是社会下层人玩儿的地方。天桥最主要的娱乐活动就是曲艺，还有拉洋片的、打把式卖艺的，还有几个小戏园子。过去遍布北京的书茶馆的娱乐活动主要是说评书，说相声的很少。像说相声的，打把式卖艺的，唱大鼓的，他们的大本营都在天桥，在那里谋生。当时北京还有几个类似天桥的地方，但都比天桥范围小，玩儿的地方也少得多。像西安商场，不是有个东安商场吗？也有个西安商场，就在西安门外、马市大街街北的一个叫西安大院的地方。它的规模比天桥小多了，市场里有许多小吃摊，有卖豆汁的、卖灌肠的、卖老豆腐的、炸丸子的等，也有一些游艺场所。有几个茶馆，里面有的请来王杰魁，品三正等评书艺人说书，有的邀来当时的名票来清唱京剧，也繁华了一段时间。七七事变以后，西安商场也就衰落了。再有就是几个庙会，像隆福寺、护国寺，这些地方有打把式卖艺的，也有说相声的，但仅有几个摊点，而且一个月就只有这么几次。

有不少人写文章涉及到天桥的，可是一般的学者，比较有规矩的人是不上天桥去的，因为这里比较乱，大部分到这儿来玩儿的都是小作坊的伙计和徒弟、小商贩，还有就是一些无业者到这来取闹，所以当时的有钱人家认为天桥是下九流去的地方，去了丢身份。最初逛天桥的时候是我父亲带我去的。当时我的家庭也算小商人，没有什么等级观念，认为那地方可以去。那时候我七八岁，就是在民国二十年或二十一年，也就是1931年或1932年的时候。我到天桥玩儿的事有点儿记不清了，但天桥的那个桥现在还是历历在目。那是一个石桥，不宽，桥上来来往往的人很多。在我的记忆中，靠桥的东侧栏杆有几个穿灰衣军装的军阀士兵拿着旗子在那儿招兵，他在那儿喊着："管穿管饭还挣钱"。当时那个社会，在机关、军队的人是极少数的，大部分人都是自由职业者，很多失业者为了吃饭就去当兵。这是我第一次上天桥玩儿，后来的几十年也没断过。

## 天桥概况

先说说我对天桥的几个认识吧。

第一，天桥是从什么时候开始的。这个我后来看一些材料，并根据我在民国时期逛天桥的情况有了些认识。有人说天桥从元代就开始有了，有人说是明清时候开始兴盛起来的。我不是这么认为的，我认为天桥是从清末民初开始的，比较晚，为什么呢？通过多次逛天桥，我总结出几个原因：首先，我曾考查过《正阳桥疏渠记方碑》，这个碑现在还存在，作为北京市保护文物，就在天桥十字路口东北侧红庙

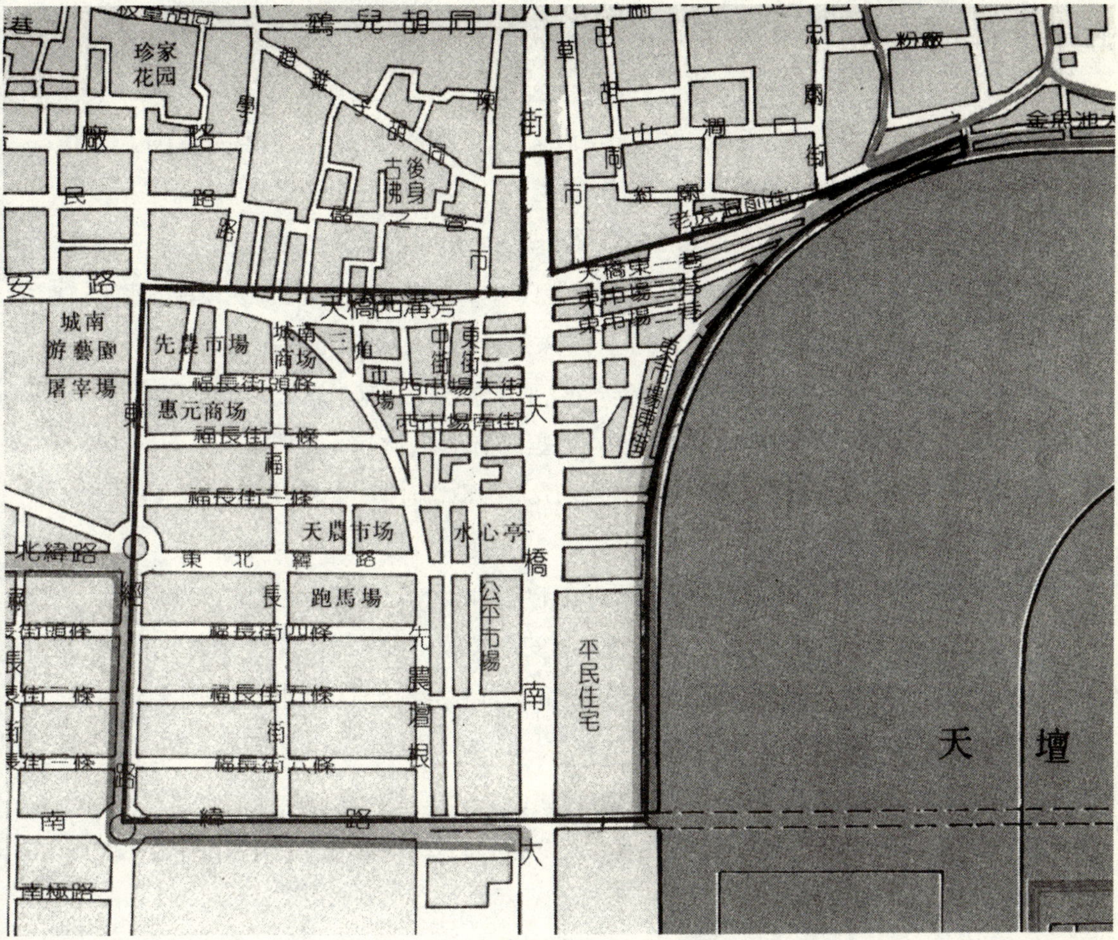
鷂兒胡同
珍家花园
城南游藝園
屠宰場
先農市場
城南商场
惠元商场
天農市场
水心亭
跑馬場
公平市場
平民住宅
天壇
粉廠
福長街頭條
福長街二條
福長街三條
福長街四條
福長街五條
福長街六條
北緯路
南極路

天桥市场区域图

天桥旧影

里。碑上记载着天桥这一带，尤其是南面官道的两侧积水很多，还记载着疏导、治理河水的过程，是让积水由南往东流，顺龙须沟往东流，这就说明当时这里是一个水乡之地。其次，是连阔如先生写的《江湖丛谈》[①]上也提到过那里是个水乡。再次，在清末的时候，这地方被描写成北国江南，风景相当优美，那时龙须沟的水不是臭水，而是很清澈的。在早春时，很多人都到这儿来踏青，没有提到这地方有其他的东西[②]。最后，天桥靠西侧属于先农坛的一部分，后来先农坛北部坍塌了，所以天桥有一部分是原来先农坛的地方，根据这个环境，之前不可能出现市场，天桥是有，而市场没有。清末民初是天桥市场发展的鼎盛时期，人相当多，我每次去的时候都拥挤不堪。

第二，天桥的位置。天桥的位置就在十字路口，南边是现在的永定门内大街北部，北边是前门大街南面，东西范围是永安路东面天坛路西，就在十字路口中间，后来被拆除了。有人说是为了展宽马路，我认为主要是为通有轨电车。新北纬路东北犄角的那个地方有一个有轨电车的转盘。有轨电车转盘就是天桥到西直门，和天桥到北新桥的两路电车的起始站，通有轨电车的时候这桥碍了事。

第三，就是天桥的范围。现在有人一提起天桥就提永定门内大街的西侧公平市

①《江湖丛谈》载：据北平市老人谈，当初的天桥是最高无比。在桥南边往北看不见门，在天桥北边往南看，看不见永定门，可见那座桥是不矮的。桥底下走水，桥东叫东沟沿，桥西就叫西沟沿，那道沟最长叫做龙须沟儿，永定门内，东天坛，西先农坛，两坛之北，天桥之南，地势很低，尽是水坑。

②《天咫偶闻》载：天桥南北，地最宏敞……而仲夏南顶之游，驰骋尤众。孙文定公尔准有小寒食，宿雨初霁，踏青至天桥。登酒楼小饮，稗柳清波，漪空皱绿，渺渺余怀，如在江南村店矣。

场这段，其实不是那么回事，这是天桥萎缩以后的范围，原来的天桥比这个大得多。公平市场离天桥这个桥还有一段距离，起始的时候不是先有的公平市场，而是以天桥的桥为中心而兴盛起来的。天桥市场是北到东西沟沿；南到天坛的西门、先农坛的东门；东到金鱼池；西到城南游乐园[①]那地方，这是天桥的范围。那也就是说天桥以桥为中心，以永定门内大街为界，东边是东市场，西边是西市场；按区域来说既有崇文区的，也有宣武区的。但现在的人只要一提就是宣武区西侧的公平市场，我认为可能是一些年轻人当时没逛过天桥只是看见过天桥，就在文章上写，可能就是这么来的。

## 天桥市场

通过我逛天桥，加上后来又看了一些资料，我认为天桥市场最早出现的是一些旧货市场，就在天桥的桥东侧，龙须沟的北侧，出现一些卖旧货的货摊。当时有卖瓷器的、有卖估衣的、还有卖废铜烂铁的。后来因为当时北京买旧货的人相当多，除了一些很讲究的社会上层人物买新的以外，其他的大部分人都买旧货。包括我1940年以后学徒的时候我的掌柜的，他在当时眼镜行里算是了不起的了，比较有钱的，他还拉着一些人到天桥估衣棚去买旧大衣。当然这种旧大衣也很讲究，礼服呢面，水獭领子的，在那儿买的比在瑞蚨祥做一件要便宜若干倍，但穿起来以后谁也不会说一个商店的大掌柜的会穿旧货，说是旧货，但是他买七八成新的。当时旧货市场的买卖是相当兴旺的，连这样的一个掌柜的都买旧货去，更何况是其他人。

插一句，中国人几千年来就以勤俭节约为荣，浪费为耻。举个例子，我在青年时期，里边内衣穿的是白小褂，只是洗，下边是白色短裤，也能洗，长衫有黑的和蓝的，长衫已经褪色了，到春节时就得要洗一洗，换一下新的，可以染一染。当时颜料铺也多，有卖赭蓝和赭青的，把颜料放在铜盆里一煮，染完了以后还是新长衫，之所以这么节俭，当时的生活质量比较低是一个原因，但主要还是中国人有勤俭节约的精神，所以也就有不少人到旧货市场买旧货去。后来这个地方逐渐地发展起来了，人多了自

---

① 城南游乐园：民国七年（1918）落成，园址即今友谊医院处。园中地方宽阔，可供游玩项目多，京剧等表演项目多请著名演员，故盛极一时。民国十七年（1928）国民政府南迁后，逐渐衰落，不久即停业。

老北京街头的估衣摊

然就有了卖吃食的，有卖油饼的、卖烧饼的，那时候早晨有喝大米粥的。

后来又出现了卖艺的。天桥就是这么一步一步发展起来的，后来人问上哪儿买东西去，就说上天桥，所以天桥市场就这样叫起来了。从规模上讲，天桥市场的马路东侧要比西侧大，东侧这个市场估衣棚相当多，在天桥这个桥以南，天坛的西侧以北，一个挨一个全是估衣棚，有布、有绸子、有呢子，我刚才说的礼服和呢面的大衣也都有，各种档次都有。为什么都用蓝布棚子呢？因为在蓝色的棚子里面他看不出少色来，还为了遮阳光，所以都搭了棚子，一个挨着一个，长巷似的。桥以东开始有旧货市场的时候，就形成了一定的区域，比如有以卖铜铁为主的铁巷子，卖估衣的估衣棚子，西面是卖吃食的，东面出现了歌舞台和燕舞台，是唱京剧和河北梆子的，不是很正规，就是戏棚子，但是很有名。东侧也有打把式卖艺的，西边也发展起来了，就有了现在常说的公平市场。公平市场西北侧有个三角地，现在的地西侧还有一空场。这就是天桥的布局。

## 金鱼池

我跟我父亲去过一次天桥，以后就自己或和一些同伴去。逛天桥走的路线是这样的：从我家南河漕往西，经西河漕、东利市营、西唐洗布街、红桥，往西就是南药王庙，现在的十一中那地方，然后走金鱼池北侧，再往西就到天桥了。我有很多时候走金鱼池的里面，有人会想：“金鱼池里有水，你怎么能走呢？”所以这一点也应该说明一下，现在有人写文章说金鱼池好像就是一个大水池子，可能老照片里也没发现有路。我走金鱼池的时候它不是一个大水池子。过去北京民间有叫卖大小金鱼的，尤其是到开春以后，挑个挑子，前面放个大木盆，里面放清水和小金鱼，后面还有一个竹筐，里面放鱼盆，有的是玻璃的。那个金鱼大部分都是从金鱼池来的。金鱼池是个私人养鱼的地方，有若干家，有名的是金鱼徐家。金鱼池是个像田字形的一个个大坑子，里面划成若干个小坑，金鱼池里面有不到一米宽的南北东西纵行的小道。哪个坑是谁家的都有产权。那龙须沟和它不相连，原来可能是相连的。有时候夏天下大雨的时候，连了坑，那养鱼的鱼户就遭殃了。

金鱼池旧貌

我那时候就是从金鱼池里面的小道穿过去的，然后往西穿过铁巷子，这是一条必走之路。铁巷子有小棚子，都固定起来了，是卖废铜烂铁的，还有成件的旧货，什么铁盖头、铁烙铁、破锁，都是这样的东西。七七事变以前，天桥市场可以说非常兴盛，什么东西都有。尤其是到了公平市场那里，相当拥挤，每个打把式卖艺的场所都是人满为患。

我第一次逛天桥是在七七事变以前，后来就经常上那儿玩去，我记得每次逛天

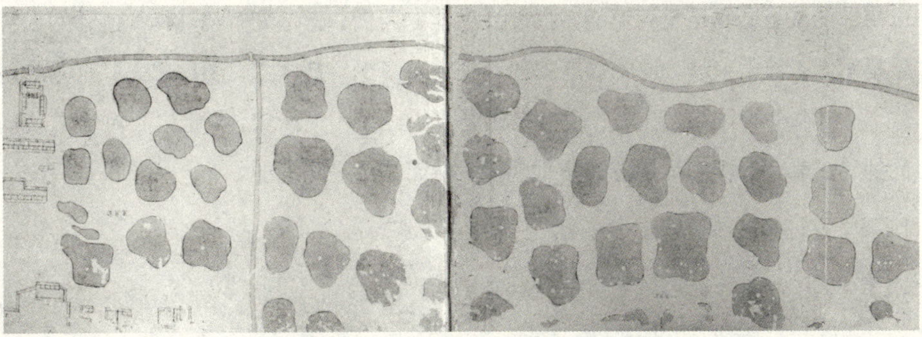

《乾隆京城全图》中的金鱼池

桥时，都是先逛东市场再逛西市场，西市场那儿的摊儿都很拥挤，拥挤到从公平市场往西只有一个比较窄的走道。靠左边有一个拳击计量器，就是看你有多大劲儿的，还有一个身高计算仪，那块儿的人最多，不好走。过了这个地方以后才到三角地，就是天桥八怪之一云里飞的场子那儿，再过去到另一怪沈三那儿，就没什么人了。

天桥东侧有妓院，在马路的东侧，天坛西门，西墙外六和宫那地方是妓院。天桥除这儿以外，大部分还是卖小吃的多，不记得那个时候有小吃这名词，应该是1949年以后才有的。像灌肠、卤煮火烧、豆腐脑儿、老豆腐、豆汁、扒糕等，各种小吃都有，还有爆肚，价钱都很便宜，同时也都有自己的特长，另外也有几个饭馆。所以说天桥那地方吃、玩、乐、穿，样样俱全。后来天桥又有了卖布的，卖鞋的。有时候天桥的买卖也骗人，有一种说法是“低头斋”，就是说在天桥，有的地方地下摆了很多鞋，买他的鞋你得低头看，低头斋嘛，他说这鞋弄得挺好的，其实都是一些破旧鞋，看着挺好，上脚一穿就坏，连街都过不去，所以也叫“过街烂”，当然这是一部分骗人的。所以说天桥这儿什么东西都有，真的假的，好的坏的，就这样聚了很多人。

## 天桥八怪

天桥有名的还有天桥八怪。天桥八怪分三批①，第一、第二批我没赶上过，就不谈它了。我说的都是我亲眼见到的，经过的事。第三批练武功的我都看过，第一个，先说大兵黄，就在公平市场的天桥乐西面。这个人是个大高个，戴一个缎子的花边儿小帽，穿的是紫色绸长衫，外套一个黄缎马褂，斜挎一个布兜子，底下穿白布袜子老头鞋。他是卖药糖的，我没买过他的药糖，就是爱听他骂街。他骂的大部分是军阀，像张宗昌，说张宗昌如何霸道，有多少个姨太太，随便杀人，都骂的是这个，但很少听他骂当权者，因为当时老百姓心里不太痛快，他把老百姓不敢说的话都骂出来了，所以都愿意去听他骂街。第二个，是蹭油的，他个子不高，后来知

① 第一批八大怪为：穷不怕、醋溺膏、韩麻子、盆秃子、田瘸子、丑孙子，鼻嗡子、常傻子八人，他们主要活动在清代咸丰、同治、光绪三朝；第二批八大怪为：老头儿、老云里飞、花狗熊、耍金钟的、程傻子、曹麻子、傻王和王小辫儿，这时已经是民国时期。

道他叫周绍堂，也挂一个兜子，卖的是去油渍的一些东西，他嘴里老是念着：“蹭油的、蹭癣的”，看谁长衫上有点油他拿过来就蹭，看谁脸上有点癣他就蹭。蹭油的和大兵黄俩离的不算太远，都在公平市场。第三个，是云里飞，在公平市场西北侧的三角地，云里飞是唱京剧的。侯宝林先生写的《我的回忆》里边也提到过这个地方，前有条凳围成一个圈，戴着像用纸壳子做的帽子，也戴胡子，勾脸时下边抹点白或黑就完了，穿的是用布画的戏衣，这是云里飞[①]。第四个，是大金牙，是拉八大片的。这八大片是高片的，八片，在旁边有一个架子，有镲有鼓，一边唱一边打镲敲鼓一边拉着洋片，因为他嘴里镶着一颗金牙，所以叫大金牙。他有个徒弟叫小金牙。第五个，是个摔跤的大个子叫张文山，他小名叫狗子，所以人们管他叫张狗子。这个人有一米八多的个头，二百多斤，摔跤的，吃得多，一顿得吃二三斤大饼，一斤多酱肉。

第六个，是开石头的，叫傻二愣子，练硬功的。

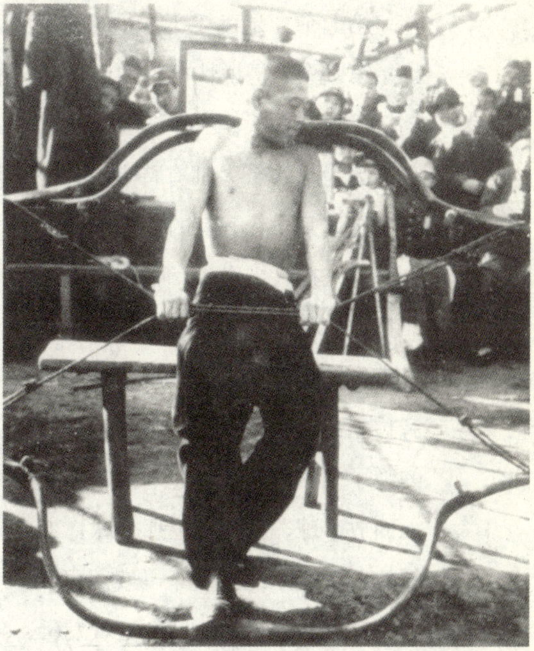

拉硬弓表演

杂技表演

① 《侯宝林自传》中记载有“出三角市场西门一直往西走，唱西河大鼓的焦秀兰的场子是铁棚……剩下的所有场子都是布棚。‘云里飞’这块场地在三角市场里应该说是最好的场地，因为就他一人唱戏，独一份。”

第七个，是飞飞飞，是练杠子的，练单杠、双杠。

第八个，是说快板书的，叫曹麻子，说快板时，脑袋上梳个冲天柱，还拴个铃铛摇晃着招揽人。

因为这八个人都有特点，出些怪象，所以称为“怪”。天桥八大怪说法不一，有的说是这几个人，有的说是那几个人，比如说像大金牙、大兵黄、蹭油的这些都是公认的。在八怪之中，张宝忠是耍大刀的，他有两把大铁刀，一把是100多斤，另一把是200多斤，能举起来比划两下，他会武术，也摔跤，但他不是卖艺的，主要是卖大力丸。我看了几次耍刀，举起来就不容易。他还经常练顺风旗，就在场子的旁边立一根竹竿子，左手一拖，右手一勾，身子在空中就平了。他父亲是天桥有名的弹子张，这老头我也看过，但是他不常出来，他是打弹子的，在桌上放个茶壶，上面放个球，用弹弓把那个球打下去，打得很准。张宝忠的儿子叫张英杰，好像是解放以后在东北的一个马戏团里，有一部分艺人参加杂技团，张宝忠也算一个。另外有一个胡老道，他后面留着发髻，会软功夫，柔的，要钱的时候，一杆枪别在脖子后边，两腿别过来，功夫是相当好。除了小云里飞以外，这些人都在公平市场，前面第一批、第二批的八大怪有的是在公平市场，有的是在东市场。那些我都没赶上，只是听我父亲说过，他们在天桥待的时间很短暂。我刚才说的那些人待的时间都很长，从民国初年到七七事变以后都在。

## 天桥名人

在天桥的名人中有个沈三，名叫沈友三，是摔跤的，他在三角市场的西面。我看到沈友三的时候，他已经开始走下坡路了。听说，以前在全国摔跤比赛时，他不是拿了第一，就是拿了第二，名噪一时。

还有宝三，在我逛天桥的时候，宝三正在当年，他在公平市场当间有一个场子，那里天天人相当多，这就是宝善林。在他这摔跤的人很多，像马贵宝、陈永泉、徐茂，都是解放以后在北京市摔跤比赛中拿过名次的，这都是他的徒弟。他最后还练中幡，也卖大力丸。

再有一个是“赛活驴”，本名叫关德俊，表演时他穿上驴形，模仿驴的动作，学驴叫，所以人就称他为“赛活驴”。还有一个变中国戏法的戏法周，里面有大变活人，还有女孩子，她练走钢丝。

还有些说相声的，当时有焦德海、刘德志。当时在天桥说相声的这些都带荤口儿[①]，嘴里头不干不净，但要是到了堂会上了，比如说谁家办满月、办寿日等在那就得说素口，管得严着呢。还有唱大鼓书的，像马连登，唱《盗马金枪》，唱长段子的是蔡金坡。还有说评书的、唱的。天桥里头有几个戏园子很有名，那时候叫戏园子，现在叫剧场。天桥一个唱京剧的戏园子叫天乐，现在呢好像是在它的基础上改的叫天桥乐，就是这么来的。经常在这儿唱的有梁益鸣、张宝华，梁益鸣学马连良学得很好，人称“天桥马连良”，但他是个大个子，扮相没有马连良漂亮。再有一个小桃园，也是唱京剧的。里面有个叫王益禄的人是唱武生的，这两个人的戏我都听过，因为他那儿不卖票，是零打票，到一段时间就来打钱，那时候花铜子的时候，就是一个大铜子听一次。七七事变以后没有铜子了，就开始用伪币。还有一个小小桃园，万盛轩，这都是在西面的，前面我说的歌舞台和燕舞台都是在东面。1949年以后，新凤霞也在万盛轩这边唱，小小桃园里有一个叫美玉霜的，学的是白玉霜，在天桥一带很有名，人称为“天桥白玉霜”。那儿是天桥马连良，这儿是天桥白玉霜。这些场子，都是零打钱，除了大兵黄卖药糖和蹭油的卖去油污去癣的药以外，这些人都是卖艺的，都是要零打钱，一场打一回钱。所以有人说在天桥那地方傻卖艺挣不着钱，说天桥的把式是光说不练。

## 艺人挣钱法

天桥卖艺怎么挣钱呢？咱们先说怎么把人招来，这个招人的方法都不一样，他们各有各的方法。先比划比划，有的像快板书就是先打竹板，说先练练，逐渐的人就围过来了。再举个例子，大金牙就不用说了，因为你要是坐在那儿看他拉洋片，你必须先给钱，他才拉，你看他那八大片，看完了就走了。但是其他场子就不一样，很多场子是围一圈长凳子，给人请到里边来，坐在长凳子上，外面还有人站着、围着，人围了很多以后，比方说那个开石的吧，他先开砖，拿一块砖放在长凳子上先削砖，等人来了以后就削大块的石头，但他且不削那石头呢。他先说：我能给它削

① 荤口：相声术语，陈旧、低俗、庸俗的语言。

了，削了怎么地，不削怎么地，削了你给我俩钱。一般是先要钱，要完了然后削，有的人不爱看就走了。在摔跤那个地方，俩人先比划着，要是真练了，是三跤两胜，第一跤摔完，第二跤就不摔了，卖艺的不容易，都是真功夫，跟大家说“有钱的赏个钱缘，没钱的赏个人缘，不要等我要钱的时候你扭头就走，给我挤了一个人窟窿”。一般有一个人走第二人也就跟着走。这样要了钱，然后再接着摔。所以有的人说天桥的把式光说不练，实际上不是那么一回事，他要不说这钱怎么要，摔了半天大家呼啦一散全都走了，就要不来钱了。他们都是明打钱，有会说的就把人说住了，有时候他们那嘴也脏，比如说真有一个走的，他就开说了，“诸位别理他，他有急事，他家办丧事。”所以说天桥那是下九流的地方，什么话都说得出来。

## 算卦的和相面的

天桥里面最多的是算卦的和相面的。当时我还是个小孩子，爱凑热闹，也爱看那个东西。后来我认识一个算卦的，走江湖的，叫张三，他住的离我家不远，也曾干过这个。他说在天桥算卦相面的有这样几类：一类是有屋子，屋子很排场，写着“六爻八卦”和“奇门遁甲”，有一大圆形的，摆了很多棋盘、棋子似的，放了几个

民国年间街头的算卦摊子

签筒子，如果你进屋找他算卦，你得先抽个签，然后他给你摆奇门遁甲，说出你的吉星祸福，这是属于比较高层次的，当然花的钱也比较多；也有没屋子的，就摆个桌子，也有奇门遁甲，也有测字，你先写个字，他根据这个字来给你测算吉凶祸福；有的连桌子都没有的，就一个地摊，地上铺一块布，布上写着测字和算卦都可以；也有的是连布也没有，只有一个黄铜的铜盘，用墨往上划，这是“抹黑的”，通过抹黑招揽人，这也叫算卦；还有就是他站在路边，你走过去了，他就喊你一声，“我看你印堂发亮，眼下有一笔大财等你拿。”你自然不走了，过去问个明白，这叫“老揪”。当时算卦的人相当多，因为逛天桥的多数是社会下层人物，有少数上层人物是来考察的，或可能是有目标的，比如说喜欢看摔跤的来这儿看看摔跤，还有的是来这听戏的。

初一、十五来这的人也很多，因为农历的初一、十五是过去北京的小作坊放假的日子，厨子、伙计放假都到那儿玩去了。再有一部分人就是失了业的，前面我说过北京的大部分人都是自由职业者，没有固定职业，极少数在衙门，那时候不叫机关，我记得当时警察才挣七块五大洋，巡长可能多一点，一个派出所里面有几个警察和一个巡长。再一个就是市政府，区公所里边就没有几个人。除了这以外，就是给日本人做伪职的，但这个是很少的，可以说是百分之一或是千分之一，那大部分人都是给私人干事的。为什么过去拉洋车和卖苦力的人多呢？那小作坊里头也都是给私人业主干活的，但如果掌柜的看你不顺眼这活儿就算了，所以说有一部分人是没有职业的。没有职业的怎么办呀？就找算卦的算算，问我什么时候能走运呀？算卦的给他安慰安慰吧，收了钱，给他瞎扯一段，什么天庭饱满，地格方圆，少年走运那，到中年走运那，快走运了呀，等等，你听了高兴了，他也赚钱了。

## 天桥的衰落

七七事变以后，天桥这儿的人就开始少了，20世纪40年代的时候，东市场还存在，铁巷子也存在，但里面的摊儿就逐渐地缩到公平市场里了。原来天桥转盘以南也有打把式卖艺的，因为民国的刑场在二道坛门，所谓二道坛门是什么地方呢？先农坛和天坛都是两层墙，里边那层墙有门，外面那层墙也有门。外边那层墙的门是头道门，第二层圈的那个门就是二道坛门，二道坛门指的是先农坛的二道坛门，那是刑场，是枪毙人的地方。民国年间，林白水、邵飘萍、吉鸿昌都是在这里遇难的。过去杀人是找最热闹、最繁华的地方，像明代时，西四牌楼人最多、最繁华，因此就在那儿杀人，清代时在菜市口，那儿也是一个市场，人多；所以就在那儿杀人，杀一儆百，叫“弃市”。在人多的地方杀人就能让人都知道这人犯法了，被砍头了。清朝末年，推行新政，讲文明在斗鸡坑设立刑场。在清宣统元年兰陵忧患生写的《京华百二竹枝词》有这样一首词：“当年弃市任观刑，今日行刑场筑成；新旧两般皆有意，一教警众一文明。”说明从清末起，杀犯人就没有“示众”的作法了。先农坛的二道坛门距天桥较远约有一里多地，而且又僻静，民国时北京政府就将刑场设在这里。后来人将先农坛刑场误说成天桥刑场了。

可以说我逛天桥逛了18年，快解放的时候那里已经没有几个场子了，只有宝三摔跤场子还在，戏园子人也不多了。

总之，天桥这个地方可以说是享名北京，还可能是享名全国的。过去很多人都去天桥，天桥相当于天津的三不管、南市，上海的城隍庙，南京秦淮河的夫子庙，像咱们都知道的外地那些吃喝玩乐的好地方一样有名。后来有很多人都对天桥进行了研究。

# 四
# 婚嫁

人生能有几回喜？繁复的嫁娶礼俗不外是为未来的生活把好第一关，再增添上喜庆气氛。可是这一生一世的悲欢在旧式的礼俗下却少了主角的位置，喜庆是要的，不过选择未来的机会还是留给主角自己吧！

## 父母之命，媒妁之言

我的婚姻状况在一开始就说过了。三次结婚，前两次都是1949年以前，所以我对这个体会比较深，都是亲身经历过的。我姐姐、我哥哥，还有我的叔辈结婚，我都深有体会。

我们家是我姐姐、我哥哥和我，我父母就生我们这三个孩子。我姐姐是1914年生人，比我大10岁，我哥哥是1917年生人，比我大7岁。我哥哥上过私塾，但没我上得时间长。他不是15就是16岁时，就去印刷局学徒了。我姐姐没读过书，那时候女孩没有出来读书的，就在家里学一些针线活儿。那时候没有结婚这个词，女人叫出嫁或是出聘，我姐姐在出嫁的时候，不是18岁就是19岁。我哥哥娶媳妇也是十八九岁，我说的都是虚岁。

## 媒人保亲

过去没有婚姻介绍所，也没有这个词儿。那时候的风俗是如果过20岁了，男的还没有娶媳妇，女的还没有出聘的话，那就是老小子、老姑娘了。那怎么办呢？一是托媒人，给女孩子找个主儿或给男孩子找个姑娘。那时候讲条件，一讲条件以后就更不好找了，说了几个都没成，怎么办呢？唯一的一个办法就是上东岳庙烧香去，那里有一个月下老人殿。女孩子怕人笑话，不好亲自到月下老人殿烧香，因为到那烧香没有求福求寿的，都是求婚的，目的很明确。所以到此殿烧香的不是老头儿就是老太太，大部分都是老太太，是他（她）妈妈去给求。当时的媒人都是业余爱好，是兼职的，就是找亲戚、朋友或街坊帮忙，帮忙之后就叫大媒，但也并不存在大媒、小媒之分。舅舅也好，街坊也好，说我们这男孩子还没找到媳妇呢或者女孩子还没找到婆婆呢，是不是你喝碗冬瓜汤？媒人为人保亲一般称“喝冬瓜汤”，这是多年流传下来的。过去的时候，必须是父母之命，媒妁之言。

月下老人殿

合婚要有媒人，这在过去婚娶的时候是很关键的，必须得有的。比如说没有媒人，像现在的交朋友，是个耻辱的事儿。时代不同了，不同的时代对同一个问题的看法不同，观点不同。在这个时代算作是好的，在另外的时代可能就算作是坏的。那时代如果是先有朋友，或先孕后嫁，是一辈子的耻辱，在街坊当中被人指责，亲戚当中没有脸面，是不光彩的。必须做到明媒正娶，必须得坐轿子，不坐轿子也是个耻辱。

找媒人说媒，请算命先生给合婚，这是个很重要的程序。

首先是托人，有的不用托人，人上赶着[①]就来了。假如说人家看上，男孩子也好，女孩子也好，都不错，男孩子在外面有工作，很懂事，很有礼貌，也很规矩，人家上赶着就给介绍；女孩子好，也上赶着给介绍。托人，就是让媒人给两边搭桥、介绍，这是第一步，如果经媒人一介绍，两方面认为条件、情况都很满意，那就可以做亲；第二步就是要了解一下情况。

我哥哥和我姐姐结婚那会儿都是这个过程。我姐夫是城里的人，他在东交民巷利通饭店里管点什么事儿，我父亲和我母亲先通过街坊媒人介绍，找知底的人了解了解这家里怎么样。我嫂子是广渠门外郊区的人，那是农村的人，我父亲和母亲就到那儿去了解，那儿有熟人，问街坊四邻说这家怎么样？这家的家庭，是不是规矩的人？经济条件怎么样？姑娘这人怎么样？先了解了解，两方都是，你了解他，他也了解你，完了一看不合适，不是规矩人，不是安分守己的人就算吹了，要安分守己的人才行。再就是媒人必须得可靠。这是了解的过程，了解完了以后是相看。

## 相看

相看就是说两个当事人，男的和女的相看。我姐姐没出过门，我哥哥那时候在学徒，也没去，我知道的人也没有男当事人和女当事人相看的，但别处可能有。1949年以前，我经历了很多这样的事，街坊亲戚朋友的，没有一个带着孩子去的，带着男的去相看女的、女孩子来相看男的没有，男的女的当然都蒙在鼓里。这个父母之命、媒妁之言怎么解释呢？就是不管你乐意不乐意，乐意，也得乐意；不乐意也得乐意。长得什么样，人怎么样，你全甭管，有没有什么根据我不知道。当然男女对看有没有呢？有！成年了，父母没有了或是再婚。相看时，大部分是男方的父母在媒人的陪同下到女方家去做客，串个门似的，这个姑娘出来一晃，或是倒碗水，就这么看。交谈也就一两句话。女方看男方可能就方便一点，男的有工作，在他的工作场所里叫出来看一下。但还有一个规矩是什么呢？就是没定亲以前不管是男方父母到女方家去，还是女方父母到男方家去，人家沏了水绝不能喝，喝一口就是表示

---

① 上赶着：指攀附、趋附或主动而积极的说客气话。

同意了，所以不能喝水。

## 批八字

我姐姐和我哥哥嫁娶的过程都是父母包办的。相看了以后下一步就是男女双方交换庚帖，批八字[①]，这很关键。每个人有八个字：生年、生月、生日、生时，男方和女方把姓名和出生的年、月、日、时都要写清楚了，过去都是天干地支，拿到算命先生那儿给批八字。天干是甲、乙、丙、丁、戊、己、庚、辛、壬、癸，地支是子、丑、寅、卯、辰、巳、午、未、申、酉、戌、亥。批八字的有名地点是花市那儿有一个叫张东海的，东四那儿也有一个姓李的。

婚姻分为上、中、下三等婚，就是这么推来的，这个“天干地支”是六十年一个循环，如要从“天干”来说得六周圈，按“地支”来说是五个周圈，它是这么排来的，可以用这个来推算婚姻可成不可成。

另外，还讲究属相，有相合的，有相克的。属羊和属鼠的不和，属鸡的和属狗的不和。有一个顺口溜叫“羊鼠一旦休，金鸡怕玉犬，兔龙泪交流，白马怕青牛，蛇虎如刀锉，鸡猴不到头。”这几个属相不适合成婚，这个顺口溜不仅是算卦的先生知道，一般年长的人都懂，那时候很流行。如果开始媒人一说的时候，说男孩是属鼠的女孩是属羊的，那就不行了，根本就不用走那一步了。另外还有五行：金木水火土。属相还有什么命，这个我就不会了，我只知道水命和火命相克，水克火，火克金，金克木，木克土，土克水，五行不合也不行[②]。同时，即使男女本人行了，但这个属相和这个五行如果是女方公公、女方婆婆或女方岳父、女方岳母那也不行，这个是合婚很要紧，很关键的一环。

经过合婚批八字，如果是上上婚，就可以娶，最起码也是中等婚，下等婚是不可娶的。我知道我姐姐、我哥哥是通过合婚后定的，我是1943年年初定的，我那时

---

① 八字：我国古代是用天干地支纪年。用一个天干和一个地支相配，如甲子、乙丑、丙寅、丁卯、戊辰、己巳、庚午、辛未、壬申、癸酉、甲戌、乙亥。因为天干是十个，地支是十二个。如此编排组合，每六十年是一个周期，是一“甲子”。年、月、日、时都用天干地支来纪。所以每一个人生年、生月、生日、生时各有两个字，合起就是“八字”。

② 除五行相克外，还有相生之说，即木生火、火生土、土生金、金生水、水生木，以上这些命的人相配为吉祥。

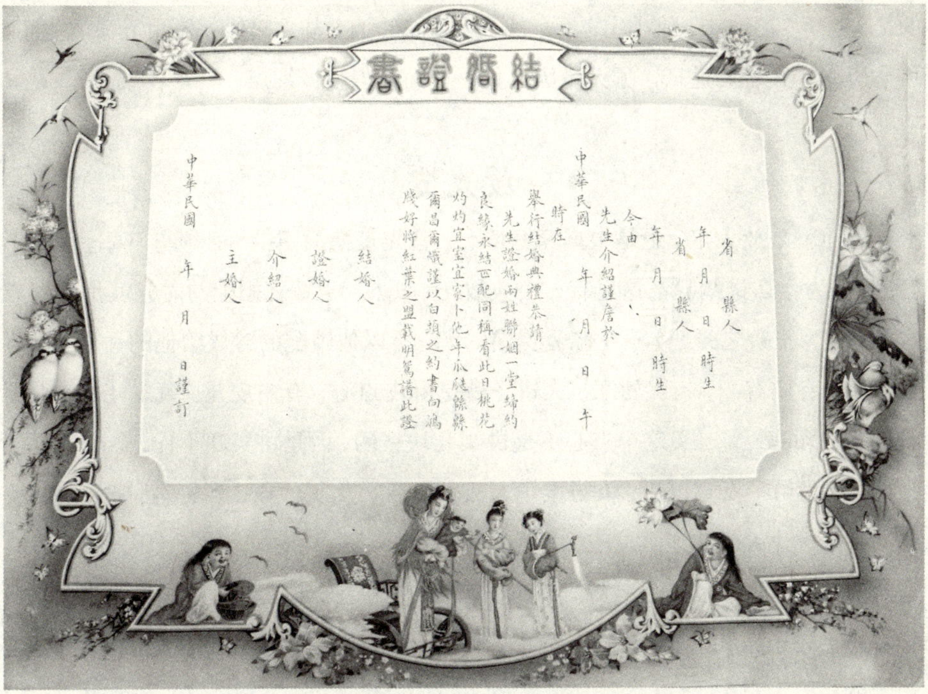


民国年间的结婚证书

候还不到18岁，因为我是八月生日。

我知道以前在清末民初的时候，只要批了八字了那就定了婚姻了。我那时候批了八字还不行，还得上纸店买那个婚书证，长八寸，宽四寸，这么横着的婚书。那时候称女方为姑娘，称男方为小人儿，在婚书证上把姓名、男女，出生年、月、日、时都写上，经过父母同意可以婚配，贴上足够的印花就合法了。有人还说必须到政府那登记去，我那时候没有。从民国二十一年到民国三十二年（1932–1943年）这段时间，合婚不用经过政府，政府不管，只要社会、亲友承认就行了，就正式婚配。我的婚书证，在“文革”中给毁了，那算是四旧，破四旧，就把婚书证给毁了。

## 放小定

合婚后面就是放小定，男方根据家庭的经济情况通过媒人给女方以信物。比方说很富有的就放金镯子、金首饰等。我姐结婚时，男方放的小定是包金的信物，那时候金店里有三种：一种是纯金，一种是包金（银的包金箔），还有一种是白色（银）

的，这叫黄、白首饰。放小定以后，找一个黄道吉日，从那时候就不用算命先生了，用皇历，哪天是黄道日，哪天是黑道日，里面写得很详细。

## 放大定

后面就是放大定，也是根据家庭情况，首先是鹅酒四抬，必须得有鹅、酒，不管穷富。为什么送鹅呢？这里有一个典故：大书法家王羲之婚配的时候就是给女方送鹅，因为王羲之爱鹅，一生酷爱雪白的鹅，所以他婚配的时候给他的岳父、岳母送白鹅。有鹅有酒，有大饼子。大饼子就是酥皮点心，有白皮儿、黄皮儿的，上面有红色的印章。当时买这个点心不是讲买几块钱的，而是讲买几十斤，最少也得四十斤。因为给了女方以后，女方要请人去，请亲亲友友，至亲至友，都带一块两块的大饼子，让人尝尝。酒是一抬，一坛子就行，鹅是一抬，大饼子起码也要两抬，这就四抬，还有姑娘穿的春夏秋冬四季衣服、金银首饰这些东西。根据情况，要找喜轿局抬轿子送礼盒。当然也有简单的时候，用大礼盒就可以了，不用抬轿子，这礼盒就是放大定了。

## 开脸

放完大定之后，姑娘的装束要改。过去青年女子走在路上，能让人一眼看出来已婚还是未婚。过去未婚女子是一个长辫子，不开脸；已婚的妇女要开脸，后面盘好一个抓髻。所谓开脸就是找一个全活儿人，就是上有老下有小，有男人，有儿女，什么都不缺的女人来，嘴里叼着丝线，拿丝线把前额的汗毛夹掉，不是拿剃头刀剃掉，而是拿丝线硬拔下来，连后面的汗毛也都拔下来，这就是开脸了。一开脸就说明已婚了，不管你30岁、40岁也好，老姑娘也好，只要没开脸，那就是未婚。

## 过嫁妆

放了大定以后就是过嫁妆。嫁妆就是女方给姑娘筹办的东西，都是有需要的东西，有衣服、首饰等，比较富有的送点儿家具。必须有两只装衣服的箱子，桌上必须有座钟、帽瓶，桌子有不同材料的，有柴木的，有硬木的，在桌上摆着个架子，镜子

过嫁妆

放在那上面。还有五大件，所谓的五大件是指放帽子的帽筒、放鸡毛掸子的掸瓶、茶叶罐、茶壶、茶碗这些姑娘所需的东西。

过嫁妆的时候，一般找轿夫抬过去，分几抬的不一样，最少四抬吧，反正得成双不能成单，六抬、八抬、十二抬，最多二十四抬。我姐姐出门子的时候是六抬。我哥和我娶媳妇的时候是四抬，我嫂子他们家是农民，所以四抬。过嫁妆是一个礼节，媒人跟着去，男方女方两方面都有招待。这是过嫁妆。

## 定轿子

过完嫁妆就开始迎娶了，开始得让合婚先生定日子，迎娶定的具体是什么日子他不说，基本上只说是哪个月。娶亲的、送亲的，给收拾洞房的这些人按属相定，犯相的不能进。1949 年以前北京的轿子铺很多，我们那儿的轿子铺有三个。先一个是阜顺，南面有一个合兴，再往南叫山海。合兴比较老，清代就有，那两个是民初时的。

定轿子的时候，起码得有一乘八抬的喜轿，这个轿子，第一要讲轿围怎么样；第二要讲有多少执事，执事多，应的买卖就多，有的一天能应“三伙”[1]买卖。有的头伙的轿围还是封着的，新的没剪开，让雇轿的人看，我还没使过呢，得多花钱。剪开了就是使过了，使过几次就看新旧程度。很有钱的人，你现有的轿围我不使，我要现定做的。但如果执事多，喜轿局是赁货铺，他轿子不卖你，他雇人抬轿子，打执事，回来轿子还是他的。他既挣富人钱，也从穷人身上刮钱，打执事的、抬轿

① 伙：喜轿局把派出的一拨轿子、锣鼓、执事等称为一伙。

子的都是穷命的。

最少的是一乘轿、八面鼓、伞扇锣、开道锣；鼓、号都有，这是最简单的。讲究点的是二乘轿或是三乘轿。二乘轿的，前面那个红轿子是空的，后面那个绿轿子，那是所谓娶亲太太去的时候坐，回的时候她不坐，让送亲太太坐，她坐轿车。如果三乘轿子，就是一乘红、两乘绿。回来的时候，娶人的坐一乘，送的坐一乘。我姐姐和我哥哥结婚的时候是两乘轿。我结婚的时候经济情况不好，一乘轿，这是雇轿。

## 布置新房、邀请亲友

定轿子之后要布置新房，找裱糊匠糊顶棚、糊窗户、糊墙。糊的材料有大白纸、银粉纸。大白纸不好，掉色儿，一般都用银粉纸，这叫“四白落地”[①]。顶棚糊了，墙也都糊了，最好再糊个墙围子，用花纸糊，顶棚四角贴上喜字。

下面就是双方请亲友，通知人，给人一个用红纸写的请帖。写上：“谨定于某年某月某日……”我姐结婚的时候，写上：“小女出聘”；我哥哥结婚的时候，写上：“长子×××完婚，请您光临。”我姐结婚的时候，男方拿两个大饼子，用红包儿包上，送给至亲至友。娶的时候有个讲究，必须得在上午，不能在下午，这是初婚的规定。选择黄道吉日的时候，要女方找日子。我姐姐结婚的时候，我姐夫他们家就通知我母亲，让我父亲和我母亲选日子，我母亲问我姐姐，来月信[②]是上半月还是下半月，好避开。有一个讲究：红色上房，家败人亡。最忌讳这个，所以必须避开了。

## 喜宴

定好日子以后，轿子也整好了，有人为了省事在家里办事。如果找饭庄办事，在民国时期，餐饮业很讲究字号。饭庄和饭馆不一样，不像现在这么滥，饭庄子必须规模比较大，都得有几十间房或是几套院子，有戏台。因为来了客人以后不可能一桌儿一桌儿地摆，一开饭就得有几十桌儿。那时候席面很少有圆桌儿席，都是八

① 四白落地：旧式房屋内部棚顶、墙壁要用“大白纸”或“银花纸”裱糊。一直裱糊到墙根，叫“四白落地。”

② 月信：月经。

仙桌儿，八人一桌，一摆摆几十桌儿。饭庄子没有小卖，没有零散客人，都是包办酒席的，所以有时候管饭庄叫冷饭庄子，两三人儿到那吃饭他不招待。饭庄不做零散客人的买卖，饭馆则应不了大买卖。有人为了省事儿省心，就找饭庄；为了热闹，在家里吃，要找棚铺搭喜棚。

过去的厨子、茶房是连在一起说的，叫厨茶行。厨子做饭，做大席面上的煎、炒、烹、炸，有红案、白案之分：红案是做菜的，白案主要做面食。有人说茶房就是现在的摆台的招待员，就是服务员，实际上这种解释还不完全，他还得做点心，正餐以前喝茶的时候有茶点，蜜饯海棠、蜜饯红果，这都是茶房做。另外，他们还要懂得一些北京的礼节，不管南方礼节、北方礼节，还是汉人礼节、满人礼节，他们都要懂。一般办事人不懂他给你提醒，提醒你应该注意什么。所以这些人实际上是民俗专家，现在的民俗专家没有那会儿的厨子、茶房懂得多，他们专门干这个。所以现在的服务员和那会儿的茶房没法比。

饭馆的茶房、厨子和饭庄子的茶房、厨子不一样。饭馆的茶房得管算账。比方说那时候不管十人也好，八人也好，要完菜以后，茶房看这个碟子就知是什么菜，应该多少钱，一边喊一边计算。那会儿是按几吊钱算，几吊钱、几吊钱的那么加，加的一分钱不差。他边算边喊出来让顾客听，让顾客心明眼亮，如果你给小费那就另说。在饭庄就不是这一套了，都是订的酒席，但是得懂办喜事、丧事、生日的风俗礼节，厨子也是这样。饭庄子的厨子、茶房有少数的长工，多数是临时工。除丧事外，喜事的时候都要找好日子，饭庄子越是好日子越忙，谁都来订，全忙，跟轿子铺一样。这个来订酒席，那个也来订酒席。饭庄子到了黑道日子，也可能有人来办丧事，不过办丧事的时候，也可能找一个好日子出殡。

喜宴

茶房有茶房头，厨子有厨子头，茶房头、厨子头有口[①]。举个例子：在崇文门外东茶食胡同，有一个厨茶房口。我去过几次，路南有一个小四合院，南房有三间，东房一间，只是没有北房。以南房为上，都是瓦房。有一间东房，好像是厨房。这里就有一个人看着，没有别人，进去以后有几张桌子，有几条长凳子。东里间一进中间的门，靠西这两间是连通的。东里间不是床，是铺，那是睡觉的。墙上挂的都是水牌，水牌是有四寸多高，约有半尺长，木板上面打的黑色的隔，用桐油漆的，上面有厨子或茶房的名字，比如：张什么，李什么。谁要找他干活去，就在他的水牌上写：哪天，到哪个饭庄子。这些人没事的时候就到口上看看。还有一个办法，饭庄找人的时候在他的水牌上写上日子，还有让徒弟到家通知去。用一张过去擦筷子、擦碗的小方块纸，一个一寸五见方的白绵纸或圆书纸，在小纸上写上联系他的地址。

还有一种跑大棚的。如果红、白喜事你不去饭庄子，打算在家办，你就得找跑大棚的，找零散的人，不到口上找去。比如：我们家南面，在东半壁街，有一个棚，叫保文齐。这些人专门做跑大棚的。一般在家里办事的酒席都找饭庄子，找跑大棚的很少。因为跑大棚的大部分都是干一些粗活，炒菜面、做几个熘丸子、熘肉片、米粉肉，他来了现砌灶，他得会看火。灶砌得好，火好，火旺，跟上了，要不然，到时菜都上不来。

还有一种虽然没有房子、没有店铺，他也包酒席，他做的是细活。比方说在《道咸以来朝野杂记》[②]上记载，黄厨、贾厨、刘厨等不是跑大棚，是专应大户人家的买卖。

我父亲他们是哥儿六个，是大排行，叔伯的也排在一起。我父亲的亲哥哥行三，我父亲行六。我叔伯大爷行四，叫王四海，后来我父亲跟我大爷不在饭庄了，我大爷在红桥开酒铺，我父亲在西唐洗布街开鸿泰轩的酒铺。我四大爷管包办酒席，他跟跑大棚不一样，他可能是贾厨的徒弟。主要是刀功好，切得整齐，煎、炒、烹、炸都很讲究，做出来的东西味、形、色都好，最讲究四喜丸子，海鲜做得比较好。都应的是大号买卖，就到你家里去做，比较高一层的。七七事变以后就不行了，饮

---

① 口：类似现在的办公室，可以洽谈生意。

②《道咸以来朝野杂记》中记载："从前宴会，皆由大饭庄承办。至光绪年间，庖人之精烹调者，各立门户，自出应堂会，各种菜品多新颖出色，有黄厨、贾厨、谦祥堂刘厨及张志四家最盛。张氏专应各伶人私宴酒席；刘氏专应京官公宴；黄、贾二氏内外城宅第多用之。后皆自开设饭庄，则生意反不振矣。"

食业先完的。日本占领的时候，肉不好买，粮、油控制，尤其是大米，日本人那会儿最讲究草包米，一般人根本见不着，你吃就好像犯法一样，就日本人和汉奸吃。粮食买不到，物价一天几涨，应了买卖，到时涨价了，穷得到最后连家底都卖了。我四大爷就是最后连家伙都卖了。我记得1941年或是1942年到我家去过两次，穷的没饭吃，那叫赶饭吃，赶饭就是11点要吃饭的时候来了。我父亲还可以，我母亲给人脸色看，人家来两次就不来了，最后冻死了。

过去还有一个行当：家伙铺。在花市南羊市口，有一个姓贺的，叫家伙铺贺家，在南城一带比较有名。家伙铺是出租桌子、凳子、大小碗、筷子的铺子。跑大棚不带家伙，就带一把刀，带着勺子、锅来。办事的人得找家伙铺租家伙，找跑大棚的，操很多的心。

## 迎娶

轿子一般八点多就来了，来了以后在门口亮轿，摆好了，轿子支起来，让人看看，等客人都基本来的差不多了，就开始响房发轿，由轿头带着，响房发轿是鼓乐齐鸣，在喜房里敲打。准备好了以后，男方找出来全活儿人[①]，有娶亲太太一位，娶亲的男人两人，也有一个人的，都要戴着大红花，响完房以后就发轿。我姐夫那会儿住在三里河，从那儿到我家也就10点左右，一般的情况12点以前要抬回去。

老北京人的喜事用品

轿子到了女方家以后要叫门，女方知道轿子要来了就关上门，我想可能是求婚的意思。叫门以后才开门。开门以后娶亲太太和送亲太太先见面。我姐那会儿有人招待，单有一个地方备有点心、茶水，一般只看不吃。完了以后新人上轿，要有两个年轻的男人压轿。我和我哥是女方的亲弟弟，两个人一左一右压轿。所谓压轿就是不让轿子

① 全活儿人：一般指品德好，父母健在，儿女双全的女性，北京土语说全可儿人。

亮喜轿

新娘与新郎

管账先生

娶亲队伍

走得快了，让新娘子在轿子里坐得稳当，我知道压轿的都是女方的弟弟或近亲的弟弟。压轿迎娶，走的时候连吹带打，一般走大道中间。抬轿子也有讲究，前面那个抬轿子的有一个指挥——轿头。轿头是打头的，比方说左边有一个坑就喊左边坑，后面就知道左边有坑，头里得喊，后面才知道，步伐得一样，你迈左腿我迈右腿绝对不行。

新娘子的装束是娘家陪送的新衣。我姐那会儿是冬天，新的小棉袄、大棉袄、棉裤都是红色的。虽然是冬天，但很少穿棉鞋，穿的是绣花鞋，戴的是凤冠。男子是缎子的瓜皮小帽，红顶子、春绸的棉袄。我哥和我结婚都是在冬天，是棉袄和黑色马褂。

轿落平了，进了院子以后，轿帘没掀，新郎拉弓向轿子放一箭，射走妖魔。掀开轿帘，新娘子出来以后过火盆儿，过马鞍子。火盆儿是红红火火的意思，马鞍子是平平安安的意思，按那个谐音来的。进去以后有坐帐的风俗。坐到床上或是炕上，吃子孙饽饽[①]、长寿面。外面必须有小孩在喊："生不生？"完了就揭盖头，新娘子用红帕盖着。之后是拜天地、拜亲友，这就是拜堂。先拜祖先，再拜父母，拜媒人，都得磕头。旧式结婚时，男女老得磕头，就跟磕头虫似的，这就礼成。亲友要有礼金，有管账先生收，还要给人预备饭。

## 回门、瞧九

回门就是拜见女方的父母，拜见女方的至亲，叔叔、大爷、姑姑、舅舅、姨都见见。一般的时候是第二天回门，为了省事有的人家当天回门。我那时候就是当天回门，男女两人到女的娘家拜见父母，拜见亲友。有的时候在新娘子上轿的时候，男方在发轿的时候送一桌离娘饭，这是男方预备的；有的是回门的时候同时带送一桌离娘饭。回门的时候新郎要带一些红包，新娘子也带一些红包，因为她的同辈——比她小的弟弟、妹妹或是比她晚辈的侄子、侄女，给她道喜的时候她得给喜钱，给晚辈或比同辈小的喜钱。

回门以后还有一个认亲，所谓认亲又叫"瞧九"，是姑娘出门子第九天娘家人去看姑娘，瞧就是看的意思，当然不叫看九，叫瞧九。女方亲戚来瞧九，也就是认亲。什么叫认亲呢？她的娘家人，必须得认她了。过去也有大逆不道的，不经过明

---

① 饽子：一定是半生不熟的，以回应外面小孩的喊声。

媒正娶，不经过父母之命她就跟谁好了，这在当时是大逆不道的，她自己找的，娘家不认，那就省得瞧九了，其他的亲戚更不能认了。

我说的瞧九是经过明媒正娶的。瞧九以前，她们娘家的亲亲友友先有所串连，她母亲的姊妹，还有她姑姑家的人，舅舅家的人——过去独生子女很少，一家子中，有时候姨有好几个，舅舅有好几个——都串连。谁跟她走[①]谁不跟她走，就看瞧九了。如果以前她姨和她妈不和，不想将来和她姨走了就不瞧九了。瞧九就是认亲，将来互相走动的意思。

瞧九的时候买些礼品，一般都是吃食，买个蒲包儿[②]，比较讲究点的是点心匣子，那时候的点心匣子是木头做的，长的，一般北方糕点多，南方糕点很少，比如：稻香村、桂香村都是南方铺子做的南方糕点；北方就是什么聚庆斋、正明斋、庆福斋。买这些东西，瞧九来，那就认这个亲了，这儿得摆一些饭，这基本上就定下来了。

## 生孩子、洗三

下面简单说一下生孩子。结婚以后怀孕，生孩子的时候要请姥姥[③]，这有专职的。上医院的很少，那时候，医院也很少，不管是城里、城外，都是极少的。原来有几个欧美教会医院，像同仁医院、协和医院、道济医院，还有普仁医院，但咱们这儿医院很少，妇产科更少，过去大部分都是吉祥姥姥接生的。这些人在民国的时候就有人管理了，卫生局给登记，在门口钉的是接生的招牌或叫吉祥姥姥。我们那儿有个姓李的叫李姥姥，她麻利快，很少出现事故，经验比较丰富。接生姥姥必须得经验丰富，这样遇见难产才不会措手不及。

重点是洗三，洗三是孩子生下第三天的洗身子，洗三的时候是个贺喜的日子，近亲送些东西，娘家必须送鸡蛋、小米儿、红糖、缸炉[④]，其他人这时候送什么呢？百家锁。百家锁很讲究，有的是包金的百家锁，极富有的人家就送纯金的百家锁。

① 走：走动的意思，指亲友间往来。

② 蒲包儿：以食物作礼品，多打成“蒲包儿”。外皮是用蒲草编成的一个大圆片，把食物如糕点、水果等，放在中心，将四边折起，用粗制细麻绳捆成有四个突出尖角的长方形包裹。

③ 姥姥：旧时的生产婆。

④ 缸炉：北京一种甜味糕点。圆饼形，酥软而价廉。因是用糕点剩余的渣子混合再制而成，味道不错。过去是常见的大众化糕点。

还有送小孩的小衣服。

洗三的时候，请来小孩的接生姥姥给他洗三，用铜盆，过去很少有搪瓷盆，当时家里摆的一些摆设、器皿，都是铜的多，锡料的多，瓷的多，瓦盆多。用铜盆洗三，里面简单放点香料，有的放点艾叶、生姜。洗完擦拭，在擦拭时接生姥姥都念些吉祥话："瓜子脸光又光，不长虱子不长疮。"如果是男孩要说："打下头，长大当王侯。"如果是女孩要说："摸摸头发，长大美貌乌黑发。"擦拭完以后，腿拿小布给他包起来，捆的当然不是很死，让他腿直，把腿捆起来省得窝着碰着，如果窝着碰着，孩子骨头很嫩容易畸形，腿捆起来，以后不罗圈腿。这是洗三的情况。

## 儿媳妇和婆婆

有一个情况，在我以前有没有我记不清了，反正在我年轻的时候有这种情况，叫"使钱"，就是娘家使钱，不叫聘礼，实际上就是聘礼。因为娘家穷，聘姑娘的时候缺少钱财，通过媒人就提出来了，比如那个时候他就要一百块钱现大洋或者二百块钱现大洋。"使钱"这个是后患无穷。这个姑娘到婆家以后受人歧视，有时候受气，一提起来，这婆婆就说"你们家还使我们多少钱呢"，就是这个意思。可能我嫂嫂的时候，她们娘家就有这个"使钱"，所以我妈一来就是"茄膈"[①]人。在当时的社会，这个并不是买卖婚姻，买卖婚姻钱很多，这只是使钱，使一部分钱。

过去女人当媳妇难。像我嫂子有一次受不了我母亲的气曾自杀过，我送她去普仁医院抢救一回。我父亲这个人性格比较柔和，脾气比较好，从来没和别人争吵、吵架。我母亲不行，脾气没有那么好。我母亲是广渠门外双井八棵杨树的人，她家可能在旗，旗人，是汉旗还是满旗，我不知道。那时候我也没拿这当回事，也没过多的问，我也不敢问。农村的女人，很多时候如果女人当家，老姑娘当家，在家她就很跋扈。生我的时候，我母亲36岁，我父亲40岁，我爷爷奶奶都不在了，她就没走过这个当媳妇的过程。她好抽旱烟袋，好打梭胡，梭胡是纸牌，经常跟人打纸牌去。打完梭胡回来以后，赢了还高兴，输了以后鼻子不是鼻子，脸不是脸的。我嫂子先给她烟袋，有一个铁盒子，里面装着旱烟，就是关东烟，给她盛好了关东烟，

① 茄膈：又作"＊（茄音）克"，指刁难、揭短。

交给她。那时候交东西很有礼节，交的时候还要轻轻地说："妈，您抽吧"，拿火柴点好了。吃饭的时候，做好了饭，盛好了，吃一碗盛一碗，还得轻轻地放那儿，你有时候一重，她马上就翻脸了，"你这么放，是怎么回事？"

到节假日，比方说有时候回娘家看看，我嫂子娘家人来接她来了，比方说她兄弟来接她来了，得先问问我妈，说："亲娘[①]，我家里有点事，接我姐姐回去两天。"痛快地"那就去吧！"那去的话，还要问，"几天呢？"还得定日子。不是说去就去，想什么时候回来就什么时候回来。"去吧。""您让她去几天呢？""去两天吧。"我嫂子走的时候先见我母亲，"妈，我走了。"请安，走了，到两天就得回来。

平日，必须得早起，不能起在婆婆的后面。起来以后给倒尿盆，伺候婆婆起床。那时候都是煤球炉的火，得生火。媳妇不能老在自己屋子待着，你得跟着、围着婆婆转。如果我母亲说："没事儿，你歇会儿去吧。"她就歇会儿去。

我妈不在家的时候她可以随便，我妈一回来马上就得郑重其事的，就好像上台演戏似的。到晚上的时候，先伺候我母亲休息，完了以后问："妈，您还有事儿吗？"说："没事儿，你回去吧。"她才回去。出门回来的时候也不能先到自己的房里去，得上我母亲、父亲的房里去。过去就这么个规矩。如果媳妇不挨打不挨骂，那就算不错的了。我妈打她比较少，骂是家常便饭。在这一点来说，过去做媳妇是难，现在这个时代就比较幸福了。

## 新式婚礼

传统的嫁娶就讲完了。我经历的时代是个新旧交替的时代，戊戌变法以后新事物传入了中国，也传入了北京。这时候在婚礼的仪式上有一些新的东西了，不用轿子，不用媒人，不用所谓的父母之命、媒妁之言。当然有些也还要媒人，但媒人不叫媒人了，叫介绍人。出现了马车，马车跟轿车不一样，马车是从欧洲传入的，所谓轿车是上面像轿子一样的，下面有轱辘。马车是前面一个轱辘，后面有两个轱辘，赶车的人在马后面横着坐，后面是一个小屋子，四面都有玻璃、有门，用马车拉新人结婚。还有用汽车，当时很有名的一个专门应新式婚礼的，叫紫房子。

---

① 亲娘：双方为姻亲，互称对方之父为"亲爹"，母为"亲娘"，还有"亲爷"，"亲奶奶"等等。"亲"音为去声。

我曾参加过几次这样的婚礼。我内兄是志成中学的体育老师，叫朱成明，在20世纪30年代、40年代有一定的知名度。他们搞了一个利华足球队，他踢右边锋，左边锋是孙鸿年，中锋是李凤楼。利华足球队是他们私人组织起来的，经常跟上海踢，跟使馆区的人踢，因为东交民巷里面的使馆区有外国兵，他们跟外国兵踢。其中就有爱看足球的，有一个叫吴蕾，和我内兄相爱，就结婚了，在北京饭店。他们俩结婚没有媒人，没有介绍人，完全用一种新式形式——坐汽车举行新式礼节。这个时候普遍是旧式婚礼，但新式婚礼已经出现了。

民国年间的新式婚礼

## 对旧式婚礼的认识

1949年以后我对旧式婚礼、婚配有了一个新的认识，1949年以前传统式的婚礼是主流的，虽然新式婚礼已经出现了，但只在极个别的家庭，极个别的具有新式思想的人才接受，大多数的人还是用旧式的。我现在认为这种旧式婚礼是轻视女性的，如射箭、过马鞍这些形式是对女性不尊重的，下轿子先射一箭，好像女人带有妖邪，虽然不是射女人，但是这种形式是应该抛弃的。还有就是对青年男女婚姻的垄断，尽管说这是一种民俗，但也有很多弊病。民俗由几方面组成，民俗的一方面组成是礼俗，自古以来周公定了礼，孔子宣扬这个礼。比如说见面问好，再比方说日常生活中所谓的茶七、饭八、酒十成这种传统形式。茶七——给人斟茶的时候茶沏七成是尊重人家，满了是不尊重人家；饭八——饭只能盛八成，如果盛饭盛的上尖了，就是不尊重人家。现在无所谓，饭店也有给客人盛的冒尖的，有些上岁数的人也接受了，但是过去盛得满满的，人家就不高兴，人家会说："我挨饿了！"，"我是饿狗，我到你这儿来吃饭来了！"所以饭要盛八成；但是酒必须十成，满满的，这是礼节。民俗当中有礼节，有习俗。另一方面，民俗还跟宗教有关系，跟佛教、道教有关系。民俗是由这几个方面组成的，这里面有好的，有该抛弃的，百分之九十的旧式婚礼民俗是不可取的。

# 五
# 殡葬

*每个人都有一死，对死者的祭奠是对生命表达敬意，但是过分追求仪式上的繁缛反而会减弱内心的哀戚。或许这也是生者安慰自己的一种方式吧。*

## 慎中追远，不忘祖先

过去，我经历的殡葬很多，我外祖父和外祖母从病到葬的整个过程都参加了。我母亲是广渠门外的人，过去那儿叫沙窝门，很少有管它叫广渠门的，村的具体名字叫八棵杨树。

我先把这个环境说一下，广渠门关厢，跟现在的广渠门门脸儿不是一个位置，现在走公交车的广渠门内大街和广渠门外大街这条路线是20世纪七八十年代开辟的，原来的广渠门在这条街的南侧。那时候在南侧有个铁道洞，就是原来23路终点站的地方，现在叫广渠门南小街，外边就有护城河，原来有桥，桥已经拆了，就在

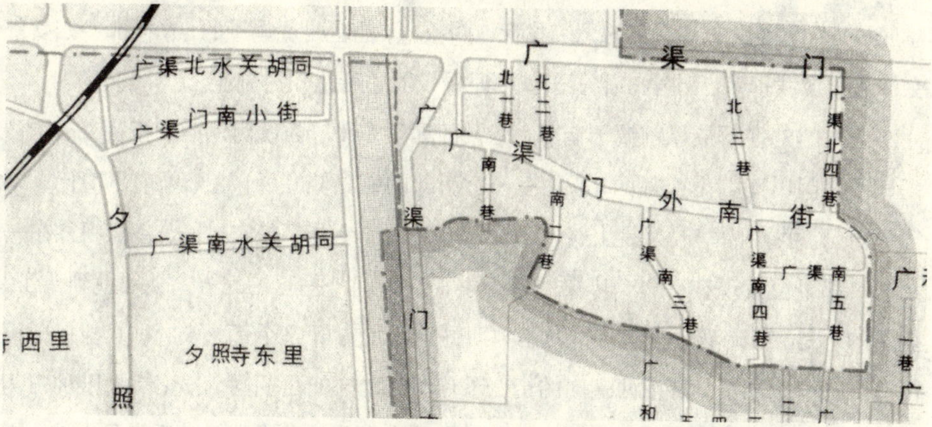


民国年间广渠门地区地图

现在的北侧立交桥[①]这儿，原来广渠门的位置就在这个地方。前面有一条土路就是广渠门关厢，广渠门关厢在北京城关厢当中属于中等偏下情况，老北京的关厢我都去过，当时是齐化门的关厢最繁华。

我去的最多的还是广渠门，因为我姥爷家在那儿。我第二次结婚——续弦，这个名词是轻视女性的，好像弓弦折了再换一个——也住在广渠门外双井的南面，地名叫虎城，挨着南磨房的位置。因为这个原因我经常走广渠门那儿，所以印象很深。那有七八个斗局子，斗局子是卖粮食的农民和买粮食的粮店中间的介绍人，那时候称粮食不用秤，用斗用升，斗局子给过斗，称粮食定价钱，收一些佣金。每天早晨这里有粮食市，在这里买卖粮食，同时还给人寄卖粮食，来卖粮食的大部分都是广渠门外农村的人，如果直接卖给斗局子可以，但是便宜。如果挨[②]他这儿卖，他就给定个价钱，控制粮食价格，这是斗局子。还有饭铺、茶馆、水窝子、底局子，底局子是制作布鞋底子的作坊，再卖给鞋铺制成布鞋。过去中国人很少穿皮鞋，皮鞋是从西方传进来的，过去都是穿布底鞋，一种是民用鞋，一种是包工，就是过去给军队里头军人穿的鞋。底局子那儿散鞋、大批的活都做。从广渠门外一直到通县的农民，过去的农村副业之一就是给底局子鞋底圈边，千层底圈边再纳面，纳面是往通县永乐店那儿发，回来以后再经过底锤，一双底子才做好。有个大底局子我记得老根叫于六，我岳父也是

① 即今二环路广渠门桥。

② 挨：在。

学底局子手艺的，还有岳父的兄弟我管他叫叔叔，他也是底局子的，农村那些妇女都会圈边，像我母亲、我第二个妻子，那时候做圈边活是农村副业。

广渠门外在解放以前属于南郊，东便门属于东郊，西便门以西属于西郊，东便门和西便门以南都是南郊区，那儿有一个南郊的警察驻在所，这个以前是清代东郊守备衙门。我走的一般都是土路，因为当时这儿整个儿都是农村，守备衙门往东一点儿，那个位置现在有一个广渠门外小学，广渠门外拐弯的地方，关厢就到头了，剩下的不是农田、菜园子就是坟地。到双井这个地方呢整个都是农村，八棵杨树可能有二三十家居民，有东西走向的街，还有南北走向的小胡同，各家都是以种田为主的。我听我大舅说是种皇庄的田，那里有不少皇庄，满族进关以后跑马占地，占了不少汉人的地，就形成了皇庄。是谁的皇庄我就不知道了。再往北走奔[①]二闸那个方向都是小土路，没有正规的大路，再往南走都是农田小道。在东三环南边这条路到潘家园的地方，有一个很大的窑叫华威窑，后来我的表兄分了家就搬到华威窑北边在那儿住，当然那时候华威窑已经停产了。再往西说就是里潘家窑、外潘家窑，里潘家窑在现在的龙潭湖附近，那时候窑很多。架松王坟也在那个位置，虎城那个地方是一个自然小村，还不如八棵杨村，好像是东西走向，这儿一间房那儿一间房，房子不规整。往东走奔三家房，又可以奔大武基、小武基，过去我倒是没有留意，都是直去直回这几个位置，后来我在这方面下了心，以后多次踏勘。一直往东到王四营、高碑店，新中国成立初期的时候踏勘这个地方，东郊大部分都走了一遍，荒凉得很。我姥爷、姥姥和舅舅他们跟我的第二个妻子都在这儿住，我嫂子也在广渠门外住，我跟这边来往比较多，这地方比较熟悉。

## 侍病

我姥爷和姥姥都是20世纪30年代初我10来岁的时候先后去世的。我姥姥家有大舅、二舅、老舅跟我妈四个孩子，我妈属于姑奶奶，是纵养，就是如果一家里只有一个姑娘，其余的都是男孩，那么这个姑娘就会被格外的宠着，就叫“纵养”，在父母生病的时候，她就必须回去照顾。所以他们得病的时候，我母亲也回去照顾他们。

① 奔：往、朝、向。

过去有病都是看中医，用传统医学治病，甭说城外头，就是我住的地方都没有看西医的，我家附近就有一两个西医诊疗所，但很少有人去那里看病。郊区住的人生了病，都是看中医、吃中药，如果自己没砂锅，就得到广渠门买去，但二三里路都是土路，不方便，所以为了应急通常就跟别人借砂锅或砂锅鼓子，但忌讳主动还药锅。虽说要有借有还，讲信用，但是这药锅除外，必须等药锅主人索要才能给人家，人家不要就算了。我记得看病人的时候都是在上午看，下午看的少，至亲可以下午看，尤其忌讳晚上看病人，这也是一个习俗吧。他们两个老人病危的时候要另拿铺板搭个铺。

家庭里摆设的灵堂

那时候农民住的都是土坯楼。所谓土坯楼就是秋后打土坯盖起的房，这种土房得年年磨房上花雕泥，我姥姥、姥爷的那房不是完全土坯房，而是四角是砖，中间是土坯的房子，这叫棋盘心，省砖，都是烧火的热炕。开始睡热炕的时候我不习惯，上火，嘴起燎泡，尤其是睡热炕头。三间北房，这是堂屋、东里间和西里间，堂屋的左和右有两个灶台，烧西里间就靠西烧，烧东里间靠东边烧那个灶台，都是这种炕。那时候讲究病危的时候不能死在炕上，不能让老人背着炕走，这是不吉利的，忌讳，所以要支铺板。在病人咽气以前得把寿衣都穿上，不能到完全咽气了。寿衣都是他们先准备好了的，到岁数的时候就要准备后事：准备棺材、寿衣、寿裤。寿衣忌讳用缎子的，别的都可以用，因为缎子谐音断子，那时候还没有化纤的。做寿衣的时候要粗针大线地缝，没有细缝的，北京有一句俗语，说活儿做得快但很糙，就是 “您赶装裹①呢！” 装裹是粗针大线的，没有纽扣，就系一个带子。

## 落炕

落炕以后要点一个长明灯，一定要点一盏灯放在那儿。咽气以后要点长明灯，因为在阴间的时候他不能摸黑走，要有一盏灯照着。还有要拿布绳子或者一些比较

① 装裹：指寿衣。

结实的绳子把脚捆起来，这叫绊脚丝，绊脚丝起的主要作用是别诈尸。同时必须得有人看着，没入殓没装到棺材里以前必须有人看尸，停在这儿防猫呀狗呀伤尸；还有的猫带电，蹿上去以后电给带上来了，就容易通电诈尸。诈尸在迷信里面说就是魂灵，实际上没有那个，就是猫狗把电带上去了。

## 棺材

关厢有个棺材铺，我记得很清楚，是叫潘家。棺材也很有讲究，好的棺材，甭管什么料，三儿五[①]的这个尺寸是比较像样的棺材，三儿五的、再大一点的是四五六的。棺材匠也是木匠，但跟一般木匠不一样，他叫斜木行，因为给棺材上盖棺所用的材底都是斜的，所以叫斜木行，他们大都用斧头砍。木材大都用杉木的、松木的，也有柳木的，但很少，我记得姥爷、姥姥的棺材都是三儿五的，是松木的。

北京人有的是中等人家或是一般的人家，能过得去的不管大小都有自己的坟茔，很贫的家无过夜粮的就谈不上。买的棺材叫狗碰头，薄材，一个是自己买的，一个是人家施舍的，像同仁堂就施舍棺材，有人确实买不起棺材，你也不能让他赤着身走，就给他一口薄材，木板钉的，放在乱葬岗子。像崇文区的东南部，宣武区的像窑台，南下洼子这地方有乱葬岗子，地底下一层埋一层，上面又埋一层，挨着埋，没有主儿认。那地方野狗吃死人，就是晚上的时候刚埋的，它一趴，退挺老远去再往前跑，头一撞，这叫狗碰头，撞几下这棺材就裂了，扯出来就吃。

## 开殃榜

死人请阴阳先生“开殃榜”，“开殃榜”就是看这人是什么时候死的，我知道书上说死人的手一般要卡在什么位置上，他能看什么时辰死的[②]。还要看男的女的，叫什么，多大岁数，同时还看什么时候出殃。“殃”是指死人放出的怨气，活人碰上有害。因此，死人出殃时，活人必须回避。北京有个土语：“你让殃打了。”指这个人无精打采，萎靡不振。还有就是什么时候入殓的问题，死了以后往棺材里面放了，

---

① 三儿五：盖五寸，帮四寸，底三寸，谓之“三、四、五”的材，简称“三儿五”的材。

② 民间传说，人死亡的时间是不能问的，而是通过看亡人的手指掐到哪个位置而判定。并有口诀：“子午卯酉掐中指，辰戌丑未手掌舒，寅申巳亥拳着手，亡人死去不差迟。”

什么时候入殓什么时候下销[1]都要有一个时辰。不能犯了“火期”，“火期”就是指尸体自己起火，这也是故弄玄虚的事，反正有这个忌讳。他们就说信者有，不信者无，但是真有在办丧事时丧棚着火了的，但那是不慎着火了，也许是厨子火弄旺了着了火。如果都注意好了，亡人死了以后还能够人财两旺，如果不听的话家败人亡。

## 入殓

等病人去世了，就要装殓进棺材，这叫入殓。入殓的时候棺材里面要有被有褥子，脚踩莲花头顶福字，枕头绣的有蝙蝠，下面是莲花。礼节不一样，有汉礼满礼，还有南礼北礼，丧葬与婚姻既有南礼又有北礼，有的是相融合了，各种礼都有。我说的是一般老百姓的礼，婚嫁丧葬的礼大同小异，就看家里富有还是贫穷。到贫穷的那儿就简单一点，到富有的那儿就讲究一些。

这时候要请阴阳先生来。阴阳先生又叫风水先生，他看风水，既看阴宅也看阳宅。一般人家都有坟茔，像我们家在广渠门外有两个坟茔，一个老坟茔一个新坟茔。老坟茔是我爸爸跟我大爷没有分家以前那个坟，后来我爸爸又买了新坟，那个新坟不太大，也就是半亩地，我记得一个在沙板庄，一个在沙板庄西边。这个坟茔在埋人的时候也要请阴阳先生，看来水与去水的走向，有一套讲究，一般都要背靠北面南。

入殓的时候还要亡人嘴里头含个东西，一般含珠子的多，没有珠子就可以含一包茶叶，嘴里不能空着，右手里有个打狗棒，打狗棒是用纸糊的，上面有白纸条，阴间走路的时候有狗咬可以打。下身的地方放点铜钱，银元也可以，看情况。我记得我姥姥、姥爷放的是制钱，铜板是圆的没有孔，制钱有方孔，还有就是我姥爷和姥姥都放了大烟袋，他们都抽旱烟，他们喜欢的东西就放在里面，这就是殉葬品。古代大坟里面的殉葬品就是这样放里面的，然后再放一些纸糊的黄色的、白色的元宝和锭子，尽量放满了不要让它晃动，最后上面放一个清单。都完了以后要让亲人都看到了再盖棺盖。尤其是至亲的，就是所说的他的姐姐、弟弟等，如果这些人还没来，盖上棺材盖，人家该挑眼[2]了，你为什么不让我看。亲人都看了，才能盖盖儿下

---

① 下销：将棺材上的木楔钉死。

② 挑眼：指摘礼节的缺失，多属生活琐事。

销，将棺材钉死。钉的时候他的亲人、他的儿女都要喊，比方说我母亲、我大舅、二舅、老舅什么的要喊："爸爸躲钉躲钉"，"妈您躲钉"。下完销就再也见不到了。

## 报丧、穿孝

报丧的时候有两种情况，入殓以前给他的至亲报一次丧，先让他至亲的人来看一次遗容。如果入了殓再报丧去，人家就不来了挑了眼了，甚至引起纠纷来。报丧时孝子——死者的儿子称为孝子，闺女就是孝女——要穿孝。穿孝有几个等级，一个等级就是重孝，亲儿女穿重孝，都得要粗白布，不能是细白布，孝袍子、孝帽子都是粗针大线一缝，不能细缝，鞋也都绷[①]上白，儿女鞋后面都是黑后跟儿，隔辈的孙子、孙女都是红后跟儿，表示辈数不一样。但如果是弟兄，他同辈的人要穿细布的，过去说披麻戴孝。这也有重男轻女，如果是丈夫死了，妻子要穿重孝，可是如果是妻子死了呢，丈夫有的就是右胳膊系一个黑布箍就可以了，有的穿一个细白布的孝袍子。亲友来了，一般的就给朋友、亲戚发一个白布带子就行了。

过去有一句话"报丧头满街流"，就是说穿着重孝呢。我姥爷、姥姥死了以后，我三个舅舅跟我妈在村里碰到熟人马上磕丧头，这个丧头不是跪那儿磕三个头，而是很郑重其事的，趴那儿磕一个头起来。人家说："怎么了，这是谁过去了？"说我妈，说我爸爸已经过去了，现在说走了，那时候不说走了说过去了。见谁都要磕丧头，这就是"报丧头满街流"。

## 接三、送三

丧葬入殓以后，一般有一个丧葬的仪式，人死三天有"接三、送三"的仪式。要念经，放焰口[②]，请和尚。有所谓的请五个和尚，叫五钟，七个和尚七钟，九个和尚九钟，我姥爷和姥姥请的是七钟。有的庙应佛事，这是庙里的一笔收入。有的城里头家庭好一点儿的请老道，再好的我看见过三棚经，这叫几棚几棚经，光和尚是一棚经，加上老道是两棚经，再加上喇嘛是三棚经。门口有门吹儿[③]，有大鼓楼

① 绷：临时粗缝于衣、鞋的表面。

② 放焰口：旧时丧礼于出殡前夕，举行祭礼，请和尚念经，向恶鬼施食，直至深夜，称为"放焰口"。

③ 门吹儿：喜丧大事，门前所设奏乐的排场，有客人到，即吹奏一通。

亲友穿着孝袍子送丧

抬着“影亭”送亲人

架叫门吹儿，门吹儿就是吹唢呐、敲锣打鼓热闹，他都请来以后，下了讣告了，请了人了，亲戚好友到接三的时候都来吊唁，有拿烧纸的；那时候讲究送帐子，蓝布写上字“谁谁谁千古”，婚嫁的时候也有送婚帐的，这里是吊唁的意思。大部分是送钱叫奠敬，比方说一元钱、五毛钱，那时候的一元钱就不少了，有管账先生，交给管账先生就行了。

放焰口、门吹儿，还有糊楼库，楼库是冥衣铺糊的，冥衣铺是干什么买卖呢？比方说，糊顶棚那是一行，一般人糊不了顶棚，要扎架子，咱们糊，就出棱出角的糊不好，他就糊得挺好，冥衣铺还糊纸活儿。所谓楼库就是纸牛、马、车、柜等物，表示亡人到阴间去也要坐车骑马。女人死必须有纸牛，一看有头牛，就知道这是女人死，以前说女人一辈子糟践的水多，到阴间阎王罚她喝脏水的时候，牛就可以去把水都喝了。楼库有多有少，有的很多，一般的有车、马、箱子、柜子，有这几件就完了，20世纪二三十年代的有钱人还糊个汽车。

要给人预备饭，一般都是炒菜，很简单，熘肉片、熘丸子，预备点酒，最后吃卤面，以此为最多数。吊唁的人来的时候，我姥爷、姥姥死的时候得有陪灵的，孝子必须得陪在棺材两侧，客人来了都要磕头，他要还礼，近亲都要哭一场，男人哭的少，女人哭得多。像侯宝林说相声哭个没完没了那个，也是笑话，但大部分都是女人要哭出腔调来。到晚上天黑了，要送三，有和尚转咒，前面有门吹儿在敲锣，有和尚跟着一块儿，其他人一人拿一股子鞭杆子长香[①]，孝子拿着哭丧棒打着幡送到荒郊去，在荒郊就把那些楼库烧了。

## 填罐儿

接三、送三回来以后，还要放焰口、转咒、念经，有的放一宿，我记得我姥爷、姥姥都放到东方发晓了。念经是敲一段乐器念一段，到深夜要"填罐儿"，有一食罐儿，一般是搪瓷的，罐儿不大，直径有四寸吧，高得有半尺。填罐儿都找亲人，从最亲的孝子、女儿，到他的侄男甥女，还有他的亲亲友友，一大桌酒席。有人拿一大长筷子，那筷子实际上是秫秸，糊上白纸，把各种菜食夹起来放在罐子里头，这就是填罐，这食罐是给亡人吃的。

放了焰口以后，一般都是单日子，接三后有搁五天的、搁七天的、九天的，有七七四十九天的，像吴佩孚死的时候，搁的时间很长，接长不短儿[②]地念一次经，时间很长。但是一般人家时间很少，首先那个材要质量好，冬天还好，夏天没法儿弄，天气热，有的棺材搁五天就会往出流汤，出臭味都招苍蝇了。有钱人家用贵重木料做的棺材，如楠木的，而且还刷好几道漆，里面也刷漆，外边也刷漆，封的很严，一点儿都不漏，下了销以后里面等于是密封的，跟埃及的木乃伊似的。咱们考古发掘好几百年的棺材里面还跟活人一样，一打开就完了，就是说那棺材必须得好。一般的不会搁得很长，一般搁七天就完了。

## 发引

出殡的时候叫发引，发引就有杠房，我记得是我姥爷、姥姥死的时候，广渠门外那里有杠房，杠房就是租赁出殡用的工具仪仗的。一般棺材铺边儿上必须有杠房，也有棺材铺给人抬杠的。杠也不一样，有八个人的，最不好的叫穿心杠，就两人，棺材拴上了，两人在棺材上面穿过去一个杠子前后各一人抬走埋了。一般的都是八个人小抬，前面四个人，后面四个人，有一张老照片在东便门外边那个就是八个人。八

① 鞭杆子长香：长香的一种，旧时用于吸烟引火，或燃点爆竹。

② 接长不短儿：时常不断地。也说"接长补短儿"。

个人、十六个人、三十二个人，十六个人就不少了，前面八个后面八个，一般三十二个人又有棺罩，主要是好看一些。孙中山那时候是六十四杠。我姥爷、姥姥的时候都是十六杠，没有棺罩，前面有锣鼓、有花柳①，有开道锣、有鼓。

发引开始后先祭祀，磕了头就出堂，四个人提着出院子，上了杠搭起来，他的亲人按先后次序跪在地下，棺材前面打幡的是孝子，必须是长子长孙。我姥爷、姥姥死的时候是我大舅，打幡跪在那儿，用纸包着砖头，搁一小瓦盆，稍微有点深的那么一个盆，后面像我二舅、老舅这些亲戚都按着次序跪下，一说“起杠”这就摔盆，就哭起来举哀。然后有一个打响尺的，两根儿木头“当当”打，这是抬杠子的指挥，比方说八个人、十六个人步伐必须得整齐了，不整齐这棺材就要给摔了，迈左腿都要迈左腿，迈右腿都要迈右腿，步伐整齐就很稳当。打响尺的当当当，像那个一二三，打响尺的是指挥，他拿很多纸钱往空中撒，纸钱就是白纸做的钱。民国年间一个叫“一撮毛”的人纸钱撒的最高，那

① 花柳：亦称雪柳，在三四尺长的竹筒上插上裹了白纸穗子的细竹条，使之下垂，一般是十二把，雪柳由穿孝服的男童手执，以壮大执事行列和场面。

出殡队伍中的棺罩和灵柩

出殡队伍中的打雪柳执事

出殡队伍中的扔纸钱

大殡队伍

“一撮毛”纸钱撒的很高，一团上去在上面呼的撒了。纸钱撒了以后他得喊“加钱”，所谓喊加钱就是死人的亲友给抬杠的小费，在起杠后打响尺的要喊出来，这就有一个比①了。比方说有三个姑娘，大姑爷大姑奶奶，二姑爷二姑奶奶，三姑爷三姑奶奶，他就比，这边就喊大姑奶奶赏钱五吊，那二姑奶奶呢不能少了，五吊五甚至得多。过去还有一句北京的俗语，办丧事、办喜事一般都请姑奶奶给出主意，商量怎么办。姥爷姥姥已经落炕②了，过去叫落炕，落炕起不来要等死了，怎么办？或是要分家了，首先给出门的姑奶奶请回来。出主意办丧事也一样，比方多事的好挑眼，你们这么办不行，太丢眼了。过去有这么一句话，“穷姑奶奶你少说话”，要是没钱的话就少搭话。我们就没钱你们怎么办，你姑奶奶得拿出钱来，姑奶奶没钱就少说话。孝子摔盆，长媳抱罐，罐就是夜里放焰口时填的那个罐。后面有车，女的坐车男的跟着走。

## 下葬

到了地头儿坟地了，阴阳先生已经看了，坑已经打好了，到了地头儿以后先把灵③

① 比：比较。

② 落炕：指病体沉重不起，即将死亡。

③ 灵：即棺木。

落稳了。落稳以后要下坑了，先把那个罐放在棺材的后面，它的那个位置是根据祖坟来定的。你比方说祖坟在当间，它按两行这么立。插一句，过去的方向跟现在说的方向不一样，过去的方向以物体的主体为确定方向，现在的人以观看的人的位置来看。你比方说咱们以北京外城为例，内城看不出来，左安门和右安门，左安门在东，右安门在西。那你要是观看的人从南往北来看，站在永定门外大街来看，那你必须说是右安门是左，左安门是右，实际上不是，要以物体本身来定左右。

墓地

棺材下坑是一点儿一点儿下，有打响尺指挥的，前面两个人，后面两个人，拴好了一点儿一点儿下，定好了方位，阴阳先生看了位置，头南还是正南还是偏南，阴阳先生都看好了，这么下。最后填坑，孝子先拿锨掀第一锨土，挨次的按跟亡人的近疏，亲亲友友都要铲一下。回来以后，到进街门的门口，有一个盆，里面放一把刀，回来以后每人都要磨三下刀，怕孤魂怨鬼跟着回来。因此，北京民俗，平日无论什么刀都不能搁在盆里头，不管是瓦盆还是什么盆，很不吉利。

下葬后的第三天还要去填土，亲人到坟上去填土，这叫“圆坟”，“圆坟”就是用铁锨给坟添土。在坟上，把纸钱拿砖头或是土坷垃压上，坟前面有碑，再拿秫秸在坟前面叉一个圈像一个门似的，在坟前烧纸。外边也要烧纸，如果不给外边烧纸就是不给孤魂怨鬼烧，孤魂怨鬼就要来抢他的钱。

“五七”三十五天的时候就要烧伞，这伞应该是姑奶奶给烧，冥衣铺给糊的。六十天还有烧船桥，也是纸糊的，到六十天的时候亡人要过河，没有船过不了河。到一百天的时候要烧包袱，纸铺有卖的，一尺见方的，上面都打上格，写上先父名讳，不孝子谁谁谁，里面装纸钱，叫包袱。这整个儿殡葬过程就完了。

## 在京离世的外地人

殡葬里头最后还有一个要说的，就是当时侨居在北京的人很多，南方人、山西

广东义园的袁崇焕庙

人、山东人、河北人在这里做生意的很多，这部分人怎么办呢，一般的人家过去的民俗呀有这样一种习惯，不要做外丧鬼，如果在北京死了，在北京办了丧事，要把棺材停灵。北京有些大庙，像法源寺、广济寺、南药王庙、隆安寺等都腾出几间殿来停灵，它是收钱的。还有一种，不停灵，北京有很多义园，义园就是侨居在北京的人同乡集资买的地，像广东有广东义园，河北有河北义园。有一部分就是家里没人了就丘在这儿了，棺材放在平地，给它四周用砖砌起来，给棺材砌在里面，这叫丘子。北京有个俗语，就是说这个东西你不动它只看见它，就说“这人丘这儿了”。像我同院，他是河北人，他妈死在北京了，他这就是丘在河北义地，等到一定阶段以后再运回家去入土。

我看旧时代的殡葬仪式，有很多祭缛和糟粕，但是这一点也反映出我们民族不忘本，不忘祖先，慎终追远，这个是应该肯定的。当然这个形式不好，我说的是很简单的，有的更复杂，我看到的大殡，有影亭，前面有开路鬼。孙中山先生灵梓奉安虽然没有这些东西，但也糊了不少楼库，仪仗队相当多，有的开路鬼拿个大叉子，糊的有松山松亭子，这个队伍有两三里长，仪仗队、伞扇锣什么都有，相当庞大。这个仪式我看是不合适的，这就是厚葬。在春秋战国的时候守丧三年，现在我们都没有了，但是这种精神——不忘根的精神是值得肯定的，问题在于这种形式要怎么改变。繁琐的应该精简一些。还要补充的是，父亲死了为考，母亲为妣，他的灵碑上写的先考谁谁谁之位是父亲，先妣是妈了，过去形容人伤心说“如丧考妣”就这么来的。

# 六
# 节日

节日是对自然和传统的礼赞，也是对自身劳作的犒劳。每个民族、地域都有自己的节日。我们甚至无法想像没有节日的人类社会会是怎样的。

节日风俗应该从正月说，这个正月还要跨点儿年前的事儿。现在说春节，过去说年。咱们有两个年，一个农历年旧历年，也叫阴历年，还有一个阳历年。清朝退位以后民国成立了，民国政府要以公历纪年，同时也用农历，两个都用，并没有放弃农历。公历对北京人来说印象不深，可过可不过，这样就只有咱们农历这个年，在百姓中，没有提过“春节”，就是“年”。

## 祭灶

说过年，就从咱们旧历过小年开始。腊月二十三，祭灶过小年，虽然过去有这么一个说法，“送信儿的腊八粥”，但真正的年开始，北京城有年味儿，街上能看到年的景象了，可以说从腊月十五开始，到腊月二十三年味儿就已经很浓了，因为咱们的旧历年是中华民族很重大的节日，人人都欢迎。

北京还有一个民俗：“男不拜月，女不祭灶”，说是这么说，实际上拜月和祭灶男女都参加。祭灶的主要负责人是男人，女人退居次位。灶王爷是家家儿都有的，谁家里都有灶王码儿[①]，有两种：一种是只有灶王爷；还有一种除了灶王爷还有灶王奶奶，商店里面、饭庄子饭馆祭的多，居家的只有灶王爷，没有灶王奶奶。

民间对灶王爷是相当崇敬的。传说灶王爷被玉皇大帝派到每家，看看这一家的行的是善、还是恶，到腊月二十三要回玉皇大帝那儿汇报工作去。祭祀灶王爷就是送灶王爷上天。祭灶的时候要预备关东糖、糖瓜儿，还有一部分是南糖。还要预备草秸和料豆，这是喂灶王爷的牲口的，还有一碗凉水，三炷香，所以北京过去有个顺口溜：“灶王爷本姓张，一碗凉水三炷香。”祭灶的时候嘴里要念叨着，要行跪拜之礼，灶王爷上天，好事多说不好的事少说，“上天言好事，下界保平安”，那是灶王爷的一副对联，也是一般祭灶人所说的话。完了以后在院中把灶王码儿焚化，表示灶王爷上天了。从祭灶这一天开始，各家各户还有街市上摆摊的人就增多了，人

灶王码

祭灶

① 灶王码儿：过去家庭供在厨房里的灶王画像。

来人往办年货的，有的人从腊月十五就办年货，尤其是郊区的人，郊区那地方，卖布匹的、卖肉食的、卖粮食的很少，只有在集、镇上才出现，还不全，所以都进北京来，有的是赶着小驴车，有的是赶着驴背着捎码子①，前面一嘟噜后面一嘟噜，到城里来办年货，看到这些人来，可以说年味儿就十足了。

## 忙年

从腊月二十三开始，商业上就开始要账了，这是规矩。北京过去的商业交往都是先交货后收钱，大部分的商业都是这种情况，如果说端午节没清账，中秋节也没清账，那就是年前来清账。从腊月二十三开始派人到账户那儿去要账，所以过去也就说，“要了命的关东糖”。到那时候，账就没法再往后拖了，这是一个民俗，也是商业的一个普遍规律。

腊月二十三过去以后，多过一天，后面的就是一天热闹一天，一天紧似一天。

置办年货的老北京人

① 捎码子，一种口袋，中腰负在肩上，下垂的前后两截可以开口，里面用来装东西。

如果是小尽的话就是二十九除夕，大尽[1]的话就是三十儿除夕。北京过去有个顺口溜：“小孩小孩你别馋，过了腊八就是年。二十三糖瓜粘，二十四写大字，二十五蒸馒头，二十六煮猪肉，二十七杀公鸡，二十八把房扫，二十九剃头又洗澡。”但是也不一定按照这个程序。总之从腊月二十三开始一天忙似一天，得把馒头蒸好。过去北京有一个习俗，正月里不动刀子，不能做饭，都要吃年前做下的年饭，根据家庭情况不一样，人口多少不一样。比方说吧，我们家有五口人，后来我姐姐走了，哥哥学徒去了，给三口人蒸的馒头也要吃到正月十五去，来了人都是热剩菜、剩饭。当年家里没有冰箱，但屋外边就有天然冰箱，谁家都有一口、两口缸的，就是大缸，到人六腰[2]的那么高。一口缸放水，另外一口缸里面放食物，馒头、生肉。蒸完馒头拿大料在馒头上摁一个红花，表示吉利的意思。还要做些年菜：蒸扣肉、米粉肉、炸四喜丸子、炸饹吱盒儿、炸排叉儿，另外炖一些肉，做一些鱼冻儿，存起来到正月里吃去。

扫房、糊窗户。过去北京的住家，上槽窗户完全是纸糊的，下面有两块玻璃，玻璃旁边那个竖着的也需要糊，也是窗户。糊窗户、扫房，一定要干干净净地过新年。另外，就是买对子、贴对子、贴挂钱儿，挂钱儿一般都是用棉纸，制成钱的形式，下面带穗子，念白了叫挂签儿。这时候一般都要换一件新衣服，不管男女老少，都要换一双新鞋，老太太、妇女都买一些纸花、绢花戴，男人要剃头、洗澡。头年儿[3]必须剃了头，正月里忌剃头，说正月里剃头死舅舅。这时候一个是澡堂子忙，一个是剃头棚忙。20年代末30年代初的时候都叫剃头棚，到日本来了以后有叫理发馆的，澡堂子要忙到年三十儿。这些可以说是新年的准备工作。

## 除夕

这些准备工作到年三十儿那天是最热闹的，大街小巷各家各户都是热闹非常。旧历的新年大部分人都盼，尤其是小孩子更盼，过年的时候吃好吃的，穿新衣裳、穿新鞋，还得点儿压岁钱。到了新年，屋里屋外都打扫得很干净，在大门口贴对子、贴门心儿，有影壁的就写“抬头见喜”，竖着四个字；到屋门有屋门对儿，灶王爷

① 小尽、大尽：称旧历的大月，即三十天的；“小尽”为二十九天。
② 六腰：腰间。
③ 头年：年前。

有灶王对儿，大佛有大佛对儿，还贴些吉祥语，诸如“百事随心”。另外很多人家都买年画，有的是一个大胖小子抱着鱼——富贵有余，但我喜欢《三英战吕布》《桃园三结义》，还喜欢那个四扇屏，喜欢《藏舟》，写的是田玉川为那个卖娃娃鱼的抱打不平，打死恶少，最后他没地儿藏，藏到舟里面去了。

老北京街头卖年画的

院里头把芝麻秸、松木枝撒了一院，从院门口撒到屋门口，天黑的时候人走，踩的嘎巴嘎巴响，叫踩岁（祟）。一到天黑那就更热闹了，那时候都是煤球生的火，火要旺旺的，各屋灯都要点亮了，空房子也要点上灯，红红火火来迎接新年。天一黑就有送财神爷的，都是小孩子，这些小孩子不是因为家里缺钱花，而是习以为常，每年不是小贩来卖，都是上学的孩子来卖，送财神爷，到纸铺去买，准确点说是趸财神爷，到各门口喊，给他一个铜子儿请进屋，但不是一个孩子，一会儿来一个，一会儿来一个，可是也不能说不要，忌讳说不要，就说接了。我很小的时候，我爸爸妈妈就告诉我年三十儿晚上诸神下界，哪个旮旯都有神仙，哪个地方都有神仙，说你要是小便就咳嗽一声，告诉神仙：躲躲，你。

老北京人新年踩祟

外边还要点上一盏天灯，一支杆子一丈左右，上面挂一盏灯。天一黑外边小孩子就相当多，我也是一样打着红纱灯，有的是纸的，比较贵一点儿的是纱的，点着满街跑，提着灯笼上街玩去。过年的时候要供佛、祭佛和祭祖，我们家供佛的时候有五碗酥皮儿点心，还有五碗蜜供，一尺多高的蜜供，后面我在正月里面再说这个，这些都是在饽饽铺事先订的东西，到时候就送来，给佛供的。到晚上要把自己家里一些不要的东西都扔了，如果之前病了要把药方子、存的一些剩药、不要的药锅都扔了。到年三十儿晚上开始扫地，不能往外扫，要从屋门口往里扫，意思是钱不能扫到外面去，这么一个风俗。到晚上了这顿晚饭比较丰盛，一大家子团圆一起，那时候以肉食为主，猪肉为主，炸丸子、四喜丸子、米粉肉、扣肉，吃米饭，还必须得有黄、白年糕，年年增高的意思，取个吉利话。

天一黑，大部分的商店就掩门过年了，因为这时候该买的都买齐了，买东西的极少了，像布铺、点心铺、杂货铺，还有市场也都收摊了。像东四这边儿有摆摊的，前门大街那儿，花市集市那儿，都关门了。但只有前面说的澡堂子没关、剃头棚不关，这时候因为有人年中的时候都很忙，没时间剃头洗澡，到这时候了他说我这个澡、这个头绝不能留到过年去，污秽呀，必须留在年前，所以要剃头洗澡。

还有一种买卖不关门——当铺，年终他们最忙。当铺是什么买卖？要说它是旧货店吧又不是旧货店，主要是金融企业放高利贷的，你向他借钱的时候必须有抵押物。比方说拿这个杯子做抵押物，你要向他借两块钱，你的杯子得值十块钱，他的利息很高，是一个银钱企业，它为什么不关呢？因为这时候绝大多数人都是欢欢喜喜、高高兴兴过新年，但还有一部分人过不了这个年，吃不了这顿饺子，甚至有背债的，那就得想办法还人家的债，那就得拿东西上当铺去当，换来钱，当铺就借着这个机会，等着宰你，等着人跳火坑。澡堂子、剃头棚、当铺，这时候最忙。

在东晓市儿有个避难馆，就在崇文门外过了磁器口往南，南药王庙前面，有一个茶饭铺，既卖茶也卖饭，什么炒饼、烩饼了，芝麻酱面、炸酱面了，这些东西都卖，这地方不休息，有些人到那儿去避难、躲债。前面说了从腊月二十三开始要债，债主子一天紧似一天，越往后逼得越紧，甚至一天跑你这儿两三趟，逼着年三十儿晚上要你还账。一个债主子还好，有时候两三个债主子等着你，所以就躲债躲到茶馆来，茶馆怎么好？这儿又有吃又有喝，外边刮大风下大雪了，里面暖暖呼呼避着躲债。到年三十儿那天在那儿喝茶、吃饭的，没有别的人，都是躲债的。时间一长，这茶馆原来有店名，店名就忘了，都叫避难馆。

另外一个就是“都一处”。1956年公私合营的时候，我曾采访过一姓栾的，他是这里的公方代表经理，他知道“都一处”的情况，也看过乾隆皇帝写的那个虎头匾。年三十儿这儿有几个吃酒躲债的人，乾隆皇帝带着太监到这儿来吃酒，外边是满城的炮响连天，其他的店铺都关门过年了，这儿没休息。他看这些人都唉声叹气的，乾隆皇帝就问这个李掌柜的为何不休息，他就说每年到年下的时候，有些人没地儿去就到我们这里喝酒来，我们也多挣些钱。乾隆就问你们这是什么字号呀，他说我们没字号就是李家小馆，乾隆说这时候可能全北京的店铺都关了，京都就你一处了，就叫“都一处”吧。后来送一块匾来，可以说是野史，后来他们就把乾隆送的那匾挂在了他们屋里头，虎头匾，还有乾隆坐的那把光面椅子也供起来了，他那椅子我看见过，在上个世纪30年代的时候就放在那儿。都一处原来的位置不在鲜鱼口的北边，以前在鲜鱼口的南边，还隔着一个瑞林祥布铺，一间门脸儿是筒子楼，这楼跟底层并不相对，退后一段去，退后有一丈去，他那个所谓的宝座就在楼上的外边。

因为我对商业比较感兴趣，谈不上研究吧，反正我是好琢磨这个，这么多年来尤其对老买卖、老字号下了些功夫。我认为“都一处”这个事儿是商人自我宣传而已。乾隆给都一处的虎头匾没有落款。乾隆每到一处都要做诗，留下他的御笔，留下他的墨宝，都有他的落款，为什么他这儿没有落款？另外乾隆也不会随随便便出来瞎逛荡，同时还有一个重要的史料，乾隆到年三十儿的时候，从乾隆三年开始在皇宫里头例行有盛大的宴会，所以乾隆是不可能出来的，乾隆也根本没到都一处来，这是都一处要自我宣传，要向上靠拢，就说乾隆都到我们这儿来吃过酒。当时没有别的宣传工具，它用这样的办法宣传提高自己的声誉，我认为就是这么回事。

年末戏班要唱封台戏，清代的时候，有民国就没有封印了，戏班要封戏箱，大衣箱、二衣箱都封上，一般都是在阴历二十五、二十六唱封箱戏。剧院那时叫戏馆子，封台不唱了，但这里头跟唱义务戏有分别。封箱是一回事，义务戏是什么呢？就是到年终的时候，戏班里的人聚在一起唱一两场救济贫寒同行的义务戏，每年都唱，他们有梨园公会，提倡唱这个。像马连良、梅兰芳这些名角都很富有，但是打旗的、跑龙套的很穷，过不了年，得为这些人唱戏，这些“角儿”演唱要钱，得的钱都分给同业，唱义务戏救济贫苦的同行。到初一的时候就开锣了，戏馆子初一全唱，唱那个吉祥戏、应时戏，《天官赐福》等大团圆的戏。

年三十晚上要守岁，就是熬夜。夜里到了子时（11点到1点），正子时就是12

点，就要迎接新年，即来年的初一。一个是辞岁，晚辈给长辈辞岁，要磕头，磕头的时候长辈给晚辈一些压岁钱。当时的压岁钱并不多，是个意思。在当时来说我们还算过得去的，给五个大铜子儿，一般来说过不了十个大铜子，更主要的是长辈教育晚辈给予赠言，上学的时候好好学习，已经走上社会了要好好做人。这时候，外边放炮仗，当然一宿炮仗不断，到了辞岁的时候，就是接神的时候了，满城的炮仗连天。大年初一的时候都吃素，不能吃荤，包素馅饺子，饺子里面搁一个铜钱，清代那个小制钱，大铜板没法搁，煮下去以后，谁吃到小制钱谁这一年吉利。

## 新年

年三十儿是整宿的鞭炮，到新年的正月初一也就是大年初一要拜年，先给家里的长辈、父母拜年，这时候要忌门，就是不许女人串门，忌女人不忌男人，这也是男尊女卑的陋俗。一直忌到正月初五，破五。同院都不能互相串门，女人进门好像是不吉利似的，娘家也不回，一直到破五。

作揖拜年

大年初一首先是走亲戚拜年，到至亲的地儿拜年。姥爷、姥姥、舅舅、姨、姑什么的，晚了去不好，人家要挑眼的。在路上见着熟人都要道新年好，作揖拜年。这个拜年是互通感情的，有的是一年都没有串门了。另外一点，谁跟谁做朋友或做街坊的时候有点不痛快，闹得很不好，这个时候互相道个新年好，前面的事就算过去了。这跟和谐也有关系，沟通了感情，过去的矛盾通过新年互相拜年就解决了。

同时，各家店铺都上板儿，不

民国年间的白云观庙会

民国年间东岳庙财神殿前进香求财的人们

叫关张，过去店铺都有护窗板，不营业了，都要上护窗板，伙计和徒弟都放假回去了，店铺都必须留人，那时候不叫值班，他们是分着出去，有的是回家，有的是拿着店铺的明信片到有交往的地方去拜年，也不用见着人，从门缝里插进去就完了。后来我到了眼镜行，门缝里面一天能插进好几十份来，那就说明人家到了，已经来过了。

在店堂里敲锣打鼓，那个叫“响堂”。那时候店铺都那样，响堂好像是要把那些原来不兴旺的买卖，来年要它兴旺起来。传说有个杂货铺买卖很不好，伙计没得到什么馈赠，没得着什么钱，心里很不高兴，喝完酒以后，就在店堂里面乱打鼓乱敲锣，吵得四邻不安，但来年正月出来开张以后买卖很兴旺，所以后来其他店铺就学它，这是店铺的一个民俗，从初一打到初五。

我查原来的古书，在初一的时候有一个走桥摸钉的习俗，我父亲都没赶上。走桥就是见着桥就走，到前门门楼那儿的时候要摸那个门的钉子，这个“钉”（丁）表示男的，但到我那时候不存在了，到民国的时候已经不时兴了。

初二到财神庙烧香求财神去，还挑挂钱。到二月初二的时候接姑娘、接宝贝、挑挂钱。

到初五就是破五，破五就是忌门破除，女人可以到街坊家互相拜年，这是串门。

到初六是新媳妇回娘家的日子，娘家必须来人接。正月里还有一个习俗，“正不娶腊不定”，正月里不婚娶，腊月里不定婚，所以说过去是腊月里头办喜事的多，而正月里没有，这是什么原因我也说不清，就是这么传下来的。

初六，一个是媳妇回娘家，另外一个是店铺开市，开市的时候放鞭炮。我看有的大店铺整口袋整口袋的鞭炮，就是100斤的那个米口袋，外边放鞭炮表示吉利，崩出去邪恶，迎接新的一年。店铺开门的时候要摇算盘，上下摇，也是驱赶邪恶。

民国年间雍和宫的打鬼活动

立春，有时候在腊月里，这是头年打春，有时候是过年打春①。咱们中国的历法跟公历不同，公历是根据太阳来定的，所以叫“阳历”；咱们中国的历法是按月亮的圆缺来立的，所以叫阴历。二十四节气是比较准的，阴历不是很准，所以有闰月，一般来说五年三闰，这样立春就不固定在腊月里头还是正月里头，有时在腊月二十几，有时候在正月初几。立春也是一个大节气，不单是北京吧，全国都很重视，立春是春天开始了，万物萌生的日子。清政府的时候，东直门外有春场，顺天府要派人去“打春”。据说是在地下埋一个竹筒子，上面搁一个羽毛，地气上升了就把羽毛吹起来了，我没亲眼看过，连我父亲也没看过。打耕牛，打春，也叫“咬春”。现在看得很简单了，但是在民国的时候，家家都要吃春饼，我们家用支炉，不用饼铛，也就是直径七八寸吧，二寸高，圆形的，用沙子做的，上面有筛子似的小窟窿眼，放到火上烙饼用，两块饼抹点油贴在一块儿。菜很全，菠菜、白菜、黄瓜、木耳都有，有的人买点儿盒子菜，就是些熟肉菜。过去猪肉杠既卖生肉也卖熟肉，买点儿盒子菜，有的是要个盒子，里面有分成格的，好像拼盘似的。

① 过年打春：即指过年后，农历正月里立春。

初八是“顺星”，这一风俗是人们企盼在新的一年里能顺顺利利，万事如意。传说，每一个人都是天上之星转世，如果代表你的那颗星明亮旺盛，那你就会走运，相反你就将倒霉。每年的正月初八诸星下凡，老百姓就会在这天祈祝星辰。“顺星”就是祈祝代表自己的那颗星明亮旺盛。在白云观有一个星宿殿，一部分人到白云观星宿殿那儿去祭祀自己的本命星，有的就在初八晚上捻点纸花放在铜茶盘，里头洒点香油，在纸店里买星宿码儿，拿几碗元宵来祭祀，然后元宵自己吃，祭神也是，最后供品自己吃。

还有雍和宫打鬼，我父亲带我去过，打鬼是藏传佛教的习俗，戴上鬼脸穿上彩衣，跳动追着赶打，也是祛恶邪的意思，小时候觉得很有意思，现在也觉得无所谓了，反正正月当中有这么一个活动。

## 元宵节

新年是大节，上元节仅次于新年，因为要吃元宵又叫元宵节，要看彩灯又叫灯节。正月十四开始，十五、十六三天灯一般是正灯。

我也曾赶上过热闹的时候。在方志的书上记载，东四有灯，我没看过。大栅栏有灯，大栅栏的灯我只赶上过一次，相当繁华。大栅栏那条街本身就不长，路也不宽。晚上我跟我父亲、母亲一块儿去的时候，是走着去的，出了南河漕北口往西，到珠市口拐弯以后就奔前门这条路上了。到大栅栏就可以说是人山人海了，拥挤不堪，进了大栅栏以后是人挤人人拥人。路北的买卖、路南的买卖，灯都挂得满满的，一个是纱灯，一个是玻璃灯，纱灯里面都画一些人物、花卉、山水，吸引人的，各家挂灯。这里还有冰灯，我记得是长盛魁，山西人开的干果杂货店，摆放冰灯。冰灯可能是先有模子

民国年间老北京城里的元宵花灯

吧，洒上水结成的灯。大栅栏的灯相当出名，那时候讲究到大栅栏看灯去，大栅栏的繁华跟看花灯有关系。进大栅栏之后从东口再出来不好出来，只能从西口出来，从廊房头条转过来了。

在大栅栏不点烟火，前门大街路东是一个山西人的铺子，正放烟火、放鞭炮、放盒子。怎么放呢，三根竹竿架起来，有大有小，高的得有八寸，吊起来以后这盒子是一层一层的，只点一层。当时放的什么我忘掉了，好比是个大山，放的时候各色烟火都有，烧完这一层，板掉下来了，再烧下一层，这层是人物，这是长坂坡，这是赵云，下来了又一层，这是放盒子，烟火的一种，就那年见过一次，后来就见不着了。

元宵节是很重要的一个节日，民国时候另一个重要节日就是正月十九“燕九节”，邱处机的诞辰，我没去过。会神仙我听说过，首先去彰仪门那儿等开城门，见邱处机下界。逛白云观的人很多，场面很热闹；其次正月里还有填仓，大填仓、小填仓，这个跟农村关系大，城里很淡薄了，就没有了。

## 二月的中和节和二月二

下面就说二月了。二月第一个节日就是中和节，太阳宫要开庙，就在现在左安门内体育馆那儿，要吃太阳糕，是用江米做的一些甜食，应时的点心。

初二是龙抬头的日子，跟这一年的雨水有关系，过去皇历上有几龙治水，有九龙治水、六龙治水。龙多了涝不好，龙少了雨水不充足也不好。还有二月二接宝贝儿，就是姑娘回娘家的日子，北京的顺口溜“二月二接宝贝儿，接不来掉眼泪儿”，就是说当媳妇难，必须有人接去，同时还要看着婆婆的脸色行事，婆婆给假接回来，不给假不让走就接不来。娘家人很失望，接不来掉眼泪。

## 三月的寒食节和三四月的民俗

一般清明在阴历的三月份，在清明前一天是寒食节，寒食节的由来是介子推的故事。晋文公封赏的时候忘了他了，介子推只出力不希望封赏，最后被火烧死在绵山中，后来为了纪念这个忠臣，有了寒食节。寒食节在我小时候还有点儿讲究，一天不准起火，吃冷食。以前不只一天，后来就一天了，特别是山西人，做买卖的很多，像什么粮店了、干果铺子了，都是山西人开的买卖。清明的时候是上坟的日子，折柳、戴柳的日子，所以说谁要是不折柳、不戴柳，来生一定变黄狗。我那个时候这个节已经很淡薄了，有的人不戴，变黄狗就变黄狗吧。

在三月份和四月份的时候，北京的吃食是黄花儿鱼、对儿虾，这个在20世纪40年代还是这样的。那时候黄花儿鱼等海鱼大量出现了，街上卖黄花儿鱼的很多，家里都吃。我记得有一次我岳父来，我父亲买了四五斤的黄花儿鱼招待他，那时候黄花儿鱼的价钱不像现在这么贵，属于应时的吃的东西。还有就是吃藤萝饼，藤萝饼是藤萝花做的，还有榆钱做的榆钱糕。那时候还有惜字会，很隆重的，要唱大戏，惜字会我并没有赶上，但我看见过敬惜字纸的人到街上来捡字纸，他背一个兜子，黄色的布兜，上面有四个字"敬惜字纸"，拿着一个竹竿，上面有一个弯针，看见有带字的纸就给它钩起来放在兜儿里头，我记得上学的时候，私学的老师不准用字纸大便去，这是习以为常了。有带字的字纸一定不许满地扔，白纸可能还能扔掉，字纸不能扔，是爱惜文字的意思，也是尊孔，但实际上是仓颉造的字，该尊敬他。

## 五月端午

到五月份，有个端阳节，也叫端午节。这个节尽管赶不上新年、正月十五的灯节热闹，但那时候也很重视，也很热闹，像个节日的样儿。粽子这谁都知道是为了纪念屈原，有家里自己包的，但大多数去饽饽铺、聚庆斋买粽子。另外要饮雄黄酒，喝雄黄酒是避五毒的。还要在自己的屋门上、街门上贴上钟馗的纸码，都是驱邪的意思。门上贴钟馗的图像，插蒲艾，

门楣上插蒲艾

夏天，老北京人在四合院里搭的凉棚

这个传说是跟黄巢起义有关系，插蒲艾的就不杀你，不插蒲艾就是官府的人，就要杀掉。这是真是假不知道，是个传说，在我小的时候评书“隋唐演义”就讲黄巢杀人血流三千里，我的脑子里就有这个。1949年以后到首都师范大学听唐庆东讲，说以前有一个中学老师给学生讲“黄巢杀人八百万，血流三千里”还受批判了，多少年来都这么说，黄巢起义杀的人多了，有这么一个插蒲艾的传说。到五月节的时候都爱吃桑葚儿、樱桃、小青杏儿，我吃的都流鼻血，吃多了鼻子流血。小孩鼻子、耳朵上都抹雄黄，害怕虫子会往鼻子里头钻。同时有这么个说法，善正月，恶五月。五月里头不糊窗户、不剃头、不搬家。在学徒的时候，每一个月包月的①，剃头的夹个包，剃完吃个饭，每年结账。到五月都是长毛僧了，该剃头了。这个时候一天天热了，街上卖什么的都有。天热的时候打旱伞，雨伞有两种，一种是纸伞，一种是布伞（油布的、黄油布的），纸伞大都是南方来的。街上有修雨伞的如果纸漏了，他给你补一个有韧性的高丽纸，涂一层猪血。还有打竹帘子，那时候的质量很好，不像现在的竹帘子。粘扇面的，背一个木头匣子，粘纸扇，换面，那时候的骨子都是好骨子，给你换好面，都能用好久。

## 五月十三老爷磨刀

五月过的比较多的还有一个是五月十三，老爷磨刀。关老爷磨刀必须有水，他要去东吴，鲁肃请他到荆州单刀赴会，只带周仓去了，他五月十三那天磨刀要水。那天要下雨，五月十三应该是下雨的日子，雨就是磨刀的水。五月天就比较炎热了，但是干热，中等人家都搭天棚，还有能卷起来的。我们家的天棚也可以卷起来，但

① 包月的：一般的店铺每月都唤来剃头的为学徒和伙计剃头，剃头钱由柜上按月支付

是我们家的很简单，因为院子很小。这时候石榴花开花了，鱼缸也搬出来了，我说的鱼缸是直径二尺瓦盆的，养金鱼的。天棚、鱼缸、石榴树，这是北京四合院很讲究的三件物品。

## 六月六和祭关帝

农历六月第一个风俗就是六月六，晾晒衣服，尤其是当铺，当铺有很多的库房要晾晒当物。还有六月二十四祭关帝，比五月十三祭关帝要隆重，放鞭炮，要到关帝庙烧香拜佛。

一般到六月底七月初的时候就该数伏了，所谓数伏，过去有一种说法：夏至三庚便数伏，也就是夏至后第三个庚日便入伏了。前边婚嫁方面已经说过，我国民国以前纪年是用天干地支。年用天干地支记，月、日、时也用天干地支记。我国夏天伏日分头（初）伏、中（二）伏、末（三）伏。每一伏是10天，共30天。有的年份有两个中伏，是20天，因此整个伏日就40天了。为什么有的年份有两个中伏呢？这与入伏早晚有关系。对于伏日的规定，除了夏至三庚便数伏以外，立秋后还必须有一伏。从夏至经小暑、大暑到立秋是47天。每10天遇见一个庚日，如果夏至当天就是庚日，后经第二庚日到第三庚日，共20天就入伏了。头伏、中伏共20天，末伏的第七天就立秋了。秋后还有三天伏日，不够一伏，所以将中伏加上10天，这样就变成20天了。秋后就出现了一伏。如果夏至后第一个庚日在第七天，加上后面的两个庚日20天，共27天，头伏10天，中伏10天，末伏第一天就是立秋，秋后就有一伏了，这样中伏就不用再加10天了。

头伏饺子，二伏面，三伏烙饼摊鸡蛋。一般咱们北京头伏吃饺子，二伏吃面，三伏吃烙饼摊鸡蛋。这时候天热了出现卖冰核儿的[①]，是小孩子卖，拉一个矮小的木板车，前面有两个后面有两个小铁轱辘，当间一个木板，木板上放着一个席篓子，席篓子里面放的是天然冰。北京有很多地方有冰窖，过去没有机器，冰都是天然冰，一般家庭那时候有冰桶，不是现在的冰箱。那时候冰桶大小不一样，一般的是椭圆形的，也有方的。过去冰桶没有铁的，是木头的，木桶是箍起来的，底下不漏水，

---

① 冰核儿：指天然冰的中心部分，小贩以小块出售，用来直接食用。“核儿”音读为“胡儿”。

老北京街头卖酸梅汤的

老北京街头卖玉兰花的

上面有盖，有锡里儿，里面放冰，放一些食物。我就吃过冰核，你跟他买一大枚的，买了冰核儿捧着吃。

卖酸梅汤，那时候卖清凉饮料的主要是冰核儿与酸梅汤，汽水是后来的舶来品。饭馆、饭庄子卖些应时的食品：水晶肉，水晶糕。水晶肉是猪肉带皮的，煮烂了以后放成冻儿，冻儿是白色透明的，在碗里头，吃的时候扣过来相当好看，再撒上一些佐料。水晶糕也是这个意思。同时有些大饭庄子卖四冰碗：菱角、荸荠、莲子、藕，配别的也行。所以那时候没有小吃一说，小吃是1949年以后才出来的叫法，都是叫小卖。饭庄子、饭馆尤其是大饭庄子外边都写着大字“南北大菜，应时小卖”。同时街上出现卖玉兰花、茉莉花的，玉兰花就是大长把儿的那个，卖茉莉花的一般挎一个篮子，用挺干净的蓝布给它盖上，用那个小铜丝给它弯成小花，钩着那茉莉花，玉兰花跟茉莉花都那样，卖给贵族的小姐、妇女，带在身上放出香味儿，这个是很时兴的。

## 七夕节

到七月份了，七月第一个节就是七夕牛郎织女相会。主要的一个应节的就是唱《天河配》。七夕也是下雨的日子，一年两人没有相会了，下雨是牛郎织女流的泪水，相思流泪的意思。每年梨园行到这时候就必唱这个，人们都互相问看没看听没听

北方的鞑子，南方的蛮子，当然这是对少数民族的蔑视，就是瞧不起的意思。传说是用蒙古人和色目人看着汉人和南人，尤其是南人——长江以南的汉人，监视他们，怕他们造反，五家用一把刀，做饭用的刀，每家都有个鞑子来监视汉人和南人。但是，后来到元顺帝的时候，反抗此起彼伏，有人就串联，就在月饼当中写下纸条，在十五那天把你家里的鞑子杀死，这是个传说。我小的时候记得很盛行，就是八月十五杀家鞑子，月饼里面有纸条，同时把家里的鞑子杀死，杀家鞑子。杀家鞑子是个歇后语，办一件事都是一家人干，没有一个外人，这就叫“杀家鞑子”。比方说做杯子没有外人，生产经营这个杯子都是一家子没有一个外人，一个外人都不用。你们这是杀家鞑子。

同时，八月十五又是一个团圆节，要做团圆饼，现在都不做了。我小的时候我妈还给我做团圆饼，团圆饼不是想象的一个硬饼，是一个直径八寸一层一层的，一层抹油一层果料，起码得有五六层，一层包着上面又放些果料，还拿些大料，大料染上红色点。我上学的时候甭去买早点了，就拿一个团圆饼，所以也是团圆节。另外到八月中秋的时候，果子已经全上市了，除了黑枣没有，过去有句话，不怕三红就怕一黑，三红是山里红、柿子、枣。这三红成熟的就比较晚了，柿子到北京的时候是霜降的时候，黑枣得立冬以后。

三节就是过年、五月节、八月节，那为什么八月节这么红火呢？我觉得有两个原因，一个原因是农业已经到收成的时候了，庆丰收，跟古希腊、古罗马农业丰收以后庆丰收一样，庄稼已经收到家了，高高兴兴的，咱们八月节也是的。另外一个，农民将农作物卖掉，要买他的生活用品，所以商业买卖就兴隆起来了，天热的时候买卖都是淡季，到了八月十五以后，有一个金九银十，商业也好，农民也好，都要庆祝这个大节日，我想跟这个也有关系。同时商店的伙计和学徒还要听官戏，这在讲商业的时候再说。

## 立秋

还有立秋，立秋要贴秋膘[1]。饭馆的爆、烤、涮上市，不管天多热，爆、烤、涮

[1] 贴秋膘：旧俗于立秋日吃鱼肉佳肴，意思是季候将变，补养身体。

老北京街头的兔儿爷摊儿

都上市。那时候吃烤肉都在天棚底下，火箅子自己烤，不是现在人家给你烤得了你来吃，都是自己烤，大箅子底下架着火，一个大木棍子下面烧着火，一个脚站在那个凳子上，离火近也不怕热，立秋的时候还热着呢。贴秋膘的时候，热得人都要瘦一圈。八月节里面还有兔儿爷摊儿，兔儿爷摊儿在热闹场所，像花市、东四这儿，一层层的。

八月二十七祭孔，孔子的生日。

## 重阳节

到农历九月，九月九，登高吃烤肉。九月九又叫重阳节，因为数字九是阳数，两个在一块就是重阳，叫重阳节。我记得我住的那个地方登高要到法塔去，我们东南龙潭湖附近有一个法塔寺，他们说中轴线以东没有塔，实际上有一个塔，叫法塔，大部分塔都在靠西边，实际上就是法藏寺，念白就是了法塔①。

民国年间的燕墩旧影

还有一个地方登高，就是永定门外燕墩，北京城西面登高的是五塔寺。登高的时候要带些食物，带着花糕。传说在汉代，一个会阴阳学的人告诉他的朋

①《天咫偶闻》：天坛之东有法藏寺，浮图十三级，登之所见甚远，都人以重九登高于此。寺已尽毁，唯浮图仅存，而往者如故。其中容人之地无多，登者蚁堋至绝顶，则才容二客挨肩而过。斗室之中，喘息不得出，竟不知其何乐。

友九月九出去到一个地势比较高的地方躲避躲避，如果你不躲避你们家就要出灾。他就躲去了，到晚上回来以后，他家里鸡呀鸭呀狗了的动物都死去了，他想，我要不躲开的话也要暴死，因此就留下了九月九要登高的传统，当然这只是种迷信的传说。咱们北京的习俗就是登高吃烤肉、吃花糕，江米做的花糕，同时要饮菊花酒观赏菊花。现在拿九月九当老年节[1]。

## 下元节

九月过去以后就是十月初一了。这是三元之中的下元节，是鬼节，天寒了要送寒衣，十月一鬼穿衣。要烧纸祭祀亡人，还用纸剪成了衣服裤子，给他烧去，送给亡人去穿戴，烧一些寒衣。立冬以后，天气一天天的逐渐寒冷了，农村里的长工，规定从打春上工以后、到小雪长工下工，长工下工后一个是猥冬[2]，一个是他们要做小买卖，到城里头卖菜卖些东西。这时候在社会上卖黄土的多了，推着小车卖黄土，黄土是从郊区买来的，并不是无本的生意，因为农村的地有地主呀。土地大部分是黄色发粘的，他们到城里来把土卖给摇煤球的人家。

## 腊八

农历十一月俗称冬子月，没什么民俗可讲。北京进入腊月，第一个重要民俗就是腊八粥，过去说腊七腊八，天气就很寒冷了。腊八粥是从佛教传来的，传说是释迦牟尼得道的时候有几天没有吃饭，要渡过这个难关，他的信徒给他送些熬成粥状

---

① 关于九月九日的风俗，民国时期李家瑞编《北平风俗类征》多有引证，如引民社《北平指南》，可为民国时期九月九日风俗的概观：九月初九日为重阳节。居民率多提壶携榼，出郭登高，如钓鱼台（俗呼望河楼）、陶然亭、龙爪槐、天宁寺、蓟门烟树，清净化城，以及西山八大刹等处，皆游观之所也。近年多至北海公园之白塔山上，天朗气清，登高远眺，洵一时之快事也。是日居民多食羊肉火锅，又食花糕，盖以麦粉为糕，置枣栗糖果于上者也。父母必迎其出嫁之女同食之，故亦曰“女儿节”。是月也，菊花盛开，巨室每陈花作山形，或缀成吉祥字，招邀戚友，把酒赏菊，中等之家，则栽花于盆，阶下案头，以时观赏，近则中山、北海各公园，及西郊之万牲园，类皆举行赛菊大会，亦盛事也。又引《北平岁华记》：九日集无定所，而阜成门外真觉寺金刚宝座，游人为多，市上卖糕人，头带吉祥字。又引《京华百二竹枝词注》：白塔寺在平则门内，以塔得名，九日登高，士女云集，不见一提糕载酒者。

② 猥冬：冬季里不干活。

的东西给他吃，这一天用粥使释迦牟尼渡过难关。随着佛教传入中国，这个民族习惯也传入中国了，传入中国的早期熬腊八粥不是这么丰富的，后来逐渐丰富了。过去每到熬腊八粥时，半夜两三点钟我妈和我嫂子就起来熬腊八粥。事先都泡上了什么小米、江米、高粱米，什么各种豆子，大豆、芸豆、小豆都有，里面还有些果料，有核桃、瓜子这些果料，泡在一起熬成粘糊糊的粥。从夜里就熬，熬到快天亮了，就熬得了粘糊了。首先要给街坊送去，这可以说是和谐友邻的一个办法，人家给我们送，我们给人家送，互相往来。过去街坊为什么这么好呢，他们互相往来，不像现在自己合适就得，都自己合适不管别人。送完了自己再喝，这是打着祭祀、纪念佛祖的名义来改善自己的生活，我是这么看啊。腊八的时候还要泡腊八蒜，现在我还有这个习惯，别人没有，我还熬，腊八粥作料没有这么全吧，熬腊八粥、泡腊八蒜。

入冬以后呀，到了腊月，街上小贩就增多了。一个是街上卖皇历的增多了，就喊着皇历，卖皇历的。他背一个钱叉子，里面放着皇历，都是线装的。大部分都是崇文门外打磨厂里老二酉堂书局印刷的，他有他的版式。这个皇历是什么呢？六十年一周转，咱们前面讲过六十年一甲子。这皇历是线装的书，有三寸多，不到四寸宽，长呢得有半尺多。首先内容很丰富，封面印着就是几龙治水，几龙治水就是从一龙到十二龙。第一页就是牛耕图，后面紧跟着几龙治水，表明今年雨水是否充沛，画着龙的图形，今年几个龙头他画几个龙，龙多水就大。但是北京还有“龙多四靠”的习俗，就是说管理的人太多了的话就没人负责了，就像庙里的和尚，一个和尚打水，两个和尚挑水，三个和尚没水喝，还有什么呢？文王六十四爻，卦，自己算卦拿铜子，可以自己给自己算算卦。另外还有一个黄道日，还有黑道日，还有今天宜什么不宜什么，有诸事不宜，宜出行不宜出行，里面什么都有。但是过去的老北京人家年年是人手一册，必须买皇历，没有皇历过不了日子，一个是皇历一个是月份牌，那时候没有挂历。小雪下了工以后，农民有时候来卖皇历，卖松木枝、芝麻秸儿，卖支炉、支块瓦。支块瓦是干什么使的呢？那时候烧煤炉，支块瓦是用青砖磨成坡形的，将支块瓦放在炉子上，放锅煮食物，放水壶烧水。果子干以柿饼为主，有杏有核桃，里面有很多的果料熬成的什锦形的，冬天卖又凉快又好吃，北京的一个特产就是果子干。但现在没有了。再有，卖布头的、卖鸡毛掸子的、卖馄饨的也

老北京街头卖宵夜的

下街，他吆喝馄饨开锅，卖硬面饽饽[①]、卖馄饨大部分都是晚上，为什么晚上呢？晚上到十一二点有吃宵夜，打牌玩，半夜里饿了，买点儿馄饨买几个硬面饽饽吃。卖卤煮小肠的、卖老豆腐的、卖豆汁的、卖切糕的、卖糖葫芦的，卖甑糕[②]的，像甑花盆似的底下有一个窟窿，有佐料，蒸出来以后一扣就是甑糕。这甑糕是小孩吃的，现在没了，挺好吃的。还有卖烤白薯的。还有很少的卖夜壶的，男人半夜用的。街上很热闹，从上午八九点钟到深夜甚至十一二点钟，外边叫卖声不断，小吃叫卖，那时候这些人都是无照经营的。

## 冬至

最后是到了冬至了。冬至实际上是一个大节气，是皇帝祭天的日子，老百姓当然很简单。在过去有皇上的时候很隆重，到天坛去祭天去，因为皇上是天子么，老天的儿子，他得把这一年办的事写张报告来报告到天上去，代表上天来统治这个国家，以这个名义来统治这个社会，所以很隆重。在民间的时候呢，尤其我那时候已经没皇帝了，不存在这个，只是听老人讲皇帝祭天的时候很隆重，走出正阳门，走前门大街，过了天桥奔天坛祭天去。冬至馄饨夏至面，还是吃，冬至的时候讲吃馄饨，夏至的时候讲吃面。到冬至很冷的时候，有九九消寒图，这九九画成八十一个

① 硬面饽饽：一种甜点心，发面中掺入干白面烙制而成，如小圆饼状，有厚度。
② 甑糕：小吃的一种，以米、面加糖和果料蒸制而成。

老北京人在打冰

圆圈，过一天涂去一个圆圈，过了九九八十一天，八十一个圆圈也就都涂满了。冬至那天就入九，不像数伏那样，夏至是三庚才数伏，这不一样，一到冬至那天就入九了就数九。九天是一九，十天是一伏。有个顺口溜："一九二九不出手，三九四九冰上走，五九六九沿河看柳，七九河开河不开，八九雁来雁不来，九九加一九耕牛遍地走。"冷在三九，热在中伏。三九是最冷的时候，"冰冻三尺，非一日之寒"，我小的时候，零下十七度是经常的，地都冻裂了，天气很寒冷。也许是年轻的关系，火力壮，穿的衣裳呢，棉的比较单薄，里面没有穿背心，就是一个汗衫、一个裤衩、一个薄棉裤，里边一个薄小棉袄，外边一个薄大棉袄，挺薄的，也没觉得冷。什么时候看出冷来呢，就是打冰①，三九要打冰，天然冰。打冰的时候北海有，什刹海东侧有个冰窖，北海东门雪池胡同那现在还留着一个冰窖，珠市口那儿有一个冰窖厂，东便门外头，大通桥西边那是一个冰窖，左安门西侧就是龙潭湖的南侧那儿，护城河出城的地方也是一个冰窖，那个冰窖就是挖深了以后到三九才打冰，头茬冰。打冰的工人拿着冰镩画上道，再敲那冰镩，将冰镩穿了，随后用个倒钩把冰拉出来。打冰的都穿上那个皮子反过来的衣服，有的用稻草绑着，既防水又防寒。打冰也叫窖冰，给冰入冰窖，入了冰窖以后冰块一层层码起来，到第二年夏天好卖，卖天然冰。这时候还卖年画。所以咱们北京的大街小巷叫卖声是不断的，正月至腊月北京内外城街道整天的是叫卖声不断。

刚才说的都是应时的叫卖，还有平日呢，平日咱们北京小贩卖的东西有豆腐脑

① 打冰：指在冬天最冷的时候，在河、湖结冰最厚之处凿取大块天然冰，运至冰窖埋藏，以备夏天使用。

儿，还有吹糖人的，拿那个饴糖吹起来，挑着挑子带着火。卖肥卤鸡的，卖铁蚕豆的，卖臭豆腐的，卖煮花生的，卖羊头肉的，卖芸豆饼的，其次还有什么呢？皮匠，还有补铁锅、修火炉子的。铁锅漏了，补铁锅的带着火炉子、风箱补铁锅。还有磨剪子、磨刀的，还有锔盆、锔碗的，剃头的。还有修搓板的，搓板的木头日子久了就磨平了，他拿一个铁东西顶着墙给你挖深了，还可以继续使用。

老北京街头耍猴的

还有上街耍猴的、耍狗熊的、耍耗子的、耍猴傈子的。耍猴的就是走江湖的这些人。耍猴的带一个箱子，猴驮在他肩膀上，走街串巷，走到一个地方以后开一个场子。我经常看耍猴的。他在地上楔着橛子，他打着锣，猴儿来回走，打开箱子，待一会儿，戴一个老太太的鬼脸，转一圈回去了；待一会儿，戴一个唱戏的鬼脸，转转，一边唱一边喊，要钱，都是哄小孩的，大人不看它。耍狗熊也是那样儿，狗熊走路，推车，过一个长条凳子，狗熊耍叉。耍耗子的，耗子能蹬轮子。耍猴傈子的实际上我们又叫它耍乌肚丢的，就是木偶戏。人钻到一个布筒子似的里边，上边一个小戏台，人在布筒子里边一边唱一便耍弄小木偶人，表演的节目有《王小二打老虎》、《猪八戒背媳妇》，都是哄小孩的。这叫耍猴傈子的，经常能看到。剃头的以及磨剪子、磨刀的都是自己叫卖。磨刀的就是拿铁板，呱啦呱啦的；剃头拿的是唤头，这些人拿唤头，当啷当啷响的那个。过去剃头的，前面得有个炉火，上边一个铜盆、一个架子，这边有一个旗杆似的挂扛刀布，后面是一个小凳子，盒子里放着刀子、剪子这些工具，可能从满清进关的时候引来的。清政府强迫汉人剃头，小旗杆上挂着“留头不留发，留发不留头”，其意是用发换头，后来谐音，成了“唤头”。北京有句俗

老北京街头的剃头挑子

话：剃头挑子一头热，那头有火。这个讲的就是节日和平日北京的习俗。

那时候到冬天有卖弯勾喇叭、噗噗噔儿的。弯勾喇叭就是玻璃挺长的吹的细高音，费气。噗噗噔儿有危险，有时候破了，吸入口中会将喉咙刺伤，上头薄嘛，这个就是噗噗噔儿。

现在看起来呀，这个民俗过节日是自我享受的意思，自己找一个理由慰劳慰劳自己。你看，到五月吃粽子，都是吃的，八月节吃水果、吃月饼、吃团圆饼，立秋吃烤肉都是吃，到了那个腊月，到了咱们新年的时候更是吃，都是慰劳自己，所以粥也是这个，腊八粥也是借这个日子丰富、改善自己的生活。

# 第三部分

# 工商

正興紙店

# 一
# 五行八作

术业有专攻，各行各业都有自身存在的价值和意义。小作坊是谋生的手段，也是民营经济的雏形。当产品开始规模化生产时，经过大浪淘沙遗留下的小作坊的手工艺就成了保留传统的民间艺术。

## 1945年以前的北京工商业

### 行业祖师

一个行业要想在社会上让人看得起，得有祖师爷。像咱们教育业的祖师爷是孔夫子，做生意也得有祖师爷，有祖师爷就说明你这行历史悠久，没有祖师爷的话，别人就不承认你这行。之所以要造出一个祖宗来，就是这个行业的经营者、管理者要借祖师爷的话来控制整个行业，祖师爷怎么说的，就得听祖师爷的，听祖师爷就是听他的，从而使行业中所有的人都听命于他。

比方说，做鞋的祖师爷是孙膑①，孙膑为什么成为祖师爷了呢？就是因为孙膑穿的那鞋老不坏，实际上是他不用脚走路，他的鞋当然坏不了，而做鞋的就借此说是因为自己的鞋做得结实，但谁听说过孙膑会做鞋？做了制鞋业的大掌柜，还传下徒弟了？可见孙膑是鞋行的祖师爷，那是后人编造出来的。他为什么要拿出孙膑呢，就是刚才我说的那两个目的：首先，别人会觉得我们这行有个了不起的祖师爷——孙膑；其次，就是行业祖师爷得是有地位、有影响的人，于是就找到了孙膑，用他的话来控制自己行业里的人，封建统治就是这么来的。

据我所知，其他行业大多也有祖师爷：药铺和米面铺的祖师爷是神农氏，神农尝百草；厨茶行、饭铺、饭庄、饭馆的祖师爷都是灶王爷；酒行是杜康，杜康造酒；茶业铺和茶馆是陆羽，陆羽是茶圣；木器家具、瓦木匠、石匠都是供奉鲁班；鞋匠和鞋铺就是孙膑；铁匠、五金行是太上老君；纸铺、笔铺、刻字铺是文昌帝君，文昌帝君是管文的；玉器行是邱处机[②]；颜料铺和染房是葛梅二仙，就是姓葛的和姓梅的二人[③]，具体原因还不太清楚；糖饼行供嫘祖，绸布行也是供嫘祖，但也有的供黄道婆；油漆工供普安和尚——吴道子；剃头的供罗祖[④]。大致上是这类情况，但是各行业全都崇拜、供奉范蠡，拿他当财神爷。

有了祖师爷以后，他们又组织了行会，行会都是由各行里有势力有财力的人来

---

① 孙膑：孙膑是战国时齐国的军事家，因受庞涓嫉恨而受膑刑，即砍断双足，或被解释为剜掉膝盖骨，这两者皆与靴鞋有关。《北京工商基尔特资料集》载："靴鞋业之所以尊孙膑为祖师，是因为他没有脚，于是才有鞋店为他发明了鞋，并做出两种鞋，一种叫文鞋，一种叫武鞋。"清代以来北京靴鞋业曾建有两座祖师殿，一为前门外金鱼池财神庙祖师殿，一位精忠庙孙祖殿，并建有靴鞋行会馆。

② 相传邱处机曾在北京开玉器作，带领弟子琢玉，故后人将邱处机奉为玉器行祖师爷。

③ 葛梅二仙，又称葛梅二圣，即葛洪与梅福。梅福为西汉末年人，曾任南昌尉，后出家修道炼丹，宋元丰年间被神宗赵顼封为"寿春真人"。葛洪为东晋著名道士、医学家和炼丹术家，著有《抱朴子》一书，内详载各种炼丹方技。民间传说，梅葛二仙曾化作跛脚行乞。为感恩于一对青年夫妇的施舍，他俩便传授这对夫妇染衣之法，从此，人世间便出现了染布业。

④ 罗祖：关于罗祖的传说有二。一为武则天时期，武则天有一子，人称驴头太子，性格残暴。因驴头太子头形奇怪，入宫理发的剃头匠都因种种原因被其杀害。时值罗祖之师入宫理发，罗祖替师入宫，理发至一半时，趁机逃跑，太子无奈，求助武则天。武则天因其几乎杀尽天下剃头匠，下旨禁止再杀剃头匠。剃头行得以保存，剃头匠为感念罗祖之恩，尊其为祖师。二传清雍正皇帝头长疮、且有肉瘤，剃头匠均惧怕为其剃发。罗祖自请入宫剃发，以其高超技艺，博得雍正欢心。出宫后，罗祖将其剃发技艺及自创整容之法传授给剃头匠，并改进剃发工具，使得清朝剃头行有了较大发展。后人为纪念罗祖，尊其为祖师。

控制，实际上就是封建组织通过控制行会来控制整个行业，比如这行里要用多少学徒，伙计的工钱是多少，今年收不收学徒等都在每年的祭祖时做了明确规定，它要限制比它小的店铺的发展，你若违反了规定的话，行会就会罚你。

### 行话隐语

下面说一下各行的行话，在进行行内交易的时候，如果不想让外行人知道就会用行话来说。行话是以数字为主。不用嘴说，而是在袖子里“说”。谈生意时，双方把手缩在袖中，互握手指磋商价钱，进行交易。攥一个手，袖儿里头攥着整或零，就是用大指、中指、食指表示数。说明了就是十个字：丁、工、穿、木、丑、大、根、入、完、零，就是一到十，这是粮食行和斗行[①]的行话；牛羊马牲口行的是头、重、弯、腿、爪、云、宗、决、转、回；百货和绸缎布匹行的是由、中、人、工、大、申、手、井、羊、翻；古玩玉器、眼镜店、当铺和旧货估衣这些行的行话用途很广，有这么十个字：么、柳、搜、扫、崴、料、撬、奔、脚、杓，很多行里都用这个。其中说没了是叫“妙以”了，你别跟我“郎关窑”，这个“郎关窑”就是要花招，还有“撬了”，就是走了，这是普遍用的一些行话。

### 作坊

那时外城是小作坊的聚集区，内城虽然也有小作坊，但很少。若外城以前门大街为界的话，那东侧，也就是现在的崇文区可以说是小手工业作坊的大本营，过去常说是“五行八作”聚集区，我估计这个地区，也不见得准，得有一二百种手工业作坊。在崇文门外以东这一带有玉器行，纸花和绢花、料器行，还有打丝线的、骨刻、首饰、织布、踩坊、织带、打棉线的、底局子、扎鸡毛掸子的、打铜器的、抄豆纸的和染坊等作坊。

## 崇文门大街以东

### 打丝线的

在崇文门东河沿这一带，奔蟠桃宫这边儿，沿着护城河有不少打丝线的。打丝线就是把单纰的打成股儿，可能是供给织丝绸的或者是绣花的。打丝线是手工的，

---

① 斗行：旧时粮食交易用升、斗计量的地方。

老北京护城河边打线绳的

这边一个架子，那边一个架子，有轴，轴来回走，给缠好了，有一个调子，有一个铜锤儿，拿两个板儿撮这个，把单纰的线弄成合股儿，都居住在崇文门外东河沿这一带，这是打丝线的。

**打线绳的**

打线绳跟打丝线大同小异，都是用那种工具，把棉线也合股儿，线的顸[①]细不同，有的跟我小拇哥儿[②]那么顸，捆东西用的。捆铺盖卷儿大部分用的就是这种棉线。还有过去所谓的法绳儿也是用这种线制成的。过去的警察都带法绳儿，掖在腰里头，不仅带着法绳儿，还带着枪和棍子。

**踩坊和织布**

踩坊跟织布的合在一起，踩坊是把织完的布不平的地方给踩平整了，染坊、踩坊、织布的实际上都是棉布行。

**毛掸**

过去毛掸的用处很大，家家都用，现在只有开汽车的还用，它是一个甩头儿，头跟一个大球似的。

这是崇文门大街以东的情况。

## 东便门外肠衣行

在东便门外也有很多手工业作坊，如肠衣行，就是将猪大肠洗净后做成各种食品，当时北京有名的小吃卤煮火烧就是用其做成的，很受老百姓的喜爱，北京有著名的“小肠陈”，现在还存在，但这个行业既脏又累，那天从电台里听到了咱们的肠衣出口，可能会有所发展，换来不少外汇。

## 前门外以东

在前门外以东，就是崇文门外以西，有锤金、小器作、戥称、桌椅柜箱、毡鞋毡帽、磨眼镜的、珐琅、象牙、皮毛、绱鞋、锡器、戏衣盔头、响器，大致这

① 顸：憨音，粗壮。

② 小拇哥儿：小指。也说“小拇指头”或“小拇手指头”。

些行。

### 锤金行

锤金做成的法海寺的壁画

在前门东河沿，这河边上有几家是锤金作坊。锤金是特种手工艺，它把金子锤成像蝉的翅膀那么薄。过去的老字号店铺的牌匾上面的字都是金箔贴的，另外，故宫里的古建筑也贴金，那金箔就都是锤金作坊给锤出来的。像法海寺的壁画，就是由金丝绘制而成的，是用将锤成后的金箔铰成的金丝，这是一种特种手工艺。

### 小器作和大木匠

再说小器作和大木匠，小器作是做小盒，做百宝阁的，给古玩、玉器做一个底座儿或钟罩子。总之是与小玩意儿有关的木器行业。大木匠是个多种行业，像盖房的、做桌椅的、做棺材的都是木匠，又叫斜木行。

### 戥称行

戥称，是戥子和称，打磨厂里专门有一个戥子市[①]，那有十来个小器作，做戥称的都聚在那地方。

### 锡器

锡器，有名的是万昌锡器铺，在西打磨厂里。它的锡又硬又白，像过去的蜡扦儿、香炉、五供这些东西都是锡器制成的。过去使用的一种是铜壶，另一种是锡拉壶，酒壶也是锡器的，有很多餐具也是用锡做的，所以当时都很盛行。

### 戏衣盔头

戏衣盔头[②]，戏衣是过去梨园行所穿的用于演出的服装，盔头是和戏衣配套的帽子。

---

① 今北晓顺胡同。位于崇文区西北部。民国年间《编配街村图说》载："戥子市，东西斜向，巷幅狭短，土路，通行大车，欠整洁，系中等铺户"。戥子市在清末有十几家戥子铺和小作坊，所制卖戥子做工精细计量准确，为药店、金银首饰店必备，故此巷虽小，却闻名全城。

② 盔头：传统戏曲剧中人所戴的各种冠帽的通称，大体分冠、盔、巾、帽四类，其主要是用以竹为主要原料，柔韧性好又轻便。

## 其他

响器就是锣鼓，响器店铺大部分在前门外和崇文门外一带。

前门以西也有玉器，像琉璃厂、廊房二条称为玉器街。

还有木版印刷，像荣宝斋这地方，书铺过去都用槁木版印刷。

炉坊大部分都集中在珠宝市，过去整块的银子它给铰开，碎银子给炼在一起，炼成银锭。

毛笔和制墨、锦匣在前门以西。

还有一些散居的手工业，零散地分布在各地，有皮匠、钉马掌的等。那时驴马是代步的工具，所以到处都有钉马掌的，尤其是在城门脸儿的地方。城里和城外，大车店和钉马掌的都聚集在这一块儿。还有织袜子的、织网的，过去女人的头上都是戴网的。做香蜡和香粉的。那时候所用的肥皂，就是猪胰子球儿和玫瑰碱。洗涮用猪胰子球儿，还有有点香味的玫瑰碱。还有铸铜佛的，锔盆儿锔碗儿的，补锅的等，也都散居在各地。

当然我还有许多说不到的，比如，做疙瘩针儿的、做发卡的、还有做烟袋的、烟袋嘴儿的、烟袋锅儿的，都属于手工业，零零碎碎的很多，这些手工业都是很辛苦的。

老北京的玉器作坊

# 二
# 旧京集市

早前的市场大都是专营的，就像俗话说的卖什么的都爱扎堆。这样也就知道，在老北京想买顶帽子就别往廊坊二条的玉器街跑了。

## 果子市

北京著名的集市很多，首先说果子市，北京有两个出名的果子市，一个北市，一个南市。北市在德胜门，南市在前门外珠市口，现在这个地名还存在，叫果子胡同①。这两个市以南市最有名，里面有几十户卖干鲜水果的摊铺，这个果子市存在的

① 果子胡同：清朝时名果子市，民国初称果子店，1965年将瓜子店并入，定名果子胡同。果子店与瓜子店原来是南北相邻的通街。因经营水果的店铺集中于此而得名。清朝时有“龙帖”，各地运来的瓜、果、梨、桃等由专柜收集，供皇帝选用，一般人不得买。民国以后，这里的水果主要卖给小贩。原为土路，雨后泥泞，晴天尘土飞扬，行人货车拥挤，杂乱不堪。1949年后，水果市取消，改为居民住宅区。因临前门大街和珠市口东大街，车辆通行较多，称为前门地段的重要街巷之一。

时间很长，其中很多户都有清政府发的帖，帖实际上就是现在的营运证书，有的果子商还有专卖执照，比如，有的专卖红果，有的专卖核桃，那就是这地方的果子经济[1]。过去北京的果局子都是到那儿趸货[2]去。尤其是夏天，那儿最忙，因为鲜货都来了，从一开始的桑葚儿、葡萄、杏儿、西瓜，陆续地都来了，有的农民是赶着大车来的，买了果子后，就用车拉走了，所以人来人往的，很是热闹。当时，果农从农村将果子运到北京的果子市后，不管是干果还是鲜果必须经过他们，不能自己卖，他们给过称定价，完了后收佣钱[3]。你的果子可以在他这儿寄存，卖他也收，但他要买的话，称多少斤就是多少斤，定多少钱就是多少钱，自己卖不行，就像现在所说的欺行霸市，所以解放以后，在“三反”、“五反”反霸的时候，果子市和果行就被取缔了。

## 刷子市

刷子市，就是做鬃刷子的，在珠市口以南，今天坛西北。现在还保留着一个叫刷子的地名。

## 帽市

以前，帽市有两个，一个就是在现在的东晓市儿，十一中的西边，就是南药王庙以西这地方，还有一个在鲜鱼口。

## 旧货市

还有旧货市，咱们主要讲晓市，就是所谓的鬼市。人们对晓市和鬼市，还有打鼓的，说法很多，褒贬不一。我父亲原来就在西唐洗布街开鸿泰轩酒铺，有时候我去那儿玩儿。当时到他那儿喝酒的，大部分都是跑晓市的，就是干旧货行的，所以我也听了不少他们行内的情况。过去有好几个晓市。西晓市在宣武门，东晓市在珠

---

① 经济：此处为买卖之意。

② 趸货：整批地买进货物。

③ 佣钱：手续费。

市口以南，就是大刀王五[①]住的那地方。还有一个晓市在德胜门，其中，以东晓市和西晓市[②]最有名最热闹，货也最多。

在清末的时候，东晓市和西晓市就有了，历史很悠久。后来，东晓市搬到了驹章胡同，西唐洗布街一带。那个地方面积很大，西唐洗布街上，从西头到东头都是摆摊儿的，往南就是驹章胡同，那儿也都是摆摊儿的，水簸箕下坡也都是摆摊儿的，一直往南到法华寺街的有轨电车厂。这个地方天亮前就开始进行买卖交易了，所以称为“晓市”。

## 打鼓的

按交易双方来说，一个是买的，一个是卖的。卖的就先说打鼓的，这“打鼓”也就是咱们现在说的摆地摊儿。前面咱们说过，北京居民极少部分是为公服务的，绝大部分人都是自谋生路的，所以北京当地的大商人很少，都是些小商小贩。有卖苦

老北京街头“打小鼓”的

① 大刀王五：原名王正谊，河北省沧州人，生于清道光末年。乃江湖义士，善用大刀，光绪年间经营源顺镖局。与谭嗣同相交甚厚。

② 晓市：《清代北京竹枝词》里说：“小市东西遥相峙，平明买卖闹如蜂，万般故物杂真赝，准备收摊九点钟。”有注：东小市在崇文门外，西小市在宣武门外，摆摊售卖故物，色色俱备，真赝杂陈。入其中者，极宜留心察视。黎明交易，早九点收市，世俗或呼“鬼市”。

力的、打执事的、抬杠的、抬轿的、拉排子车的，还有就是卖艺的，都是这些人。但是在过去，打鼓这行都是失业或没有职业的人所干的。比如说他原来是一个小作坊里的学徒，或者是一个小伙计，后来他失业了，小作坊没有了，他找俩本钱就干了这行。没有钱怎么办呢？有保人的话，就到车厂拉洋车去了。拉车的没有徒弟师傅，只要有力气能跑，认识道就行。这个打鼓的呢，就是凑两个本钱，起码你得有小本儿吧，有点本钱，谁也没有说要让打鼓的带两个徒弟，没有，都是失业人员。

打鼓的分为“打硬鼓的”和“挑筐的”两部分。一类人腋下夹一个蓝布小包，内包戥子，是称金银首饰的，里面还有试金石，可以分辨真假，专门买金银首饰、古玩玉器、硬木家具、贵重衣物等，人们称这类人为“打硬鼓的”。这个鼓的直径也就是一寸二，包皮儿的，打的那个是一根藤子皮，藤子皮是缠的，头边儿拿黑羊皮给包上，颤动地打；而打硬鼓的，得打个几年，一开始你打不了。打过几年后，就能买金银首饰、珠宝玉器和硬木家具了。这一类打鼓的相当于当铺里收货的，但当铺是有师傅与伙计，有学徒的，里面有人是专门收金银首饰的，有人是专门收玉器的，分为几种。但打鼓的就只是一个人，遇见个金镯子，他得买，遇见一个玉器，一个表或是一个家具他也得买，你说他是内行还是外行？实际上就是瞎蒙。有的时候他们一天都不开张，而买了假货或收贵了就赔了。有人说打鼓的坑死人[①]，但据我所知并非如此。比如说我们的街坊要卖一套衣柜，有的人帮他给拉到市上去，但后来又拉回来了，他能卖为什么又拉回来了呢？就是卖不了了，那就叫砸了。

另一类是担个前后拴有竹筐的挑子，专买报纸、洋瓶子、破铜烂铁、旧衣物等，人们称其为“挑筐的”。这个很好学，赔不了钱。报纸市上说多少价他有数儿，铁是称斤的，他也有个数儿。

打鼓的能算计，怎么算计呢，举个例子。一天，他们在我爸爸的酒铺，说他们三个人买了一个表，赚了钱在那儿喝酒，分账。怎么买的呢，说这家卖表了，叫来打鼓的，这个人开始时要的价钱很高，比如要500，他一看不值，只给200，人家不卖。他一看买不了，就告诉熟人说你再去，别给他200，给他180，当天不去，第二天去。后来他去了，又在门口敲打小鼓，那人一看，给他叫进来了。他说你这个不

① 坑死人：北京土语，意为蒙骗人。

民国年间东晓市一隅

值，我至多给你180，那人自然不卖，之后再换个人去，180都不给了，改170了。见了几个价以后，最后那个给200的又去了，得了，就卖你了，最后让他给买走了。他们大多就是这么样把东西给买了，再到市上去卖，赚了钱几个人平分。其实真正赚钱的是那些行里跑晓市的，打鼓的只是一个中间环节，让我说也赚不了什么钱，做好了能维持生活，做不好还得赔到里面去，只有卖给到市上抓货的①才能赚钱。打鼓的卖东西时，开始要的价很高，经过两三次杀价以后，就压下来了，他不卖不行，不卖天都亮了，换不来本钱，买不了粮下不了街了，因此就只能把这个东西卖了，最后赚钱的是那个抓货的，打鼓儿的赚不了多少钱。

市上抓货的又分几行，专门卖旧衣服的是估衣铺，晓市那边就有估衣街，卖旧木器家具的，卖铜铁的，卖玻璃的，卖手表的也都到市上去抓货，上面说的玉器行，大多也都是到市上去抓货的。此外，很多小商贩也都到市上来抓货，他们懂行，有的时候能以很低的价钱买到一个很好的玉器。夜里怎么抓货呢，那时候他们都有风灯，有电池灯后就拿着手电筒来抓货。这就是晓市的大致情况。

## 玉器市

集中卖玉器的有两个地儿，一个是在前门大街以西的廊房二条里，那儿都是

---

① 抓货的：即先应买家，再临时去收购货物的人。

卖玉器的店铺，很集中，所以称为玉器街。还有一个在崇文门外大街以东，北羊市口里，有一个叫青山居的玉器市在路西。路东也有个青山居，是个年代比较久的茶馆了，里边又喝茶又说书。路西有一个大棚，里边是一个挨一个的摊位，都是卖玉器的。

此外，在青山居附近，就是在花市上二条一直到上四条、下二条这一片，也集中有五六十个玉器作坊，那儿做出的成活儿也都拿到青山居来摆摊儿卖，还有一部分是跑晓市的，买来的货也到青山居里卖，因为玉器没有新货和旧货之分。但古玩例外，比如说这个是唐代的，那么这个就不是新活儿而是旧活儿。

这些玉器铺分蒙藏庄、本国庄和洋庄三类。三盛兴、恒盛兴等经营蒙藏等地的买卖，称蒙藏庄。他们一般用松石、珊瑚和青玉等原料，磨制出蒙古人、西藏人喜爱的头饰品、腰饰品和带饰品及各种鼻烟壶等器皿，向蒙古和西藏等地民族销售。这些店铺除门市经营外，还派人去内外蒙古、西藏、青海等地去推销。在这些地方，常以商品交换方式，换取蒙藏人的牛、羊、马及皮毛等土特产。聚丰号、宝权号、聚源楼等是经营本国庄的，他们的顾客主要是各个时期的官僚、贵族、军阀及富商大户等。他们这些店铺卖的一般是翎子管、朝珠、帽正、扳指、别子、带钩、带扣、烟嘴、烟壶、图章等以及妇女装饰品所需的各类宝石、珠钻、碧玺、翡翠等珍宝，磨制成的戒指面、耳环、耳坠等。富德润、三义兴、德源兴、永宝斋、荣兴斋、利贞祥等既经营本国庄又经营洋庄。所谓洋庄，是指其经营对象是欧美等国和南洋各地的买卖。洋庄的商品多是各种首饰、花片、摆件等。这些个玉器市在1949年以前是很有名的，很多外国人都慕名到这里来买东西，大部分都是行里人，也有零零散散的老百姓，但你如果不懂行，想在那儿买到便宜货是不可能的。

## 申货市

再有一个是申货市，顾名思义就是专卖上海货的集市。在哈德门外的花市上四条，这儿集中有十来家卖上海货的店铺，卖的都是上海衫、上海袜子、上海生产的一些丝线以及上海毛巾，等等。

## 猪市

猪市在东四西大街，原来这儿叫猪市大街，顾名思义，就是卖猪的地方。猪市以街北为主，有很多猪店，里面的猪都是农村人赶来存在这儿的，也可以卖，卖法跟果子市交易雷同，有的猪店收手续费，当时叫佣钱儿。猪市靠南边那儿是宰猪的地方，叫“汤锅”。在1937年以前都是私人宰杀，后来在城南游艺园那地方建了一个屠宰场，必须经过检验盖章，杀后没毛病的猪才能够出来卖。

## 粮食市

粮食市很多，像齐化门、广渠门那儿都有粮食市，又叫“斗局子”。农民来卖，他给过斗，就是用斗量粮食，斗局子也收佣钱。

## 百货批发市

百货批发市在哈德门外东晓市这个地方，就是现在的市十一中学前边那儿。它是在清末的时候发展起来的，影响也比较大，北平的一些作坊生产的手工业品到那儿去卖，

老北京的同顺粮局

帽子、毡鞋毡垫、袜子、汗巾、鞋垫儿、腿带儿[①]、帽子疙瘩[②]等，什么都有，发展了以后，一些卖百货和卖洋货的也都来了。这条街很长，从红桥市场一直到西边的南药王庙，共摆了三行，得有好几百个摊位，不仅是北京人到这里来趸货，河南、河北、张家口、下花园、丰镇、大同、包头、绥远等外地的商人也都到这里来买货。实际上它就是华北地区的一个百货批发集市，1949年以后经过公私合营，就都各归各行了。

## 布市

布市在鲜鱼口，就是前门大街东侧、肉市以南，那里有一个布巷子，现在的地名就叫布巷子[③]，那个地方的很多布是从外地运来的，北京当地的一些织布行业织的布也都到这儿来卖。

民国年间的布巷子胡同

## 皮货街

皮货街在东珠市口，那儿有二十来户卖皮货的店铺，有卖老羊皮的，有卖直毛儿[④]的，直毛儿的是比较好的，像水獭皮和狐狸皮都是直毛儿的。

## 戏衣盔头市

戏衣盔头集中在珠市口西，草市街东南侧。

---

① 腿带儿：冬季时人们为了保暖而用于扎紧裤腿的带子。

② 帽子疙瘩：帽子顶部的装饰物。

③ 布巷子胡同：位于崇文区西北部。清朝时称布巷子，过去这里布匹批发店铺居多，因而得名布市。

④ 直毛：各种狐皮、貂皮、海龙、紫羔和滩羊皮等细毛皮，比较贵重，也称“小毛”。

## 马牛羊市

马牛羊市在德胜门外马甸那块儿，大部分都是从张家口，北口和西口来的一些牲口到那儿去卖，北京过去的一些有名的羊肉铺，像白魁、月盛斋等都到那边赶羊去，同时那儿也卖马等牲口，这就是马甸。

咱这是把手工业跟集市说了，当然还有很多，后来像缸瓦市、骡马市等都不存在了，而蒜市口[①]、磁器口[②]等也只是有名无实了，我知道的那时候还挺兴旺。

① 蒜市口：位于崇文区北部，最早出现与明代正德年间，每早街道两旁摆满了蒜摊，因之得名。

② 磁器口：位于崇文门西部，蒜市口以南。光绪年间因此地有两家磁器店，生意兴隆，远近皆知而得名。民国以后沿用，至1965年红桥大街并入，定名磁器口大街。

# 三
# 大前门

繁华的商业区是社会经济发展的必然结果。旧式集市向商业区演变也必须有各种适宜的条件。无论是前门、王府井，还是东单、西单，自有它们今日繁华的缘由。

过去对北京比较繁华的商业街，有这么一个说法，就是“东四，西单，鼓楼前”，但这主要是内城，实际上据我所知，那时候的东四和鼓楼虽然还算繁华，但不如前门。前门、王府井和西单那时候是比较繁华的，东四和鼓楼却开始衰落了，但前门大街直到日伪时期都是最繁华的，它这里范围广，店铺多，它的繁华不同于一般地方的繁华。比如说东四，原来繁华的就只有十字街，别处不行；像鼓楼那块儿，也就是鼓楼前面这条街繁华；西单那儿的繁华也只是那条街；包括王府井那儿也就是从东长安街到十字路口，叫八面槽那块儿称得上繁华。那时候前门大街的范围很广，东边是打磨厂、鲜鱼口、大蒋家胡同，往南有果子市，西边是西河沿、廊房头条、廊房二条，大栅栏往西都是房子，这就不仅是前门大街一条街了，过去的打磨厂那儿也相当繁华，鲜鱼口那儿比大栅栏也不次[①]，所以说前门大街的繁华是因为范围广，店铺多，而且繁华的时间也很长。资料上记载在庚子事变[②]时，前门大街光店铺就烧了两千多个，还有没烧的呢，所以说当时那儿的买卖是街街相邻，店店相邻，相当繁华。

## 繁华原因

前门大街之所以能够繁华，有这么几个原因：其一，是在明清时期，中央机关的吏、户、礼、兵、刑、工六大部都在天安门前边的左右两侧，外省进京来的官员要到六大部办事或述职的话，通常就住在前门外，比较方便，所以这地方的会馆也很多。我查阅了一下有关会馆的资料，北京从明代开始到清代先后有五百多个会馆，除去城内的十个会馆，绝大部分都在外城，前门这一带就有一百多个会馆，所以这地方人口稠密。其二，清廷禁止在内城里建戏园子，那时候不叫剧场。戏园子都在前三门外，大栅栏里就五个戏园子，最早的是大观楼、广德楼、广和楼（广和楼在肉市[③]）、庆和园、三庆园，还有同乐，后来改成了电影院；还有中和，在粮食店里，东边儿地方又有华乐——原来叫天乐，内城人都到这儿来看戏，也是个人口集中的地方。其三，是清末时有两条铁路线，一条是从北京

广和楼旧影

---

① 不次：北京土语，意为不差。

② 庚子事变：1900年，八国联军以镇压义和团的名义入侵中国，占领北京，1901年签订了丧权辱国的《辛丑条约》。

③ 肉市：今肉市街，位于崇文区西北部。此街自清、民国到20世纪60年代均称肉市。街内因早年肉铺较多因而得名。民国时，此处因有戏园、饭庄而十分热闹。

民国年间的京奉前门车站

到奉天[1]的铁路线，建在前门以东，就是前门东站，火车开到前门是在1900年。京奉站是1901年建成的，那时候叫京津线，是从北京到天津，后来才改京奉，以后又改成了北宁线，北京到辽宁。另一条是从北京到汉口的京汉铁路线，在前门西站，1906年建的。1909年的时候，京绥线（也称京张线）建成了，起初它的终点站在西直门外，有了环城铁路以后，就把前门东站当做了起发站。可见，当时前门这地方是全国的交通枢纽，这是前门地区繁荣的最根本的原因。现在北京站的地方原名叫泡子河，是个很冷清的地方，自1959年建成北京站后，这地方才繁华了。又如现在的北京西站原来也是个荒凉之地，自建成车站后，那地方也繁华起来了，所以交通方便才能带来商业繁荣，这是根本原因。

此外还有一个原因就是有以娼妓出名的八大胡同。

① 奉天：今辽宁省沈阳市。

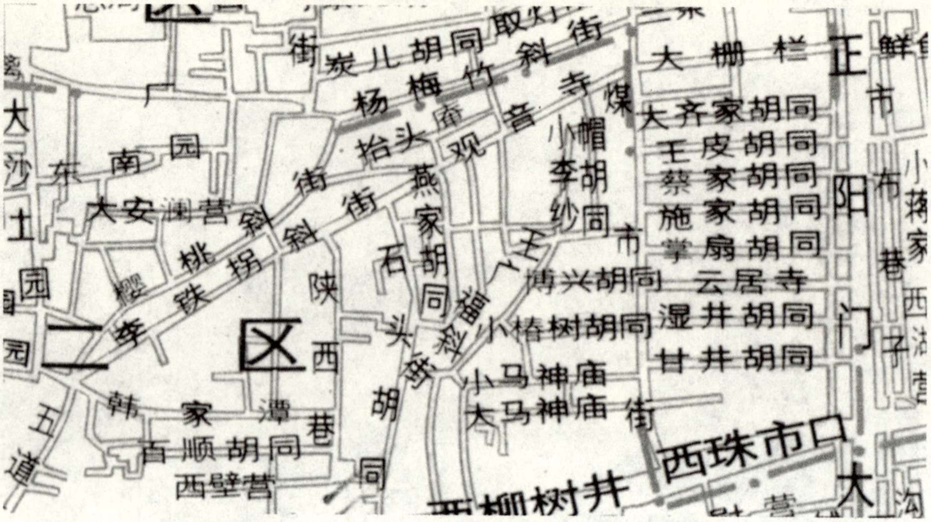


八大胡同地图

**八大胡同及妓院**

八大胡同是妓院的代名词，八大胡同具体是哪八大胡同呢？说法不一，多数人说是韩家潭、百顺胡同、陕西巷、石头胡同、王广福斜街[①]、朱茅胡同、留守卫、小李纱帽胡同这几个，因为这里集中了头等和二等的妓院。那时候，妓院是分等级的，清吟小班为头等，都集中在韩家潭、百顺胡同里。二等妓院集中在石头胡同、王广福斜街、朱茅胡同和小李纱帽胡同里。还有一种说法就是“王皮蔡留”。王，是指王皮胡同；皮，是皮条营；蔡，就是蔡家胡同；留，就是留守卫。王皮这地方大部分是三等的妓院。所以说这地方虽然叫八大胡同，但并不是只有八个胡同，是这里妓院很多。此外，大栅栏西南那地方，从大李纱帽胡同到小李纱帽胡同，一直到西边的韩家潭为止，大部分也都是妓院。天桥以东和朱茅胡同以南的莲花河[②]、四圣庙[③]那儿也有妓院。

① 王广福斜街：今棕树斜街，位于宣武区东北部。清朝时称为“王寡妇斜街”，清光绪年间以后谐音为“王广福斜街”。1965年整顿街巷名称时，因其地处铁树斜街附近，为便于排列，遂改为今名，同时将广福巷和口袋胡同并入。

② 莲花河：今宣武区荣光胡同，位于宣武区东部。此胡同在明清时称莲花玉河、莲花河。1965年改为现名。

③ 四圣庙：今四胜胡同，位于宣武区东部。清朝此地曾有一庙，内供四圣。民国时期称此处为四圣庙。1965年改为现名。

当然，妓院是地痞恶霸用来摧残妇女的场所，是以不人道的方式来换取金钱的地方，主观上这是坏东西，不能要。但从客观上来看，其对当地的商业繁荣也起了一定的作用，到妓院来的都是到这儿来花钱的。还有一种商业人是到这儿来做买卖谈生意的，说咱们来了客人了，就先带人家到八大胡同去，之后再到饭馆吃饭，饭后去戏园子听戏，这样招待老客了，他要再不买就不合适了，北京的商家都是用这种所谓的“逢场作戏”的办法做生意，这买卖就比较容易做成了。此外，妓院里还有许多抽大烟的人。

聚宝茶室旧门楼

妓女们没有自由，绝大部分是被骗来的，都有卖身契的，过去妓女出来的时候后面总跟着一个老太太——老鸨，怕她跑了。另外还有些就是自混的[1]，那样的妓女都是有自由的，可能是被生活所迫，走投无路，来出卖身体的。妓女大致分两类：一是卖给妓院的老板了，还有一种就是所谓的“养家儿的”。妓院是老板开的，这里边养的一部分姑娘，是没有人身自由的；还有一部分也是自混的，妓院跟她分账；“养家儿的”就是不论男女，都是地痞流氓，他们买来姑娘，但不开妓院，他把这个姑娘放在妓院里，与妓院分账，这算“养家儿的”。1949 年后，妓院都被查封了。总之，妓院那时候是以八大胡同为代名词，实际上不只这八大胡同。

---

① 自混：指妓女有人身自由，租借妓院卖淫。

## 茶馆

那个时候兴[2]上茶馆，茶馆里有各种身份地位的人，但做大买卖的商人是不会到茶馆去的。过去的茶馆也是人市，是找劳动力的地方，茶馆里有棚匠、石匠、瓦匠、木匠等。当时找工作的人有的是在桥头上等着，就跟前几年的崇文门那儿的三角地似的，集中在那儿等活儿。大部分是到茶馆来，沏一壶水坐着等，人家哪儿有活儿了，工头来了说“我要三个，谁跟我走”，他们就走了。那时候，瓦匠在哪个茶馆，哪个茶馆儿里有木匠，都是有习惯地址的。除此以外，茶馆里还能写字据，想卖房或买房，租房或赁房的人都会到茶馆去。有拉房纤儿的，又叫“吃瓦片儿”，他们负责给人拉合，姓张的卖房，姓李的买房，他给拉上了，再到茶馆来，请了先生写字据，谁是中人，写字据的人是谁，卖多少钱，都说好了，写完字据以后，拉房牵的收的钱是“成三破二”，这是当时的规矩。“成”是指买主，“破”指卖的。就是这买卖要做成了，买主得给3%，卖的给得少，是2%。100块钱，买主儿得给3块钱，卖的给两块。那时候要拿出1000块钱的话，买房人就要出30块钱，卖房人出20块钱给拉房牵的，这就50块大洋了，就不少了。这就是成三破二的规定。拉房纤儿的大多都呆在茶馆里。

当时，开妓院和办戏班的人叫老板，而一般的开店铺的，不管大店铺、小店铺或作坊都没有叫老板的，而是叫掌柜的。如果您那时候把店铺的掌柜的也叫成老板，那等于是骂人家，开戏班的才叫老板呢。1949年以前，唱戏的人社会地位比较低，被人瞧不起，唱戏也被看做是下九流，1949年以后，才被当作是中国的国粹艺人，有了“京剧家”的称谓。

商业那时候不受政界尊敬，中国自古以来都是抑商扶农，对商人相当压制，所以商人的社会地位在过去相当低，大商人能跟当时的政界攀上亲戚是相当不容易的，但商人的地位要比戏班跟八大胡同的人高多了。

## 店铺

前门大街这片儿原来有许多店铺，有五金行、合盛永、颜料铺等，也有许多老字号。

“一条龙”这个店铺是乾隆年间，一个回民建的。当时它只是个很小的店铺，既

---

① 兴：北京土语，意为流行。

卖生羊肉、生牛肉，也卖熟肉，像羊杂汤、杂面等。它的涮羊肉相当有名。相传有一天，一个年轻人带着两个仆人，吃完后，一掏兜发现没带钱，掌柜的见他们几人不像是诓[1]吃的，就说有时间再送来，让他们走了，后来宫里的太监把钱给送去了，才知道那个年轻人就是光绪皇帝，这个店铺由此有了“一条龙”的绰号。它原来的字号是南恒顺，清政府退位以后，才把一条龙的招牌贴出来。

民国年间前门的一条龙店铺

其次就是挨着它的盛锡福帽店，盛锡福帽店是在20世纪30年代开的，它的总店在天津，后来在北京的前门大街、王府井、西单和沙滩，共开了四个分店。主要卖的是各式各样的时帽和礼帽，没有瓜皮帽等传统的中式帽，都是美式帽和欧式帽，还有一些巴拿马的草帽，巴拿马草帽就是在夏天的时候，一些穿着时装的女人戴着的那种新型帽子，像孙中山和宋庆龄从国外回来，宋庆龄戴的那种就是西方新型的女士帽子。

还有就是通三益，通三益最有名的就是秋梨膏，治咳嗽的，在民国时期曾名噪一时。

都一处的店铺原来在鲜鱼口南侧，在20世纪60年代才迁到这儿来的，其原店址是一个筒子房，很简陋，它出名就出在所谓乾隆皇帝赠它的匾——“都一处”匾。它原来是李家酒店，只卖酒，后来才添了烧卖、炸三角。

民国年间前门的盛锡福帽店

① 诓：北京土语，意为骗。

民国年间前门的正明斋

再有就是正明斋，前门大街曾有两个正明斋，一个在都一处的旁边，一个在路东五牌楼的根儿底下。其总店在煤市街，外城一共有七家正明斋。它的糕点以大八件儿、小八件儿和细八件儿出名①，还有酥皮月饼。

亿兆商店在大江胡同口南侧，对20世纪三四十年代的北京百货商店来说，它是首屈一指的一家，曾享名一时。它卖的上海货和日本货都是包牌子，所谓“包牌子”就是这个牌子的商品除了它那儿，别人不许卖，要卖的话得到他那儿去批发，他再从中获利，这就是包牌子，也就是专营。此外，在前门大街前后共有20多个银号，也都是很有名的。

京奉车站前的人力车

在1928年袁良做北平市市长的时候，前门大街曾拓宽过。我知道的时候，这条街就相当繁华，从这地方的交通工具来说，既有轿车，又有马车，还有所谓的赶小驴的，那时候洋车也出现了，更主要的是有了近代化的交通工具——有轨电车。当时的有轨电车，一条线是从天桥转盘，就是现在自然博物馆对面那地方开始，西边到西直门；另一条线也是从天桥开始，经过前门大街走公安街到北新桥，就是这两条线。

## 骗术

前门大街这个地方的许多商业都是很规矩的，但也有些在当时来说是骗人的东西，比如在前门东站和西站那地方，有拉“掠车”的，特别是在夜里，外省市人来

① 大八件包括：枣花、福、寿、禄、喜、卷酥、核桃酥、八拉饼（八个共一斤）。小八件包括：枣方子、杏仁酥、桃杏、石榴、苹果、核桃酥、喜（八个共半斤）。细八件包括：状元饼、太师饼、囊饼、杏仁酥、鸡油饼、硬皮桃、白皮桃、蛋黄酥（八个共一斤）。这三种八件，馅有糖、枣泥、豆沙、豌豆、山楂、白糖等。另加桂花和果仁等作辅料，做成黄花、梅花、五瓣、荷叶、银锭、龙凤等花样，造型雅致，色泽洁白。

了以后，不认识路，就要雇辆洋车，拉起来走到半路偏僻的地方时，拉车的人突然倒车，说拉不动了，就把客人倒给事先等着的同伙儿。在客人换车、他们帮助客人拿包袱的时候，头一个拉“掠车”的就趁机偷走客人的财物，等客人下车发现东西丢了时，这个拉车的就说你的包袱是落在他的车上，我不认识他，这种拉“掠车”的一般都是两个人合伙干。还有卖托儿表的，就是一个人在卖表时，有人要装着买，从而引诱不知情的人来买表，其实那都是些走不了的坏表，以怀表居多，像过去银梦牌和金梦牌的那种老式的表。

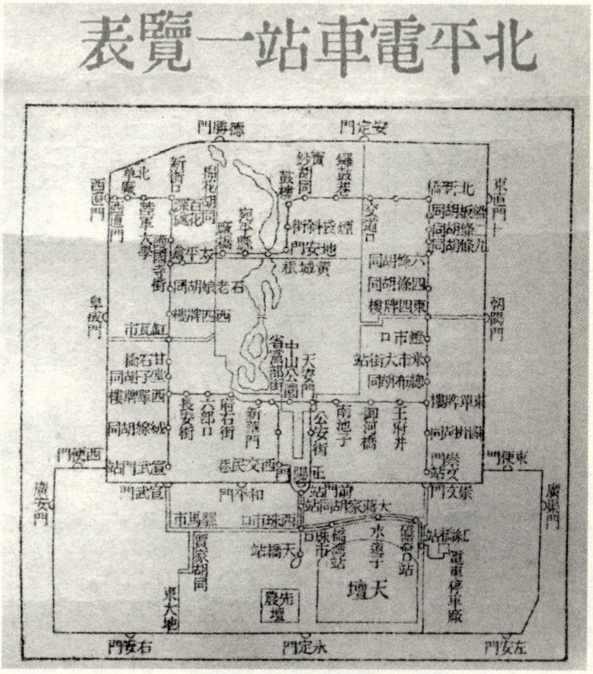

北平电车站一览表

还有卖假人参的，卖主说到京访友不遇，没有钱回家，同时也欠了店铺不少钱，只有家里祖传的老山人参，没办法只能卖掉了，实际上那“人参”就是拿香菜根绑起来的。此外，还有摆棋式的，就是摆象棋，摆的都是残棋，它的走法也是蒙人的，对弈的人一般赢不了，输了就得掏钱。再有就是相面的，用花言巧语来骗人钱。

## 前门大街概况

前门大街是从明末清初开始繁荣起来的，其繁荣的表现就是前门大街由原来的一条街改为了三条街。这三条街是怎么形成的呢？当时，街上的店铺都有下水道，因此形成了中间高两边低的水沟，有些小贩就在水沟边，就是前门大街的东西两侧建起了两行临时店铺，都是席棚，在《宸垣识略》①上有记载，在明崇祯年间的时候，有人曾建议把两行临时店铺给拆了，因为它们阻碍了交通，还会引起火灾。但

①《宸垣识略》载：大街石道之旁，搭盖棚房为肆，其来久矣，今仍之。明崇祯七年，纯国公朱纯臣灯夕被火，于是司城欲毁棚房之壅塞衢路者。金侍御光臣恐其扰民，奏请停止。

正阳门城楼

民国年间的前门外大街

有个官员说这么拆的话会扰民，所以就保留下来了，乾隆年间就将席棚改为正式的店铺了，因此这两边的街道就出现了。

前门大街两侧分别是东里街和西里街，东边是肉市、布巷子，西边是珠宝市、粮食店，就这样形成了三条街，这就说明当时的商业很繁荣。同时这里也出现了很多比较有名的店铺，像一条龙、通三益，等等。

大清门（民国时改称中华门）和前门中间的地方，叫棋盘街[①]。大清门的北边是皇城，西边是西皮市[②]，东边是户部街，民国时候，户部在这儿，所以叫户部街，后来户部没有了，改成公安局了，因此又改称公安街了，月盛斋就在原来户部南边一个筒子房的地方，后来建天安门广场的时候拆除了那个地方，它就搬到了现在的位置[③]。大北照相馆也是后搬来的，它原来是在石头胡同，因为1949年以后，大北照相馆的经理赵雁臣很早就亡故了，他的儿女怕背上一个资本家的包袱，就把大北照相馆给献出来了，由青年文化服务部经营，就算是国营的了，1955年搬到前门外大街。亿兆商店是1939年才开的。前门大街这个地方都是一家挨一家的店铺，没有住户，以东侧为主，也有临时摆的货摊，以卖百货、钟表、眼镜、鞋袜、日用品为主，同时还有夜市，很是兴旺。

## 东西荷包巷子

前门这片繁华的地区很多。首先就是原来的瓮城。一个完整的城门前面是箭楼，后面是城楼，两者是由城墙连起来的，因为城墙是半圆形的，所以围起来的部分叫“瓮城”。箭楼前面是护城河，河上有三座平行的桥。从格局来看，这组建筑是非常高大雄伟的。当时外地人到了北京，到了前门以后，看到瓮城，都会感叹皇城的帝都风貌是其他任何地方都比不了的，从一个箭楼就可以看出整个帝都的雄伟壮观。瓮城里面是个小广场，东边的半圆形叫东月墙，墙上有个门，叫东洞子门，西边的叫西月墙，墙上也有个门，叫西洞子门。老百姓进出城不能走箭楼的门，只能走东洞子门和西洞子门。里面有两个小庙，东边是观音庙，西边是关帝庙。东月墙和西月墙外边是两个商业街，统称为东西荷包巷子。那儿的买卖一个挨一个，做生意的人相当多。月盛斋

---

① 棋盘街：今天安门广场毛主席纪念堂南侧。

② 西皮市：今天安门广场人民大会堂东门前。

③ 1950年扩建天安门广场时，市政府将月盛斋从户部街迁至前门外五牌楼迤西的永增和银号旧址。

朱启钤像

就曾在那儿摆过摊，后来在户部街开了个店铺。当时前门、崇文门和宣武门合称为“前三门”，在北京是相当有名的。从前门出来进去的行人和车马很多，所以连带着荷包巷也是相当繁华的。

但到了清末的时候，前门东站和西站都建成了，进出城的人更多了，本来一个小门洞，来来往往的行人还好，但轿车和马车也都从此门进出城，因此经常塞车。民国四年（1915年）到民国五年（1916年），由内务部长朱启钤主持，对前门地区进行改造，请来欧洲的建筑师进行设计。把东月墙和西月墙拆了，使前面的箭楼和城楼脱节了，原来的小广场被打通了，变成了开阔地，箭楼的两侧是曲线形的马道，前边还加了护栏，从而形成了现在的格局。同时，在东西两边又各建了两个门，以方便行人和车马通行，前门这个地区的交通状况因此得到了改善。同时对箭楼也进行了改造，用洋灰装饰的，成为中西合璧的格局。箭楼前面的“正阳门”三个字是后加的。东西荷包巷没了，比较繁华的商业街也就没了，那里面原来的店铺，像谦祥益等就迁到了廊房头条，其他的店铺大部分也南迁到了天桥。

1916年改造后的正阳门

## 西河沿

西河沿这个地方原来相当地繁华，其东半段有很多银行，像交通银行、盐业银行、河北银钱局、中国银行南城办事处、上海银行南城办事处、金城银行南城办事处等，都是在路北。这个地方的旅馆也很多，有名的像交通旅馆、正阳旅馆、烟台旅馆等，有十几个。因为这儿离前门东站和西站比较近，因此也有不少货栈。过去的西河沿还是个书铺集中的地方，后来它的大部分书业都转移到琉璃厂了，所以这个地方原来也是个文化场所。

## 珠宝市

珠宝市这条街是南北走向的，以大栅栏为界，大栅栏以北是珠宝市，大栅栏以南都是粮食店。在清末，它是很有名的，这里共有26家炉房[①]，是铸碎银和银锭的，整银锭也能给铰开，后来在庚子事变的时候，大部分的炉房都被烧毁了，只残存了一两个。珠宝市里面的老店铺，在三四十年代时，还存在着有名的花汉冲香粉店，是卖脂粉和雪花膏之类的。

还有含香楼，卖烧的线香、古香还有大兰香等。这里还有颐和祥银号和正通银号，正通银号在20世纪40年代的时候包卖黄河奖券，传说张一元的掌柜的——张文卿就是因为买了一块钱的黄河奖券得了头奖，而发了大财，开了张一元茶庄。实际上，黄河奖券是民国时期的事，而张文卿开茶庄是早在清末的事，两者的时间不同，此外，张文卿之所以把他的茶庄起名为张一元是根据过去"一元复始、万象更新"的说法，用"一元"二字祝他的买卖永远兴旺发达，不会衰落。可见，张一元开店与黄河奖券并无关系。

## 钱市

钱市在珠宝市的西边，是一个很窄的只能通过一个人的胡同，可以说是北京最窄的胡同之一[②]，有些炉房就开在这里面。它也是控制北京的银元跟铜币兑换的处所。民国年间流通的货币，一个是银圆，一个是大铜板，银元与铜币的兑换应该是50吊钱换一块钱，但是很长一段时间是46吊钱换一块钱，但也有多或是少的时候。每天在胡同

---

① 炉房：以化铸银子为主的行业。

② 钱市胡同。珠宝市街南端路西。旧北京时，各大钱庄、商号每日清晨都到钱市胡同进行交易，每日银两兑换制钱或制钱兑换银两，因此钱市胡同便成为旧京重要的金融交易场所。

口那儿都会挂出一个水牌，上面写有当日银圆跟钱币兑换的比例，就像现在美元和人民币兑换的汇率一样。当时，北京大部分的商店在开门以前都要到这里来看看这个水牌，如果不看水牌，那么，别人给你一元钱你该找给人多少钱，按46吊还是按46.2找呢，你要是找错了那就赔钱了，那个时候赔一个铜子就赔很多，那是很值钱的。

**粮食店**

粮食店街从大栅栏直通到珠市口，这里面的老买卖，有六必居酱园、福云楼肉杠、兴升馆饭馆等，都是很有名的。特别是六必居，是卖蒸酒和酱菜的，它出名就出在“六必居”这三个字上面[①]。

福云楼里主要卖的是酱肘子。过去不叫猪肉铺，而是叫“猪肉杠”，就是在一个架起的大杠子上面挂着半扇猪。卖羊肉的地方也不叫羊肉铺而是叫“羊肉床子”，因为它那个放羊肉的案子大得像张床，所以就叫羊肉床子。

**廊房头条**

廊房头条是过去北京有名的灯笼街[②]。原来那里面有华美斋、文盛斋、秀真斋等20多家做灯笼的店铺。没有电灯以前，照明只能点纱灯、玻璃灯和宫灯。给宫里面做的灯是宫灯，是一种点蜡烛的灯；穷苦人家点的是油灯，因为蜡比较贵，所以点蜡的比较少，大部分都点豆油，有了煤油以后就点煤油灯；富贵人家点蜡灯、纱灯或是风灯。此外，还有一些在灯节的时候点的彩色的灯，上面画着画，如走马灯等。这里还有几个金店，金店是卖金首饰的，也铸金镯子，金梳子等各种金银首饰。有名的是三阳和天宝金店，现在它的遗址还存在。当时有“三阳足赤”、“天宝足赤”之说，可见这两家都是当时信誉相当高的店铺，因此价钱也比别地儿高。

有名的内联升鞋店也在这儿，内联升搬过几次家，原来开张的时候是在东交民

---

① “六必居”三个大字的横匾传说是明朝时的宰相严嵩书写的，这三个字结构匀称，苍劲有力。“六必”指黍稻必齐，曲蘖必实，湛炽必洁，陶瓷必良，火候必得，水泉必香。

② 灯笼街：即廊房头条。

③ 奶子府，位于东城区西部，东华门街道办事处境内，王府井大街北段西侧。奶子府是由明朝熹宗奶妈客氏的府第在此处而得名。据史书记载，此外还有个隶属于明锦衣卫的奶子府。皇家每年四月选乳妇，在奶子府居住。生皇子，则用生女之妇奶口；生皇女，则用生男之妇奶口。清宣统年间奶子府改为“道兹府”。新中国建立后，1965年改名为灯市口街。

巷，庚子事变以后被毁，搬到奶子府[3]了，就是灯市口西边儿的那条街，现在叫灯市口西街。内联升最后搬到了廊房头条，20世纪六七十年代才搬到大栅栏里边去了。它做的圆口布鞋和千层底儿布鞋比较有名。

民国年间廊房头条的文盛斋

### 廊房二条

廊房二条就是前面说过的玉器街，店铺分本庄和洋庄，本庄就是卖中国货的，洋庄就是卖外国货的，还有一种藏庄，就是卖内外蒙和西藏货的。

### 廊房三条

廊房三条是个死胡同，往东不通行，但有一条小胡同把它和头条、二条还有大栅栏连起来了，这就是门框胡同。顺带说一下门框胡同。胡同里很早就有了一个剧场——同乐剧场，原来是一个茶园，后来是演电影的。胡同中的复顺斋跟月盛斋是齐名的，也卖酱牛羊肉，主要以牛肉为主。在这里边还有几个军装局，是在军阀时期和沦陷时期做军装的。还有很多有名的小吃摊，有卖爆肚的、卖馄饨的、卖馅饼的、卖饸饹的，等等，都是北京在外城比较有名的小吃摊儿。

这就是前门大街西侧的一些商业和店铺的情况。

### 打磨厂

明代的时候就一个西打磨厂，后来就分为东、西打磨厂，它以打石磨、打磨刀石而出名。这打磨厂原来是一个比较繁华的商业街，店铺很多，有名的也不少，其中最突出的是在西口路南，有六七家卖刀、枪、剑、戟等古代的兵器和生活所用的菜刀、剪子的店铺，店名都是王麻子（王麻子铺），有写“老王麻子”的，也有写“真正王麻子”的，还有写“汪麻子”等，实际上都是假冒的，真王麻子在菜市口宣武门那儿呢。当时讲的假冒的和现在的假冒商品不同，现在的假冒不仅是店名的假冒，而且商品的质量也差；而那时候店名虽然是假冒的，但其商品却丝毫不逊色于真正店铺里的商品。比如说卖烤鸭的便宜坊，真正的便宜坊在米市胡同（便宜坊）。它卖的焖炉烤鸭是从南京传过来的，出了名以后，它店铺里的徒弟伙计也出来开买卖，也叫便宜坊，实际上不是真正的老便宜坊。但尽管是冒牌，借用人家的名字，但是它的烤鸭无论选料、烤制手法，还是鸭子的口感都与老便宜坊没什么差别，所以买卖也能开得长久。王麻子也那样，有多少个王麻子，其商品也都能保持质量。还有卖眼镜的三山斋眼镜店，当时市上就有冒三山斋之名销售假晶石眼镜的[①]。永增军装局也在这

民国年间米市胡同的便宜坊

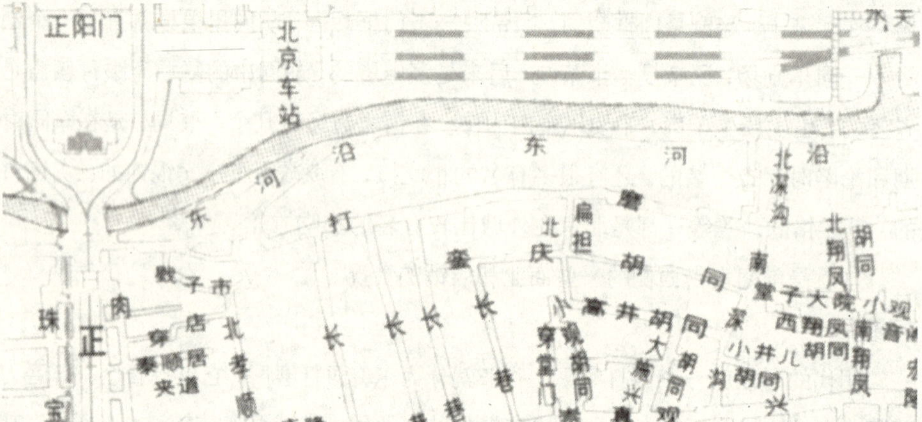


民国年间的打磨厂地图

① 从元代开始，人们就开始戴眼镜了。我国最早的眼镜都是晶石磨制的。白光镜是水晶石磨制成，色镜是茶晶石磨制成。水晶眼镜片以苏州磨制的最为有名，被称为“苏州片”。清末民初以来，由于玻璃制造业在我国的发展，用玻璃仿造的假水晶、假茶晶的假冒眼镜就大量出现了。

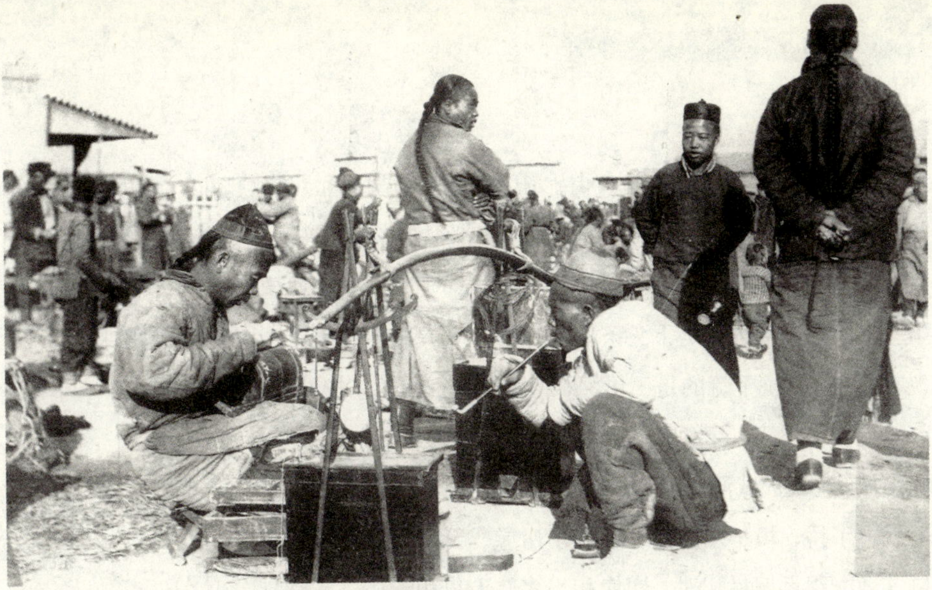

老北京街头锯盆锯碗的

条街里，到军阀时代就衰败了，它曾是北京的一个商业巨富，买卖大，有六七十个联号。那时候，军阀没有被服厂，只能让商家军装局给他做军装，于是，军装局就做衣服、马匹上的一些配件和行军装、帐篷等一切军队的东西，一应就是几万几十万，所以它是当时的巨富，既有被服厂，又有铁工厂，还有皮件厂，还有各种银号和钱庄，开了许多买卖，八大祥①、同仁堂都没法跟它相比，在其兴盛的时候，吴佩孚、段祺瑞这些人和它都有联系。七七事变以后，日本人有了自己的被服厂，它就只能应铁路上的制服和邮政局的服装，逐渐地就衰败下来了，这就是曾轰动一时的永增军装局。此外，这条街里边还有卖器皿、器具的万昌锡铺和福寿堂饭庄子，北京的首部无声电影就是在福寿堂里放映的②。曾给齐白石做过刻刀的顺兴刻刀也在这儿。再次等的是小器作③，在西侧拐弯的地方。

西打磨厂这条街，在我年轻的时候，是相当繁华的，除了这些有名的店铺之外，还有十几个客店，因为离车站比较近，所以生意都很兴旺。

---

① 八大祥：老北京绸布业有八个带“祥”字的店铺，被群众称为“八大祥”，分别是：大栅栏的瑞蚨祥绸布店，瑞蚨祥皮货店，广盛祥绸布店，廊房头条的谦祥益绸布店，珠宝市的益和祥绸布店，打磨厂里的瑞生祥绸布店，前门大街瑞增祥和瑞林祥绸布店。瑞蚨祥为八大祥之首。

② 1902年1月，一个外国人带着从外国带来的放映机器和影片，租借打磨厂的福寿堂放映，这一般被认为是中国第一次电影放映。

③ 小器作：指雕镂制作细巧木器的手工作坊，一般兼做门市生意。

## 鲜鱼口

那时的鲜鱼口西起前门大街，东边到南晓顺胡同和北晓顺胡同之间那口，往东叫小桥，还有一个梯子胡同[①]，这两条街都很短，小桥东边就是长巷头条。过去的长巷头条分为长巷上头条和长巷下头条。梯子胡同以北就是上头条、上二条、上三条、上四条，南边就是下头条、下二条、下三条、下四条。小桥原来是有桥的，但现在没有了，桥下流的是三里河，此河是从正阳桥东护城河流出，经打磨厂、小桥、芦草园、南桥湾、金鱼池，向东南在左安门西侧出城，流入护城河。清代后期水就干涸了，之后就拆了桥，填平了水道，建筑了房屋。鲜鱼口这地方跟大栅栏相对，买卖相当多，人也相当多，在那个时候，是很繁华的一个地方，这里边有马聚源帽店，它跟盛锡福帽店不一样，盛锡福是卖时帽的，而它是卖老式帽的，有瓜皮帽，三块瓦的帽子[②]等，质量都很好，以给清政府做缨帽[③]出的名，质量好。过去有句顺口溜“头戴马聚源，脚踩内联升，身穿瑞蚨祥，腰缠四大恒”可见，马聚源也是北京当时一个很出名的店铺。

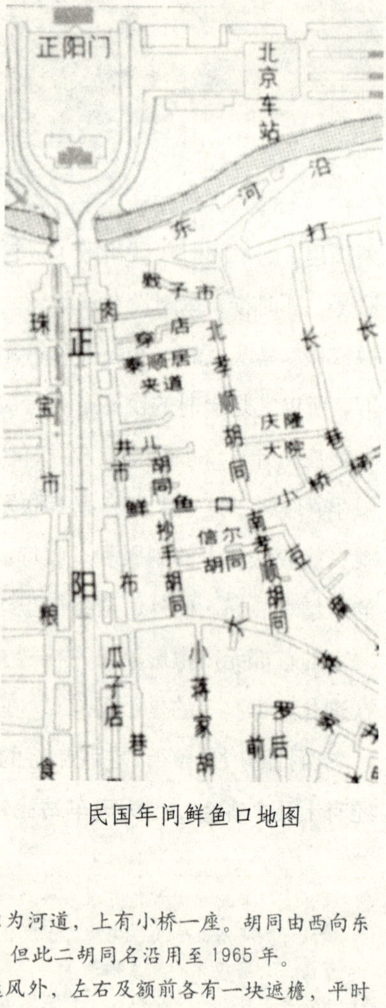

民国年间鲜鱼口地图

跟马聚源联号的是卖鞋的天成斋，它的鞋虽然样子不好但很坚固，它也做圆口的千层底布鞋。做千层底分切底、包沿条、锤底等几道工序，切底的工人把袼褙用大斧头似的切刀切成形后，沿边工人先用细白布沿边，再用白布包面，

---

① 梯子胡同：今均并入鲜鱼口街。乾隆年间，胡同之西原为河道，上有小桥一座。胡同由西向东倾斜，好似梯子，故得名。乾隆以后，桥即不复存在，但此二胡同名沿用至1965年。

② 三块瓦的帽子：一种冬帽，除脑后部分是固定的可以遮风外，左右及额前各有一块遮檐，平时竖起，寒冷时放下。

③ 缨帽：清代官员的帽式，帽子为圆形，有上仰的帽檐，上面有称为“帽纬”的红丝络。

这是圈边和纳面，鞋底子要圈、纳得针脚细密，而且有杀手[①]，勒得紧，有力。最后锤底工用十几斤重的大铁锤锤打经过开水浸泡的底子，既要锤平还要整形，最后晒干就成了。千层底里除中间稍絮几片七成新的旧白布外，其余都用新料，底子薄，轻便秀气，尤其是天成斋的千层底，既硬又有弹性，有名的是搬夹靸鞋。还有对脸，就是在鞋前面缝有两道平行的皮条，一是好看，二是为了结实，底子不包边，而是用布纳在一起的。

老北京的鞋铺招幌

这里边还有会仙居，是路南的一个小楼，专卖炒肝，后来在路北开了一个天兴居，也是做炒肝的，经合营以后，就只有天仙居了。过去的北京从吃来说，有几个有名的地方，都不是大店铺，比如说要到穆家寨[②]吃炒疙瘩，全聚德吃烤鸭，会仙居、天兴居吃炒肝，都一处吃烧卖，后门桥头吃灌肠，当时讲究什么店铺东西好吃，就到什么店铺吃去，就是吃也要有个地方。还有什么时候吃什么东西，春、夏、秋、冬一年四季都有应时的吃食，也很讲究。

这里头还有一个老店铺——天有信，它是北京最先卖洋布的店铺，关张之后，改成了清华园澡堂子。还有便宜坊，就是前面说的从老便宜坊出来的伙计在鲜鱼口开的那个便宜坊。当时不叫烤鸭店，叫鸡鸭房，熟鸭子、生鸭子都卖，后来就专门卖烤鸭子了，那时候还管送，就是现在说的“外卖”。

这里还有两家卖毡帽的，这两家毡帽店门前，各摆着一个约一米高的方凳，上面坐着一个楠木雕刻、外涂大漆、火眼金睛的黑猴，黑猴双手捧着个金元宝。一个是杨小泉开的“黑猴儿”帽店，传说他在西山打猎时，打了一个猴，剥了皮，拿卖皮的钱开了一个毡帽店，就这么发了，有了钱了。但事实是杨小泉开帽店的时候，

---

① 杀手：指麻线穿过底子时，安绕在锥把上再用力拉紧。

② 穆家寨：即广福馆，在和平门外藏家桥，店主是母女俩，因此有“穆家寨”之称。

养了个红眼睛的黑猴儿，这猴很通人性，白天在柜台上帮主人拿取货品，晚上看店。由于杨小泉做的毡帽、毡鞋，料实工精，价钱又公道，因此买卖很兴旺。由于他养的这个猴出了名，所以人们都称其为“黑猴儿”帽店。后来杨小泉和黑猴儿相继死去，后人为了招揽生意，就做了个木制的黑猴摆在门前。这个猴可以算是一个遗留下的古物吧，现在被收藏在首都博物馆。清朝时，有个叫田老泉的手艺人，在杨小泉“黑猴儿”帽店旁边也开了个毡帽店，也在门前摆了个木制黑猴，人们叫它“田老泉黑猴儿”帽店。此后，这两个“黑猴儿”开展了长期的“商战”。由于“田老泉黑猴儿帽店”善于经营，逐渐的其营业额和知名度都超过了“杨小泉黑猴儿帽店”。

日本占领时期，在便宜坊东侧的死胡同那儿开了一个茶社，叫迎秋茶社，里面有唱大鼓的，说相声的，那时候像高德明、绪德贵、汤瞎子，以及后来的赵振铎都是在那儿学徒，那就是一个曲艺厅。虽然这地方的街道都比较短，但是做买卖的很多，人来人往的很繁华。民国以前，这还是两个胡同，1965年，小桥并入到鲜鱼口中，就统称为鲜鱼口街了。这儿人多的另外一个原因，就是东边还有个华乐戏院。华乐戏院里有许多当时著名的京剧演员，因此招来很多的游人。

这地方还有一个正明斋和一个万古油盐店。万古油盐店是张子余开的，因为张子余有个长春堂药铺，所以这个油盐店就取名“万古”。长春堂在东侧一点，有名的是“避瘟散”。德寿堂药铺是以卖丹药而出的名，最有名的是“牛黄解毒丸”。在民国时期，张子余是北京有名的申商四子之一，还有魏子丹、徐子才、田子九，这四人是当时北京商业界的名人。除了长春堂药铺和万古油盐店外，张子余的买卖还包括亿兆商店，一个棺材铺，还有一个好像是庆丰堂，就是长巷上头条里面的一个饭庄子，此外还有银店和印刷厂等，买卖相当多。

小桥东边的是梯子胡同，因为小桥像月亮，其东侧又是河堤，所以叫梯子胡同。

### 大蒋家胡同

大蒋家胡同[①]，1965年时改叫大江胡同，亿兆商店就在大江胡同西口的南侧。

---

① 大蒋家胡同：今大江胡同，位于崇文区西北部。明朝时称蒋家胡同，清乾隆时称大蒋家胡同，民国沿用，现称即大蒋谐音而来，1965年定现名。胡同内原有旌德、松江、吉安、贵州及韶州诸会馆，今已不存。

胡同里面主要是前面说过的天津百货售品所，是实行西式管理的这么一个店铺，它是搞批货的，卖绸装、布匹等百货，后来迁到了王府井。

这里边有几个银号，银号的外部和内部也都进行了装修，里边的格局都跟四合院似的，外边也不挂牌子，看似是四合院，实际上是一个商业店铺。那时候的银号大部分都跟商业交往，只进行商业店铺的存款取款等交易，跟个人没有交往。这条街里边还有个很有名的会馆——汀州会馆，现在是文物保护单位，也是北京现存的江南格局建筑之一。

## 斜街

西边自北向南，有杨梅竹斜街、李铁拐斜街①、王广福斜街和樱桃斜街。经考察发现这些斜街都是人走出来的。

杨梅竹斜街是这几个胡同中最早出现的，是西南—东北的走向——前门东侧的斜街是从西北到东南的走向——里边有不少书店，还有些书局，它跟往西的琉璃厂大街是相通的，传说

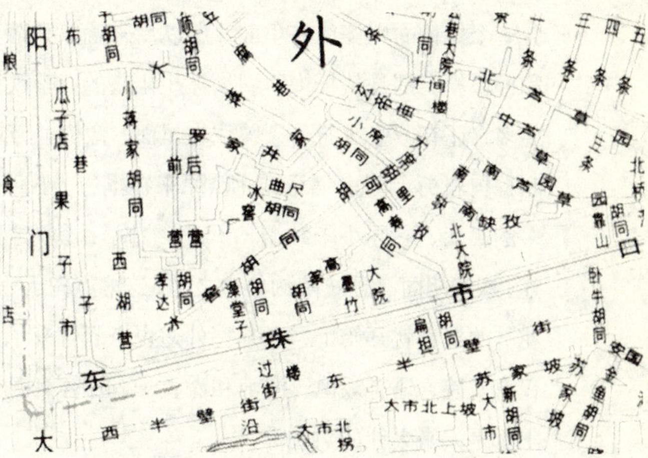

民国年间大蒋家（大江）胡同一带地图

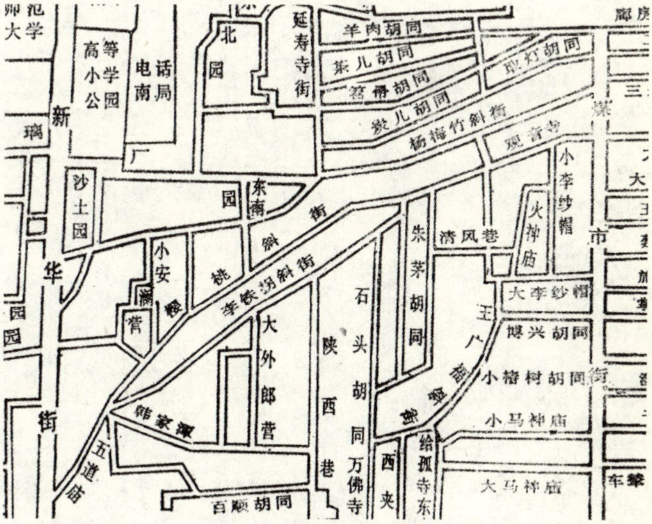

民国年间前门地区斜街地图

① 李铁拐斜街：今铁树斜街，位于宣武区东北部。清朝时称为“李铁锅斜街”，谐音为“李铁拐斜街”，1965年整顿街巷时改为现用名。

曾有个姓杨的媒婆住在里面，所以后来就取其谐音，改叫杨梅竹斜街。李铁拐斜街和樱桃斜街都是从杨梅竹斜街派生出来的。李铁拐斜街后来改叫铁树斜街，里面旅店多，还有一些戏曲名人曾住在里面，像梅兰芳就是在这儿出生的。樱桃斜街现在叫棕树斜街，很短，梨园公所[①]原来在里边。王广福斜街是八大胡同之一，里面有很多的买卖。它同小李纱帽[②]，大李纱帽[③]，留守卫[④]，朱家胡同等往西的十个胡同相连，这些胡同都是妓院的集中之地。这地方白天一般很冷清，一掌灯[⑤]，他们叫做“灯花”的买卖就开始了，各茶室外边也点起灯来了，繁华热闹了，人也多了。这里不仅有妓院，还有饭馆、浴池和澡堂子，嫖客有时会带妓女到饭馆里来吃饭，每条街上都是人来人往的热闹非凡。

---

① 梨园公所：1928年，北京梨园公益会成立，会址在今樱桃斜街65号，1936年改组为北京梨园工会。

② 小李纱帽：今小力胡同，位于宣武区东北部。此胡同从清末至1965年一直称小李纱帽胡同。因其胡同有制作纱帽的手工作坊而得名。一说这一带居住着一位头戴纱帽的姓李的贵族文人，因此得名。1965年整顿街巷名称时，以其谐音改称为小力胡同。

③ 大李纱帽：今大力胡同，位于宣武区东北部。此胡同清朝称大李纱帽胡同。传说那时胡同内居住着一位姓李的贵族文人，他常常头戴纱帽，因此得名。一说这一带因有制作纱帽的手工作坊而得名。此名一直沿用到1965年，后据此胡同谐音改为今名。

④ 留守卫：今青风夹道，位于宣武区东北部。此巷明朝称留守卫营。清朝地图未注名。民国以后称火神庙夹道留守卫。1965年整顿街巷名称时，因其南邻是青风巷而改今名。

⑤ 掌灯：点灯，指天刚黑。

# 四
# 沧桑大栅栏

大栅栏，不到半里长的一条街却成就了众多百年老字号。这片风水宝地经过了怎样一段沧桑历史。

## 大栅栏的来历

大栅栏原来叫廊房四条。廊房胡同，头条、二条、三条、四条。廊房头条、二条都是东西走向，东边从前门大街，西边到纸巷子；三条是死胡同，只有西口没东口；廊房四条东边是前门大街，西口到煤市街；街南边是煤市街，北边是煤市桥，再往西就是观音寺，现在叫大栅栏西街。在明嘉靖年间成书的《京师五城坊巷胡同集》里没有大栅栏的名称，只有廊房四条。在乾隆《京城全图》和清朝光绪年间修的《京师坊巷志稿》上，廊房四条不见了，都写大栅栏了。

大栅栏是怎么来的呢？明孝宗的时候就开始在北京内城大街小巷建栅栏，用来

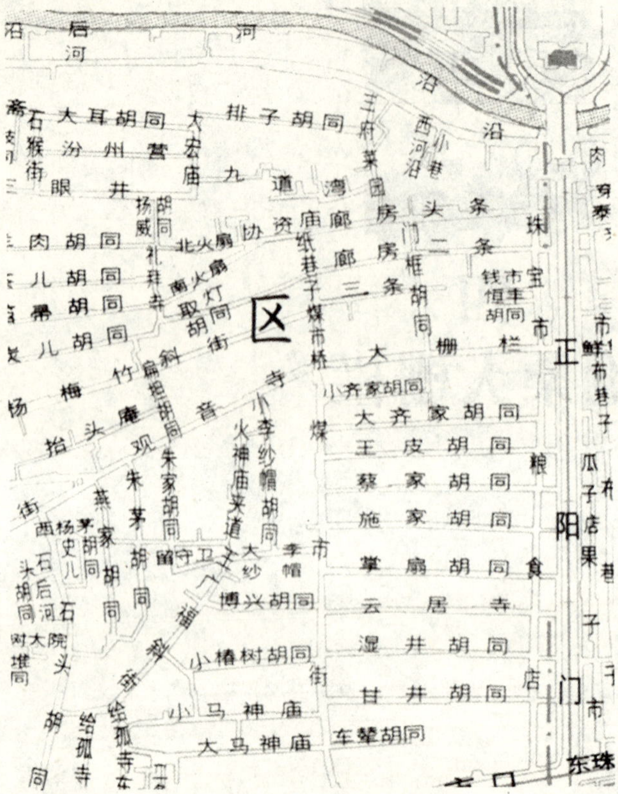

民国年间大栅栏地区地图

防盗贼。清入主中原后，一些汉人对清的统治不服。清初时各处的反抗势力很多。在康熙十二年（1673年）的时候发生了一次大起义，就是朱三太子起义①。最后因为别人告密，原来有计划的起义失败了；随后又有白莲教起义等。为了稳定京城，从雍正七年（1729年）开始到乾隆年止，在北京内外城的大街小巷大规模修建栅栏，据统计共建立了1746处大小栅栏。

这些栅栏有人把守，晚上关闭，天明打开。清代到晚上宵禁，不能走人，我没赶上，就是我父亲那时候，晚上有打更②的，到我十来岁的时候，我们那条街还有打更的。两个人，头前拿一梆子，后边有人拿一抅竿子，前面有人拿一梆子打，打定更，定更是头更，“当”的一下是定更，天一黑是定更，到二更时是“当当”两下二更，天亮是五更。在七七事变以前还有打更的，我还记得打更那人姓邵，但是拿抅竿那人我不知道叫什么了。夜里有打更的，有人巡逻抓犯夜的人，有一出戏写黄金台半夜里出来的人就是犯夜的人，算犯法，所以各处都建了栅栏。

① 朱三太子起义：清康熙年间发生的一起反清事件。清朝初年，民间有传明崇祯帝第三子尚在人间，反清人士多以此为号召，意欲反清复明，朱三太子起义为其中之一。康熙十二年（1747年），京城有杨起隆者，冒充朱三太子密谋起事。后因事情败露，为朝廷所镇压，杨起隆逃走。

② 此处音读“京”。

当时建栅栏都是民办官助，尤其商业街大部分都是商户来出钱，官家来协助。廊房四条的栅栏比别处的都大，又高又大又坚固，就叫大栅栏了。那时候起地名都是老百姓来起，不是官方来起，不像现在有规划局、地名办公室，那时候地方叫什么都是老百姓叫出来的，随随便便叫出来的，这有一口井就可以叫井儿胡同；胡同很短，又挺平直，就叫扁担胡同；这儿有一个豆腐坊，都上这来买豆腐来，就叫豆腐巷，所以说都是老百姓随便叫出来的。后来大栅栏都念白了，北京都叫“大石栏”，我念的时候都叫“大石栏”没叫大栅栏。其实西单那儿还有一个地名叫大栅栏子，在《京师坊巷志稿》上清代光绪年间还有一个大栅栏子。在《乾隆京城全图》上在廊房四条的位置上就改了大栅栏了，大栅栏就这么出来的。

光绪二十六年（1900年）的时候，义和团在北京反洋人、反传教士、反“二毛子”，所谓“二毛子”就是中国人里信洋教的。只要是带“洋”字的就反对，卖洋火柴、洋手巾等的洋货店在这时就都改成杂货店了。过去卖洋药的称药房，卖中药的称药铺，老德记药房是卖西药的，因此在光绪二十六年五月二十日，就发生了义和团火烧老德记大药房的事件。那把火烧了一天一宿，在《都门纪变百咏》[①]上记载一共烧了约二千余家商店，西边烧到观音寺，大部分是往北烧去的，珠宝市、廊房头条、廊房二条、廊房三条、西河沿、东西荷包巷子和前门箭楼都给烧光了。

## 繁华原因

大栅栏这个地方在明清时候就是北京著名商业街，街中店铺一家挨一家，没有一点儿空闲之地。其实这条街我步测过，可能是270多米长，也就半里地，但由于这个地方买卖多，尤其是老买卖多，有名的买卖多，所以那时候四外驰名，谁都知道，不像现在。现在大栅栏是日落西山，如果早上到那去，站在东口一眼能望到西口，没什么人，冷落得很。过去北京还有一个俗语，这地方不太挤，谁被挤一下就说“你到了大栅栏了”，说明大栅栏拥挤不堪，人多。大栅栏在整个前门地区的繁

① 《都门纪变百咏》：大栅栏前热闹场，无端一炬烬咸阳。问渠闭火多奇术，为底神灵误主张。有注：五月二十日团民焚大栅栏老德记药房，霎时全街俱烬，延及观音寺街、煤市街、廊房头条胡同、二条、三条胡同、西河沿、珠宝市、东西荷包巷，灼及正阳门城楼，计焚二千余家，相传团众有闭火之术，至此独不灵验。

民国年间的大栅栏

华程度是首屈一指的。

大栅栏东边的打磨厂、鲜鱼口虽然也很繁华，但远不如大栅栏，廊房头条、二条、三条也都没法跟它比。原因有三：首先，廊房头条的店铺，大多以卖灯笼为主，廊房二条是以卖珠宝玉器为主，都是卖单一商品的店铺，廊房三条是死胡同。大栅栏里卖什么的都有，有饭馆、钟表眼镜店、百货日用品商店等，还有庆乐戏园、广德戏园、三庆戏园、大观楼、同乐戏园五个电影院和剧场，同时在离它很近的地方，就在六必居旁边那儿，还有一个中和戏园，共六个，光这几个娱乐场所就可以招来许多的游客，自然头条、二条都没法跟它比。其次，廊房头条、二条的地势都比较高，过去坐轿车或骑马的时候得爬坡，而大栅栏的街道平坦，没有上坡和下坡，容易进轿车，骑马或步行也很便利，游客因此就比较多。店铺是一步差三式，商业街也是一样。第三，大栅栏里的老字号很多，像同仁堂药铺、瑞蚨祥绸缎店、步瀛斋鞋店、东兆魁帽店等，有很多人慕名而来。正是这几个原因，使大栅栏形成一个繁华的商业街。

还有一点就是大栅栏里有各式各样的花灯，很漂亮。每年正月十五看花灯时都能吸引很多的游人。

## 20世纪40年代的大栅栏

我是1940年到大栅栏那儿学徒的，到1945、1946年，当时大栅栏整条街全长270多米，有店铺七八十家，虽然北京已经沦陷了，但还是相当繁荣。大致我能回忆出来，在大栅栏街北，从东往西来说，最东口有滋兰斋糕点铺，是卖南方糕点的；第二家是晋昌果局，可能是山西人开的；和晋昌果局空一个胡同有一个珠宝市；隔着胡同是有福来纸烟店，卖纸烟的，虽然这个店铺很小，但买卖却相当兴旺；另外就是卖糖葫芦的文魁斋；后边那家是公益厚土膏店，卖大烟的，后来改了大同洋行，是拍卖的。当时的拍卖行大部分卖的是旧货，但大同洋行卖的都是当天早晨来的新货，一般下午就卖完了，可见，它的东西既好又便宜；和大同洋行挨着的就是东鸿记茶叶庄，那时候卖茶叶的大部分是安徽人，但这家是山东人开的，就是开瑞蚨祥的孟家；挨着东鸿记茶庄的是祥义绸缎店，据说是一个叫小德张的太监开的，现在祥义绸缎店还存在，依旧保持原来店铺的样子，绿罩棚，绿铁门，门上还铸有花；挨着是聚庆斋糕点铺；糕点铺旁边是瑞蚨祥绸缎店；再西面就是二妙堂咖啡馆，卖冷饮咖啡、牛奶；二妙堂西面是庆乐戏园，后来好像是杂技排演场；挨着的是吴德泰茶庄，是安徽人开的买卖，和吴裕泰是一回事，都是北京吴家茶庄的大户；西边有一个同济堂药铺，是鹤年堂的分号；再有一个盛祥新衣庄，卖成衣的；西边就是聚兴烟店，里面卖的不是纸烟，而是过去烟袋抽的叶子烟，关东烟、兰花烟、槟榔、豆蔻等也都卖；然后是厚德福饭铺，是专门做河南菜的，很有名；旁边是晋阳会馆，里边还有一个义善水会，是民间自己组织的救火队，属于大栅栏地区的；下边有一个广盛祥绸缎庄；挨着是凤翔金店，卖金银首饰的；豫丰烟店，卖叶子烟的；豫丰烟店西边就是门框胡同，是一个小胡同；隔着门框胡同的是一品斋鞋店，卖千层底布鞋的老字号；西边的大香宾鞋店，是卖新鞋的，大部分是绣花鞋，皮鞋也有；再西边就是广生行化妆品商店，卖香水的，是洋买卖；挨着就是曾被烧的那个老德记大药房，那时候已经修起来了；在老德记药房西边的是瑞蚨祥西号，刚才那个是东号；西边就是美华鞋店，卖新鞋的；再西边是香云阁香蜡店，后来改了一个冰棍房，是朝鲜人开的，那时候刚开始有冰棍；下边是西鸿记茶庄，也是孟家开的；再西边，挨着西鸿记茶庄的是瑞蚨祥皮货店，还有两个茶庄；再有一个是老九霞鞋店，卖缎子鞋、绣花鞋；挨着它的大昌源也是卖绣花鞋、新鞋和皮鞋的；后边还有一家卖酱牛羊肉的店铺；再挨着的是广德楼戏院；广德楼戏院西边有永顺和干果铺，山西人开的；还有一个屈臣氏大药房，屈臣氏是中国南方的一个老字号；西边还有一个永和茶汤铺和一个山西人开的聚顺和干果铺，是卖核桃、花生、瓜子的；最西边有永利果局，卖鲜果的，这是路北。

下面说街南，也是从东往西，把口儿的是长和厚绒线铺，卖绒线和针头线脑的；往西是一个胡同，是粮食店，挨着是逸民药房，卖西药的；西边是长盛魁干果铺，这是老字号；挨着的就是四箴药房，也是卖西药的；接着是精明眼镜行和东兆魁帽子店；还有天蕙斋鼻烟铺，是卖鼻烟的；西边有一个及时钟表铺；还有个恒义钟表铺，它还代卖洋货，是北京最早代卖洋货的，比如香水了、袜子了；挨着恒义的是协盛祥新衣庄，它和西服庄不一样，卖的是中式的成衣；协盛祥挨着的是乐家老铺宏仁堂药铺，还有德昌帽庄，这也是老店铺；挨着就是瑞蚨祥的货栈，放货的；再往西是步瀛斋鞋店、华美大药房、三庆戏园子、三盛荷包店、张一元文记茶庄、东方鞋店，卖新式鞋的；挨着的是同仁堂乐家老药铺，隔着一个小胡同，很窄，叫同仁堂夹道；挨着就是达昌眼镜行，西边就是聚明斋帽扇店，既卖帽子也卖扇子；再往西就是卖西药的欧美大药房和云香阁货栈；再西边有一个银号，名字想不起来了；挨着是华盛顿钟表店和生大漆店；再往西就是达仁堂药铺，也是乐家的；挨着是大观楼电影院和兴顺纸烟铺，卖洋烟卷的；再往西就是白敬宇眼药，这也是很有名的；挨着是远东帽子店，卖新帽子的；再西边有一个是卖鲜果的万顺果局、信增钟表店。大概七八十家，一个挨着一个，没有空闲之地。

## 大栅栏著名店铺

前面把大栅栏里的商店布局大致讲了一下，下面重点介绍大栅栏几个比较有名的店铺。

## 同仁堂

第一个要介绍的是同仁堂乐记药铺，同仁堂是世界闻名的老字号。乐家是浙江人，明永乐年间到北京来的。开始就是以药传人，以卖小药、治小病为生。后来，乐尊育在清康熙八年（1669年）创办了同仁堂药铺。这药铺一开始到底是在打磨厂，还是新开路，还是在大栅栏里面，说法不一。新开路靠西边有一小胡同，现在叫乐家胡同，就是根据同仁堂乐家在这儿住而得名的。同仁堂的门市店铺在大栅栏里头，炮制药材的作坊在打磨厂的新开路，这也是最早的乐家住家。乐家在大栅栏的这个店铺是下洼子门[①]。所谓的下洼子门就是门要比道路低两三层台阶，有三间门脸，下台阶以后，才见他的店铺。别的店铺不是这样的，靠东边天蕙斋比较高，起码也有四五层台阶，别的大部分都是平的，就同仁堂是个下洼子门。店铺房子就是一般的瓦房，前脸是门市样子，过去的老门脸是木栅栏，上面有八段锦窗户。我见的时候，也就是20世纪40年代初，店铺是前面挺长的一个大玻璃门，有四扇，边上是隔断，门上面写着同仁堂“乐家老铺”。

据说同仁堂在雍正年间就做了太医院的供奉，供应一部分成药。在我看来同仁堂有名不像六必居、都一处，是借着匾额之名。同仁堂做太医院的供奉，主要是经济上受益。因为它给太医院供药材时，先支银子，所以它在经济上得到了皇宫的补足。但是同仁堂药铺之所以能够成名，在老百姓当中的信誉很高，是因为它的药材地道。它的汤剂饮片疗效高，质量好，它的丸散膏丹比汤剂饮片还有名。汤剂饮片是方剂药，丸散膏丹是中成药。过去北京向来这么说，鹤年堂是汤剂饮片好，同仁堂是成药好。实际上同仁堂汤剂饮片也相当好。同仁堂的药之所以好，第一是选材地道，第二是炮制讲究。丸散膏丹要炮制，汤剂饮片也要加工。同仁堂进药材，是到当时全国有名的药材市场——河北省的安国县。当时的药材市场都是先等同仁堂的人选完了以后才正式开市。同仁堂选的是好药材，量也大，是药材市场的大买主。同仁堂另外一个选购药材的渠道是药栈。北京崇文门外是药栈的集中地，天汇、天成、隆盛、汇丰四个北京有名的大药栈都在那儿，这四大药

---

① 下洼子门：平房住户的街门前是个洼下的坑槽，由于此处房基低于街道，洼下的坑槽砌成长方形，用砖石做边缘，倒下一二层台阶。雨水从沟眼倒流进庭院，再流入渗井。这样的门户，叫做“下洼子门”。

栈是跟同仁堂交买卖的，拿出各地所出的名药材来任同仁堂选购。红花，必选西藏的藏红花；人参，必选长白山的老山人参。哪个地方出什么药材，他们就选什么药材。

同仁堂炮制药材的时候也相当讲究，一般药铺比不了，有这样一种说法：“修合无人见，存心有天知。”意思是我炮制药材时没人见到，但是要凭我的良心做药。还有两句话：“炮制虽繁必不敢省人工；品味虽贵必不敢减物力。”这是同仁堂所尊奉的制药信条。虽然说北京大部分中药铺是前店后厂，就是前边卖药，后边有作坊。但是在炮制药材上，别人没有条件和同仁堂比。有的药材炒了以后疗效很高，所以它必炒；有的药材必须得蒸；有的药材要酒；有的药材要晒；有的药材要冻；有的药材还必须储存。比如虎骨酒，制成以后，不能当时就卖，必须储存一二年疗效才好。别的药铺就不可能，为什么呢？地方小，没那个条件。同仁堂地方大，工具多，原料又充足，所以就有条件根据古方进行炮制。药材原料好，炮制又讲究，所以它疗效就高。20世纪三四十年代的时候北京的医院很少，中医还担当着保护北京市人民身体健康的重担，大部分中医是私人开业，四大名医里的施今墨、孔伯华他们都是私人开业的。这大夫开处方以后，病人乐意到哪儿买药就到哪儿买。所以很多人选择到同仁堂抓药，因为同仁堂的药材地道，疗效高。

同仁堂抓药的时候程序是什么呢？站柜台抓药的人叫查柜，他先看看药方子，用戥子秤一份儿一份儿抓，一味药是一个包儿，包儿里面还附着一个小纸片，就是药品说明。比方说红花，它里边就介绍红花的别名、产地、药性、治疗什么病，都有一个扼要的说明，并且旁边还有一个红花的图。别的药也是这种情况，它都有一张简单的说明。在柜台外面，当时一般的店铺叫瞭高掌柜的，瞭高掌柜的拿过药单跟他所抓的药一个一个地核对。核对无误，他还得一包儿一包儿地包起来，码好了，下面宽上面窄，跟一个小宝塔似的，拿大纸包好。大纸上面印着同仁堂的广告，这就是成品。后来其他的药铺也是这么做的。病人买到家去以后，你自己可以跟大夫开的药方子一味药一味药核对。同时你也了解他开的药治不治你的病，买药的跟卖药的也一样了解情况，不是让你蒙在鼓里。当时同仁堂一般抓药的情况都是这样的。这样不但减少误诊，还减少抓错药的情况。直到1949年初期同仁堂抓药都是这样，后来变了。

同仁堂大致的人员组成情况，据说同仁堂一般是不收徒弟的，我那时候在同仁堂也看不见小徒弟。这是因为清同治皇帝病死是因为同仁堂的小徒弟给抓错了药，同仁堂受到了牵连，所以这之后同仁堂就不收徒弟了，这是一种说法，是真是假就不知道了。所以同仁堂里边，一般都是店里的伙计。同仁堂乐家虽然是浙江人，但是它里边江南人还是少的，它没有地区观念，什么地方的人都收，只要知道你这个人忠实可靠，对药材了解，学得深透，他就要。他很少解雇职工，有很多人在同仁堂一干就是一辈子。当时那个年代，如果在同仁堂有一份工作的话，那就是比较好的，就像现在能有一份好工作，是很幸运的。因为同仁堂的待遇很丰厚。既有固定工资，同时还有按营业额的提成工资，一般是百分之十提成，同仁堂的营业额比较高，所以提成也就多。在同仁堂做事的人，养家是不成问题的，生活得比较好，所以很多干药铺的人，都希望到同仁堂去干事，当然这个门是不好进的。同仁堂里边我知道的本家分为四支，是乐孟繁、乐仲繁、乐叔繁、乐季繁，那就是按咱们过去古代数字排的，孟、仲、叔、季。这是人们所谓的四大支。

同仁堂这个店铺的股东没有外姓，有个姓张的人做投资，后来可能撤出去了，最后的资方主要是同仁堂乐家，后来乐家分了四大支，这四大支成了主要的股东，用现在的话说，总经理是同仁堂乐家的，是自己的人。乐家总经理的事是四家轮换，你干一段时间，我干一段时间。同仁堂乐家后来虽然在外边开了好几十号买卖，但是用同仁堂这个名字的只有南京的一家，其他的地方都是什么达仁堂、济仁堂，因为他们已经有协议，不许用同仁堂这个店名，但是可以用乐家老铺。这是它的组织。

乐达义，是乐达仁的弟弟，乐松生的父亲，北平沦陷的时候，同仁堂是由他管理的。有一次，日本商人知道同仁堂药铺的名声大，想要在同仁堂入股。乐达义想，同仁堂虽是乐家的，更是中国人的，如果让外国人入了股，将来对不起祖先，他要拒绝，但日本的势力他又不可抗拒，只能求当时的汉奸王荫泰暗中疏通，才把这个事给拒绝了。可以说乐达义做了一件好事，把同仁堂的牌匾保住了，使同仁堂的产权完全属于中国人。这就是同仁堂的基本情况。

民国年间的瑞蚨祥旧影

## 瑞蚨祥

瑞蚨祥[①]在大栅栏里头有五个店铺：两个绸布店，一个皮货店，还有东鸿记和西鸿记两个茶庄。瑞蚨祥绸布店，可以说是大栅栏里头仅次于同仁堂的一个著名的老店铺。瑞蚨祥是山东章丘孟家人开的，他们在北京开了好几家绸布店，所以北京向来有个八大祥之说。

在清末民初时，八大祥最有名，八大祥有三个共同点。首先就是山东章丘孟家人，山东章丘这个地方做布店的人相当多，孟家是一大户，他们先在济南有了名，开了店铺，又到京城来开店铺。第二点是开绸布店的，第三点是在前门外的。但要是细数起来，实际上只有六家，但是说法不一。瑞蚨祥开业比较晚，开业最早的是瑞林祥，在前门外的西月墙，就是原来的西荷包巷子；第二个是谦祥益，在前门外

① 瑞蚨祥：瑞蚨祥店名中的“蚨”字来源于“青蚨还钱”的传说。干宝《搜神记》第13卷中记载：“南方有虫，名‘蠋’，一名‘蠋’，又名‘青蚨’，形似蝉而稍大，味辛美，可食。生子必依草叶，大如蚕子，取其子，母即飞来，不以远近，虽潜取其子，母必知处。以母血涂钱八十一文，以子血涂钱八十一文；每市物。或先用母钱，或先用子钱，皆复飞归。轮转无已。故淮南子术以之还钱，名曰‘青蚨’。”为财源不断之意。

的东月墙，也就是东荷包巷子，荷包巷子拆了以后，谦祥益搬到廊房头条路北，在珠宝市北口路西开一个分店，叫益和祥绸布店；瑞林祥拆了以后搬到了前门大街，在鲜鱼口外南侧，开了瑞林祥东记，现在叫食品店那地方。这就有四个了，还有一个瑞生祥，在打磨厂西口那儿，加上瑞蚨祥，那就是六个。

后来那个瑞生祥又派生出一个瑞增祥来，那是七个，实际上到不了八个，那如果要把瑞蚨祥里边另外一间加上呢，瑞蚨祥有三号买卖呢，但说法不一。近几年有人就把东四牌楼的东明祥加上了，西四牌楼的叫丽生祥的也加上了。虽然丽生祥也是山东孟姓的开的，但是它不在前门，一般的都是前门外的才算是，所以这个说法不一。一般来说八大祥，也是说一个概数就完了，我的解释也不见得对。瑞蚨祥开业的时候是光绪十九年（1893年），有的说的是瑞蚨祥接了庆和戏园的铺底[①]，是在庆和戏园倒闭以后才开业的；另外一种说法是它接的育宁堂药铺开的张。据说育宁堂在道光的时候跟同仁堂齐名，也是太医院的供奉之一，因为它有个“宁”字，道光皇帝的名字也有个“宁”字[②]，所以有忌讳，像二母宁嗽丸这种药的名有个宁都不行，所以必须得改名字。还有广安门的原名广宁门，也要改成安，这样就给育宁堂撤去了太医院的供奉。它名声大减，最后竞争不过同仁堂，只好关门了，瑞蚨祥就把它的铺底买下来了。哪种说法更真实，还有待以后考查。

瑞蚨祥的店铺跟一般的店铺不一样，它的店铺比同仁堂要雄伟气派得多。瑞蚨祥前边有大铁门，有大墙，店铺前边是一个小广场，上边有比较高的大铅板棚，那好像一个大四合院，里边才是店铺的正门。你在前边一看，那是很雄伟的一个店，既像大宅门，又像大庄院。过去北京店铺有这样的一个说法，就是“店大欺客，客大欺店”，如果你坐着汽车，带着很多随从到一家店铺来了以后就受照顾；如果你这个店铺很气派，一般的小客人不敢进去，给客人欺住了，若你进去了必须得买，不买你进去遛弯是根本不可能的，所以过去有这么一个说法。瑞蚨祥从店门外表看相当气派，里边也相当的讲究，跟同仁堂不一样，同仁堂是下洼子门，店堂是比较矮的瓦房，很寒酸似的，但是它的名声在那呢，所以到同仁堂抓药的有富人，也有穷

① 铺底：一说是旧时商店、作坊等营业上应用的家具杂物的总称。一说为旧时指商店、作坊等房屋的租赁权；转租商店、作坊等房屋时，在租金之外付给原承租人的费用。

② 道光皇帝名为旻宁。

人；瑞蚨祥虽然对客人是一律看待的，但是一般人不敢登门。

下面咱们再说一下瑞蚨祥里边的内部组织。瑞蚨祥是投资者不经营，投资者是孟洛川，经营者是原来济南瑞蚨祥的伙计，叫孟觐侯，这是领东掌柜的，也姓孟，可能是本家。这个孟觐侯[①]很能干，从光绪十九年，也就是1893年开始，都是他管理的，给瑞蚨祥创出了牌子。以后就有了这种说法：头戴马聚源，身穿瑞蚨祥，脚踩内联升，腰缠四大恒。当时北京讲究的人，好攀比的人，如果穿上用瑞蚨祥的绸缎做成的衣服那是相当好的，用现在的话说那是名牌。马聚源的帽子，用瑞蚨祥绸布做的衣裳，内联升的鞋，四大恒的钱票，可以说是孟觐侯给瑞蚨祥闯出了名牌。瑞蚨祥里边分很多部门，有绸缎组，布匹组，还有“跑外的”。“跑外的”是过去店铺一种专用术语，就是现在的推销员，是搞外交的，实际上，“跑外的”是拿着自己的货，到外边去推销。还有管内部事务的，用现在的话说是搞行政的，或搞后勤的。哪个摊儿都得有负责人，摊儿的负责人叫掌柜的，也就是二掌柜的。孟觐侯是大掌柜，下边是二掌柜，再往下还有三掌柜。这些掌柜都是店里的骨干，要吃股份，也叫当股东、吃买卖。这人混到吃买卖了，那就不简单了。一般的伙计只是有月工资，如果说你要是辞柜了，或是柜上辞你了，那你卷铺盖就走了，什么也没有。但是大掌柜，二掌柜，这些吃买卖的人就不一样了，他既有月工资，同时还包括店里的货，货涨钱了也有他一份儿，等于他投资了，相当于人力股。领东的掌柜有这么一个好处。吃买卖的人就一定得爱这个店铺，因为店铺兴旺了你就兴旺了，店铺衰败了你就衰败了，那你的前途就跟店铺勾在一起了，他一定是好好干，如果店铺垮台了，你一样垮台，北京这种情况相当多。这就是瑞蚨祥的组织情况。

瑞蚨祥里边的掌柜也好，伙计学徒也好，大多数是山东人。当然也有外地人，是少数的，所谓少数是各有特长的人，比如看货有特长，做买卖有特长，但是他到这里也得不到提升，要是他有一定的本事，在这能独当一面，还可以。

瑞蚨祥的大掌柜就是孟觐侯，每三年要交一次账，也就是给东家孟洛川交账，让他看账目。账目的基本看法就是要看原来的资本，进货多少，销货多少，营业额多少，库存多少，还有多少现金，同时还交待店铺的经营情况，店铺的哪个伙计辞

① 孟觐侯：一说孟觐侯是孟洛川的堂弟。

退了，哪个人可以提升为让他吃买卖，哪个故去了，让谁接替他，有这个交待，每三年有一次。那就是大掌柜对东家交待清楚，下边的二掌柜向大掌柜交待清楚，三掌柜向二掌柜交待清楚，这么一个程序。对伙计来说就是年终的说官话，这个名是怎么来的我也不清楚。说官话的时候，有留下来的；有的不行，违反铺规了，那就得辞退；有的好的给表扬，给馈赠，馈赠也就是过去的红包，谁都不知道谁的红包是多少，根据当年买卖的好坏和每个人干的好坏而定，每年各店铺的情况都是这样的。瑞蚨祥的伙食好，一般都是细粮，过去成天吃细粮的店铺很少。每月的初一，十五，还吃犒劳，有酒有肉。到年节，尤其到新年的时候，从年三十晚开始到初五为止，都是成桌的酒席。这是瑞蚨祥大致的内部情况。

瑞蚨祥响名有多种原因，当然它也是保证质量的。它在南京丝绸厂订货的时候，在机头①上都织上“瑞蚨祥”三个字，以保证质量好，价钱比别的地方要贵。光顾它的虽然说是有一些普通百姓，但大部分都是在社会上有地位的，家庭比较富裕的。当时还是一些政界、军界的人比较多，像段祺瑞、吴佩孚等，这些人都跟它交往。瑞蚨祥不是当时付款的，都是记账，年终结账，可以给它打电话派人送货。瑞蚨祥经营店铺最主要的特色就是待客和气，这是在北京出名的。进了店堂以后，熟客就不用说了，必须由大掌柜、二掌柜的亲自接待；一般的客人进了店堂以后，先坐下，不说买东西，待客的伙计先给沏上水，点上烟，问问家长里短，最后才问你买什么东西。如果看了很多东西不真实，没有成交，走的时候还送到门外。

瑞蚨祥为了推销商品，出了一种礼券，印制得很精美。比如说，你要买这礼券，要100块钱的，就写上100元，要50块的就写上50元。这礼券就是让你送礼的，很方便。如果你送给朋友或亲戚，买一些绸子、缎子或者呢绒。不知道人家喜欢不喜欢这颜色，喜欢不喜欢这花样，那你就送他礼券，让他自己随便挑去。方便了送礼的人，也方便受礼的人。这可以说是瑞蚨祥首创的，很受欢迎。这是一种推销商品，进行商战的方法，那会儿不叫竞争而叫商战，这就是商战的一种手段。另外卖棉布的时候，瑞蚨祥的促销方法是老尺加一，买一尺加一寸，买十尺加一尺，这是棉布，绸缎没有。

---

① 机头：一匹布的顶端。

瑞蚨祥是八大祥之首，跟谦祥益是在八大祥中最有实力的两家，它们在济南，在北京、天津、上海、南京都有分号。当时，谦祥益在天津比瑞蚨祥有名；在北京是瑞蚨祥比谦祥益有名，老压着谦祥益。谦祥益在廊房头条老想进到大栅栏里来，大栅栏是寸金之地，要比廊房头条、廊房二条买卖兴旺的多，游人也多，但是它老进不来。有一次，大栅栏有一个店铺要关，谦祥益要进来，但瑞蚨祥知道消息了，它通过同仁堂的关系，把这家店铺的铺底先买下来了，作为它的货栈，阻拦谦祥益进到大栅栏来。

在瑞蚨祥东号东边有一个祥义绸布店，东家是清宫太监小德张，开业于庚子年后。祥义绸布店以资金雄厚、后台硬、交往宽，雄踞大栅栏街内，王公大臣，大多数都是它的顾客，被称为北京八大祥之一。祥义与瑞蚨祥的竞争相当激烈，从商品销售到门脸的装修，它都要同瑞蚨祥攀比。原来两家都是普通的小门脸，后来，瑞蚨祥在店门前圈了个小院，并装上个大铁门，很是气派。很快，祥义就把店前小院的砖墙拆去，花大价钱打造个镶有花饰、涂绿漆，既漂亮又大方的铁墙、铁门。接着，瑞蚨祥又把店前的普通罩棚改成可升降的铁罩棚，祥义也找工匠装了个活动的铁罩棚，而且比瑞蚨祥的铁罩棚升得还高。总的说来，祥义也好谦祥益也好，在北京还是比不过瑞蚨祥的。尤其是从祥义来看，尽管很气派，但是瑞蚨祥在经营各个方面都取优势。1949年以后，瑞蚨祥失去了优势，因为它不是前店后厂，它卖的那种商品，别的地方也是那种商品，同时他也没有在别的厂家订货；另外一点，现在买成衣的多了，买绸子，买料自己来做衣服的人比较少了，所以它失去了原来的优势。

**天蕙斋鼻烟铺**

天蕙斋鼻烟铺在大栅栏靠东侧路南，紧对着东边的瑞蚨祥。现在鼻烟这种商品基本上已经消失了，只有少数人还用。在清朝，鼻烟是畅销货。

烟分三种，一种是旱烟，就是咱们抽的纸烟；另一种是水烟，铜烟袋里边加水喷出来的；还有一种是鼻烟，鼻烟不用点，直接往鼻子上抹，往里边吸，现在很少见了。鼻烟是舶来品，呈黑紫色，是固体，经过炮制把它弄成粉末。鼻烟有五色，就是五种味道，酸味、膻味、煳味、豆味，还有甜味。据说酸的味道是最佳的。从清代中期到民国年间，社会上相当流行闻鼻烟。清宫里边皇上、大臣都闻鼻烟，一些知识界人士也都闻鼻烟。咱们可能看清代的一些小说，或是一些演义，就有相关的文字记载。尤其是鼻烟壶，讲究的鼻烟壶价值连城，有的是玉壶盖，有的是象牙盖，外边还雕刻着什么东西，鼻烟壶还可以作为礼品用。闻鼻烟在一定时期是很流行的。我知道的时候还有一部分人闻鼻烟，像唱戏的，还有天桥打把式卖艺的艺人，还有就是蒙古人，藏人，还有一部分清代的遗老遗少。

我在大栅栏的时候，天蕙斋的买卖还很兴旺，精明眼镜店跟天蕙斋只是西边隔着一个东兆魁帽店。天蕙斋一间门脸，高台阶。里边我记得很清楚，挂着幅长卷，是清代《同光十三绝》画像[①]，我印象很深。天蕙斋既是卖鼻烟的，也是梨园行的人必去之地。如果你找某位演员，包括不知名的演员你问这人在什么地方住？今天有没有戏？那地方准有人知道。有一个叫丁永利的人经常在那儿待着，一些知名的演员都跟他学过戏，他是专门教杨派武生的。像李少春，李万春，王金璐，都是他的弟子，受过他的指点。还有一个人叫李洪春的，他演的红净[②]久负盛名，可以说是红净泰斗，这两人经常在那地方。很多戏业的人经常到那儿买鼻烟去。

天蕙斋的伙计徒弟给我介绍过鼻烟的做法，和熏茶叶差不多，鼻烟也是用茉莉花来熏的，经过多次熏让那烟既有香味也有烟味。跟旱烟不一样，它从南方买茉莉花，自个儿加工。熏完以后，按照熏的次数分为若干个等级。在七七事变以前，它有一个最高的等级，叫高万馨露，一两就卖两块五毛六，比一袋洋面还多一两毛。这是好的，次的很便宜，最次的每两仅八九分钱，差距很大。闻鼻烟的人，瘾越大的越闻次烟。越没瘾的人，开始闻的时候越闻好烟，因为好烟刺激性小。次烟熏的次数少，刺激性大。吸鼻烟得有一个烟托，烟托也很讲究，有玉的，也有象牙的。把鼻烟倒到烟托里头拈点往鼻子里一吸，猛吸。在北平沦陷的时候，天蕙斋往内蒙和西藏走货，卖给藏人和蒙古人。1949年以后，闻鼻烟的人越来越少，只有少数老京剧演员闻，新一代的京剧演员跟它断了感情了。后来它就撤掉了。听说现在西边有一个店铺，还挂着天蕙斋鼻烟的牌子，供应极少的一部分人的需要。虽然是兴旺

---

① 《同光十三绝》画像：为清代画家沈容圃所作，上画清代同治、光绪年间的13位昆曲、京剧表演艺术家演戏时的装扮。他们分别是：郝兰田、张胜奎、梅巧玲、刘赶三、余紫云、程长庚、徐小香、时小福、杨鸣玉、卢胜奎、朱莲芬、谭鑫培、杨月楼。

② 红净：即红生，指脸上勾着红脸，用红色涂成脸谱的老生。这样的角色不多，主要是扮演关羽和赵匡胤。最早有的由花脸来应工，所以又叫红净。

一时，但最后还是被社会所淘汰了。

## 张一元茶庄

张一元茶庄在天蕙斋西边，路南，当时跟同仁堂隔一个店铺。张一元茶庄是安徽商人张文卿在清宣统二年（1910年）开办的，当时叫张一元文记茶庄，因为张文卿名字叫张昌翼，文卿是他的字。民国年间，一般称人不叫名，以叫字为习惯。比如张学良叫汉卿，不叫张学良，汉卿就是他的字，以叫字为亲近称呼。所以一般都叫张文卿。

北京在清末民初时，茶叶行有吴、汪、王、张这四大家。如果加上孟就五家了，孟家是山东的，这四大家是安徽的。吴现在有吴德泰、吴肇祥、吴鼎裕等，吴家买卖很多，占优势；汪是汪元昌，后来汪家的买卖大部分都没了；王家，像森泰现在还在，前门大街往南去就是；张，就是张一元，张家的。这四家大部分在福建有茶场，自己采办茶，之后用茉莉花在那儿熏，运回来以后再加工。这种茶叶又好，价钱又便宜。它还批发给小茶叶铺，有特色，有优势。

张文卿的第一个买卖不是在大栅栏，而是在崇文门外花市大街路南，叫张玉元茶庄，那是光绪二十六年（1900年）开业的。原来张文卿是在崇文门外大街的茶叶铺荣泰茶庄学徒，学完以后自己摆个茶摊。这个人有心路，想自己独创一号，在花市里摆茶摊买卖不错，攒了一些钱，就开了张玉元茶庄，生意很兴旺。花市大街那时候是北京很重要的一条商业街，当时这个地方茶叶铺又比较少，所以买卖做得很好。到了光绪三十四年（1908年），他又在大栅栏西边的观音寺，也就是现在的大栅栏西街开了第二个店铺，就叫张一元茶庄。

前面说了他买一块钱黄河奖券的传说。他的第一个店铺叫张玉元，是1900年开的，第二个叫张一元，是1908年开的，他如果第一个买卖就叫张一元，这个说法还有点道理，所以这只是一种传说。有的传说是可信的，有的传说是不可信的。张一元茶庄开业以后，买卖更加兴旺，因为它在西边，那时候南面是八大胡同，是妓院的集中地，妓院需要大量的茶叶招待嫖客喝茶，所以买卖相当好。不久，1910年，他就在大栅栏开了第三号买卖，十年之内开了三家店铺，很赚钱。他开的第三号买卖不能叫重名，所以叫张一元文记茶庄。

张文卿这个买卖为什么发展得这么快？因为他的茶叶有特色，自己采茶、熏茶，他的茶叶清汤淡黄，叶小而整齐，沏第一遍水没什么变化，第二遍时就出味了，能喝四五遍，一个是茶清香，一个是香味持久。茶叶是要分等级的，熏的次数越多就越香，熏的次数少就次。最多的六七次，最少的两三次，分为三等。熏茶的时候，放一半茉莉花，一半茶叶，熏一天一宿。花蔫了以后把花拿出来，再熏一遍，熏的次数越多，香味就进到茶叶里边了。有时候还一遍两遍地筛底下的那个碎片，这种筛底下的碎末可以卖，叫高末，比次茶还好喝。另外，他先派一些人到同行茶叶铺去买别人的茶叶，看人家的成色价钱，拿来比较，所以他的茶叶和同行的茶叶虽然价钱一样，但是质量比别人的要好一些。过去不仅是张一元茶庄，别的茶庄也一样，不管你买半斤也好，一斤也好，都包小包茶叶。一般来说，每斤包八十包。单有一种彩纸，小包茶叶一般都是这样的茶叶纸，里边还有一层便利纸。那时候有的老人遛鸟，习惯到茶馆喝茶，都愿意到那儿去买，一个大铜板买一包茶叶拿走了，到澡堂洗澡去也是买一包茶叶，自己沏水。虽然有人买半斤茶叶，他也给你用小包，包好了再用大包给你包着。家里的茶叶罐不是碎茶叶在里面，而是一包一包的，喝茶的时候，拿出一包茶叶来，打开放在茶壶里沏水。这样包不会跑味儿。你沏水一般搁一包茶叶就可以了，所以这种小包茶叶能够方便顾客。另外，他为了招徕顾客，在店门装了一个高音喇叭，放一些京剧选段和唱大鼓书的。北平沦陷时，有一个唱西河大鼓的彭素海，曾响名一时，广播电台播彭素海的《三下南唐》时，张一元文记茶庄就用喇叭往外放，许多人聚在它的店门周边收听，用此来揽买卖。

后来，张文卿故去了，他们家没人经营就委托给别人了，买卖就逐渐衰败了。后来，不是1946年就是1947年，张一元茶庄曾着了一次大火，之后买卖就无法经营了。为了维持生活，就在店堂前面摆茶摊儿卖茶叶。一直到了1949年以后张一元茶庄才复兴起来。

### 长盛魁干果海味店

这也是一个老字号。具体开业时间不知道，我听他们店里的伙计说在庚子事变时候曾被烧过，那就说明庚子事变以前就有，之后又重建了。这个店里都是山西临汾人，可能和前门大街的通三益是同乡，通三益也是山西人开的干果海味店。我原来在大栅栏精明眼镜行时，长盛魁干果店在东侧，隔一个四箴药房，精明眼镜行没有电话，都借长盛魁的电话，精明来电话时他就喊一声，所以跟他的关系也较好，差不多天天往那儿跑一趟。

那个店铺比较大，三间门脸，老式店堂，里面有很长的栏柜。它卖的东西比较多，有干果、核桃、干杏仁、花生、瓜子；海味也比较多，像虾；兽类的有干肉、熊掌，都比较贵；燕窝、银耳等都卖。零销的也不少，大部分都是跟饭庄子和富有的大宅门有交往，给送货，所以生意很红火。店堂里有好几十人，这买卖是过去在大栅栏里头比较有名的。

**长和厚绒线铺、一品斋靴鞋店、老九霞鞋店**

在大栅栏入口路南栅栏底下，西面隔条胡同有家长和厚绒线铺，开店是在光绪二十八年（1902年）。卖的是针、线、纽扣、鞋面、绣花的花样子等，都是妇女针织所用的东西。零整共卖，像一毛钱、一个大铜子的东西它都卖。另外还有两个店铺，同是一个行业的，但销售的商品不一样，一个是一品斋靴鞋店，就在大栅栏中间，把着门框胡同南口。店铺不大，在明末清初时就开业了。卖的鞋以结实为重，有双脸鞋，布底布面帮都纳了。还有靸鞋，底子是不包边的， 这大部分是练武术的人和一些劳动人民穿，这是老式鞋。在西面，靠着瑞蚨祥的西侧有一个鞋店叫老九霞鞋店，是卖新式鞋的，以绣花鞋为主，皮底缎面绣花的，还卖一部分皮鞋，是跟着时代潮流的。

**电影院**

再有一个老店铺是大观楼电影院，我查过资料，那里原来是大亨轩茶室，后来变成电影院了。演电影开始是无声电影，谭鑫培的《定军山》是1905年演出的。20世纪40年代，大观楼演的是《千里送京娘》、《火烧红莲寺》等，当时电影还比较少，它又是个老电影园子，大栅栏里人又多，所以比较红火。和大观楼齐名的还有一个在门框胡同里头，叫同乐，原来叫同乐轩，也是个茶室，后来改成电影院，它这个比大观楼要小得多。20世纪40年代的时候，这两个电影院还是比较有名的。大栅栏里头还有三个戏园子，现在叫剧场。东侧的庆乐、西侧路北的广德楼、路南的三庆戏院，在粮食店里头还有一个，虽然不是在大栅栏里头，但是近在咫尺，就是六必居南边的中和戏园子，一共是四个。

**德昌帽店、东兆魁帽店**

德昌帽店在大栅栏里头路南，在三庆戏院东侧，和宏仁堂药店是邻居。这个帽

民国年间前门外的草帽店

店的老板是20世纪40年代帽行的会长。卖的既有时髦的帽子也有老式的帽子，有美式帽和小帽，也有一般的帽子，同时他还卖风帽，是冬季戴的，还有小棉帽，左右有帘儿，后面有帘儿，跟将军盔似的。

东兆魁帽店年代比德昌帽店久远，大概是在同治年间开业的，在天蕙斋东侧，三间门脸路南，不仅比德昌帽店老，而且比马聚源帽店资格还老。但后来衰败了，他就把三间门脸隔出一间租给精明眼镜行，在德昌帽店的东侧，精明眼镜行就是这么开的业。

## 眼镜行

精明眼镜行大概是1924年3月份开业的，掌柜的叫杜杰臣，是自己投资自己经营，因为他排行老二，行里人一般都称他为杜老二。他哥哥叫杜泽臣，是王府井东安市场开漱石眼镜行的，人称大杜。他弟弟叫杜圭臣，是西单明明眼镜公司的，称三杜。这就是20世纪三四十年代的“三杜”。我知道他是北京人，也有人说他是江南人，我没这个印象，但是从口音来看，他是久居北京的，也可能祖籍是江南吧。他们开始都不是正式学徒出身，都是自己创业、艰苦奋斗出来的。开始都做一些小生意，家庭经济很不好，以到庙会上摆摊为生。比方说护国寺、隆福寺、白塔寺、土地庙，哪有集市就赶哪个集市。所以说干这个既要能吃苦又要会做生意，能闯出一条路来可以说是很不容易了。后来攒了一点儿钱开了这个眼镜行，从他的经历来看，这个人很能干，是个能吃苦耐劳，会精打细算的人。

当时这个行当是一个新兴事业，眼镜行分三类。一类是前门大街东的三山斋眼镜店，资格比较老，是卖老式的眼镜，像茶晶、墨晶、水晶的，都是矿石的东西。水晶石是从苏州来的，苏州磨的叫千边平。茶晶有两种，一种是从蒙古来的，就是库兰巴托（今乌兰巴托），叫库伦石，这个石头是茶色。另一种是山东的崂山石，那个石头一般人不太喜欢，它颜色发黄。三山斋基本卖这样的石头。比如说，茶晶、墨晶的都是养目镜，过去清代一些官僚都戴玳瑁镜架的大茶晶。按尺寸说是比较光滑比较大。还有一种是带铜卡子的，没有框子，在镜片上打眼儿，用螺丝拧上铜卡子的，眼镜盒子是鲨鱼壳的，两头装在一起，用带子穿起来。当时三山斋就相当于马聚源、瑞蚨祥这样有名，如果谁戴一副三山斋的眼镜那是相当地荣耀，所以有人就冒牌顶他。眼镜店里不卖假货，都是摆摊的卖假水晶，水晶里面有棉，在晶石里有一种云状的不透亮的，那是棉。当然那种在眼镜里算次的。如果这眼镜里一点棉都没有，就好像不是晶石的了，所以一些奸商就在假眼镜里故意造点棉。茶晶的有时候是合光的，两个片子也不知怎么给合在一起而且做上颜色了，也带棉，他们用这种假货冒充三山斋来蒙骗客人。从清末直到20世纪40年代，三山斋在卖晶石眼镜是最有名的。还有宝丰斋，都是卖好的晶石镜，不卖别的，这是一类。

后来一类就是卖科学镜片的，茶晶、水晶都不卖，比如精益。它开业在观音寺的西口，就是大栅栏西街的西口，跟樱桃斜街是一个岔口，往西北是樱桃斜街，往西南是李铁拐斜街。精益卖的是克罗克斯、托力克，卖的镜架也都是新式的，像克罗米。卡子是流线型的，光学的都是所谓科学机器磨出来的，还有验光机。以它为代表的有大明眼镜公司，就在菜市场胡同。这些都是南方人开的，是新式眼镜店。

那精明眼镜店呢？既有新式的，也有老式的，有科学镜片克罗克斯、平光、近视、散光和墨镜，同时也卖茶晶、水晶。店堂门脸是比较新式的，一间门脸是筒子房，外面挂着招幌，写着精明眼镜行验光配镜。另外有霓虹灯，晚上周围是一个桃形眼镜框，上面有“精明”两字，到晚上很明显，一进东口就能看见。两扇玻璃门，上面用电刻着“精明眼镜行”，两边是玻璃橱窗，摆着新式和老式的眼镜。店堂不大，就一间门脸，两边放的都是货格子，上面挂着各种新式眼镜。下面有两个长条凳子，店堂里头有两个中心柜，是玻璃的，放着眼镜。靠东西两边的小桌子是修理眼镜的地方，还有客人坐的地方。后面是一个隔断，隔断后面有一个暗室，是验光配镜处，再后面的一个小屋子是账房，是现在所说的会计室。这边楼梯可以上楼，是个暗楼，上面能够住人。精明眼镜店介于新式老式之间，所以它代表着第三类眼镜行。

前面说了，三山斋眼镜行是老式的，没有几家；新式的眼镜行也就是精益、大明等两三家；其次有代卖眼镜的，比如南方的亨得利、慎昌，以卖钟表为主，但也验光，有这么四五家。精明呢？精明、明明和西单牌楼那个石虎胡同有一光明眼镜店，那是杜杰臣眼镜店的分店，大栅栏里头还有一个叫达昌眼镜店——就在同仁堂西面隔着一个叫同仁堂夹道的小巷里，两间门脸，和精明眼镜店同类，就这么几家，不像现在眼镜行遍地，到处有眼镜店。过去的眼镜店顾客多，生意兴隆。还有不属于这几种眼镜行的，像一些钟表铺，里边摆一柜台代卖眼镜，但是不多，一般人买眼镜不到这儿来买。比如说大栅栏西边有一叫增益的钟表店那儿就代卖眼镜，我有个师兄叫江永仁就在那儿卖眼镜，。对眼镜行来说，新式眼镜行是刚刚起步，老式眼镜还没退出舞台，还是有一些老人喜欢戴茶晶和水晶的，甚至有很多老人戴花镜也要买水晶花镜。当时富有的商人和大地主专门要买好的茶晶，这是一种比较贵的商品。眼镜行还修理一些零活，像配眼镜框、换眼镜腿、配螺丝，等等，还有老式眼镜改新式眼镜的。再有就是像眼镜的光比较乌了，要磨光放亮，经常出现的就是老光的改新光的，当时的眼镜以化学眼镜多，化学眼镜进的货大部分都是北京的，买卖大部分都是在这里。北京比较有名的叫张栋印，是做化学眼镜的，大部分眼镜店都是用他的化学镜架，他做的镜架比较细，是比较好看的流线型。还有一种镜架是带卡子的，上海货克罗米的比较多。还有不带边的，所谓的金丝眼镜。

## 留恋·怀旧

我在前门地区待过一段时间，在大栅栏里头学徒到20世纪40年代，1949年后又到前门中学教书，还是在前门那块儿，到了年老以后有时怀旧。我退休以前比较轻松，几年都教高考文科毕业班，兼班主任。有时给学生安排好了以后我就到大栅栏里去，尤其是到了年终的时候，我必去大栅栏，过观音寺到琉璃厂，我得天天溜去。如果我哪天上午没课，就把学生安排好了回来到学校吃饭，老是这么走，可以说是留恋。

但是近几年，大栅栏让我看了觉得很凄惨，相当冷落，站在西口或东口，几乎是看不见人，除了张一元茶庄和同仁堂药铺有顾客外，其他店铺里没客人。很难想象半个多世纪前大栅栏里头人流如潮、商业繁盛的景象。那时大栅栏的北边就是火车站前门东站和前门西站，很多外地人到了前门以后只要下了火车必定要到大栅栏里头去看看。如果说没到过天安门就算没到过北京，那时的说法就是没到过大栅栏就相当于没到北京，大栅栏是闻名全国的。当时人们不管是购物也好，旅游也好，男女老幼摩肩接踵，在大栅栏里都是缓步而行。那个年代里头大栅栏里是没有一般的行人的，都是去购物的人。因为人们如果要从大栅栏东口穿到西口或从西口穿到东口，都不走大栅栏，都要到南面走大旗胡同或北边走廊房二条，得绕着走，大栅栏人多，不容易很快穿过。繁荣到这种景象！如果照现在一看，大栅栏简直是冷清的跟过去没法比了。

# 五
# 王府井、东单、西单

民国年间，除了前门的繁华外，王府井、东单、崇文门和西单也是几个重要的商业区。

## 古老的大街——王府井

下边再说一说王府井。今天的王府井大街北起东四西大街的西端，南与东长安街相接，是一条南北走向的大街，全长1797米。从商业上说，它发展得是比较晚的，但是从街的出现来讲，它是个古老的大街。在距今700年前的元代，它叫“丁字街”，这在元代成书的《析津志》上有记载①。明代的时候改叫“十王府街”，清乾隆年时称“王府大街”。到了宣统时，这条街分为三段，北段从现在的东四西大街至灯市口大街依然叫王府大街；中段从灯市口大街至金鱼胡同，又恢复了元代

① 《析津志辑佚》：长街，千步廊街、丁字街、十字街、钟楼街、半边街、棋盘街。五门街、三叉街，此二街在南城。

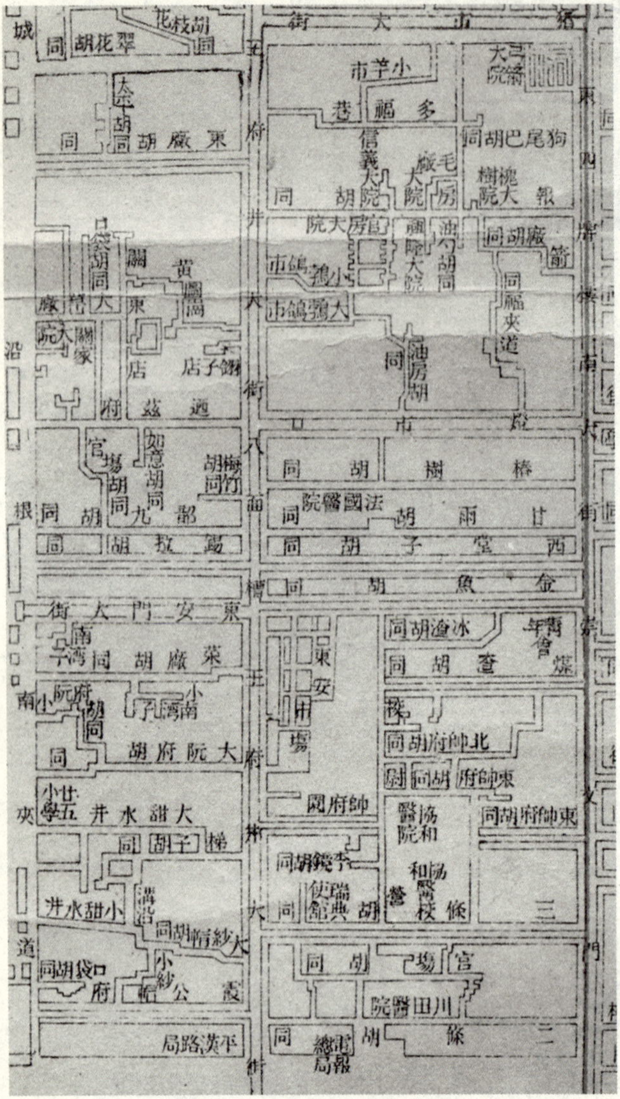

民国年间的王府井地区地图

“丁字街”之称；南段从金鱼胡同至东长安街，则改叫“王府井大街”。关于这条街的中段，在民国二十三年（1934年）《最新北平全市详图》上，“丁字街”又改称为“八面槽”。八面槽的说法不一，总之北京过去的交通工具大部分都是车、马、驴代步，所以在一些沿街的地方，在有水井的地方都有饮牲口的水槽，这样的水槽让来自四面八方的一些赶牲口的人到这来饮水，所以称为八面槽。还有一种说法就是从皇宫里出来了一个石槽，但都没有什么根椐，都是传说，总之这里有饮牲口的水槽所以称为八面槽。

王府井大街虽然在元代就有了，但当时并没有形成商业街，因为说“商业街”得有史料根据，如果查不到相关的历史依据，就不能这么说。现在搞北京史的，有这么三部分人，一部分人是从古到古，从资料到资料，这些人就是跟史料说话，抱着史料不放，大多都是专业人员；还有一部分人以口头传说为主，口头传说就是听人说的，有的是自己见到的；再一部分人是既有口头传说的，也有查古籍的，两者相结合，这么三部分人。我想偏废哪个都不合理，比如说搞民俗这些东西，就应该是既有看见的，也有听说的，采访过的，若能再跟古籍结合起来的话就更好了，因为这样就有了古籍的印证。所以说王府井这个地方虽说记载是有500年了，

王府井大街旧影

但当时就只是一个街道，并未形成商业街。虽然有人认为王府井是在元代时就繁华了，但却拿不出根据。

王府井只是个最早的新兴商业街，明代时曾叫过“十王府”。这个商业街的出现跟戊戌变法和庚子事变有关系，尤其是跟庚子事变有关系。庚子事变中，八国联军打到了北京，中国惨败，签订了卖国的《辛丑条约》，同意11个国家把东交民巷作为驻兵使馆区，那儿离王府井很近，出台基厂北口过了长安街就到王府井了。因为在庚子事变之后，东安门大街的摊贩就都集中到王府井这儿来了，其形式相当于现在的一个农贸市场，所以当时的外国人就经常到王府井游逛，买东西，王府井大街就这样逐渐地形成了。此外，王府井大街从开始兴起直至发展繁荣了以后，其街上的店铺大部分都是洋买卖，虽然也有老买卖，但没有一个像同仁堂那样的老字号，这也说明它的历史没有500年之久，只能说是北京最早的新兴商业街。

在民国时期，曾有个叫莫里逊的欧洲人住在东交民巷附近，这个人原来是《泰晤士报》的记者，在给袁世凯当顾问时，看出了袁世凯的野心，就写文章吹捧袁世凯，为袁世凯当皇帝造舆论。袁世凯很感谢他，民国五年（1916年）袁世凯下令改王府井大街为“莫里逊大街”，并在王府井大街南口树立了英文书写的“莫里逊大街”的路牌。此路牌直至北京解放前夕，才被推倒撤除。

## 王府井的井

王府井之所以称其为“王府井”，就说明当时那地方肯定有井，有人说原来在街的对过儿有口井，因此得名王府井；也有人说这里曾有口甜水井，因为别的地方的井水是苦水，所以很多人都到这儿来打甜水。1998年，王府井进行改造时，在王府井大街北侧的十字路口，就是原来的八面槽之处发现了一口井，这口井现在还在十字路口西南侧的路边上，被保护起来了，这是“王府井”的来历。

## 东安市场

东安市场是在1903年建成的，那时候，市场里都是临时的货摊儿，“风来走，雨来散”。像东来顺最早的掌柜的丁德山说的，我们是来了，最多搭个布棚子，一刮风卖不了了，一下雨就更摆不了了，只能收摊回去，后来才逐渐形成了固定的货摊。

东安市场发展起来以后，曾着过两次大火，第一次是因为袁世凯搞兵变，被烧得很惨。重建后，到1920年又被烧毁了。两次大火之后，摊主们自发地组织成立了东安市场的商业联合会，后来因为政府不让他们干，他们就跟政府争，争地盘等，

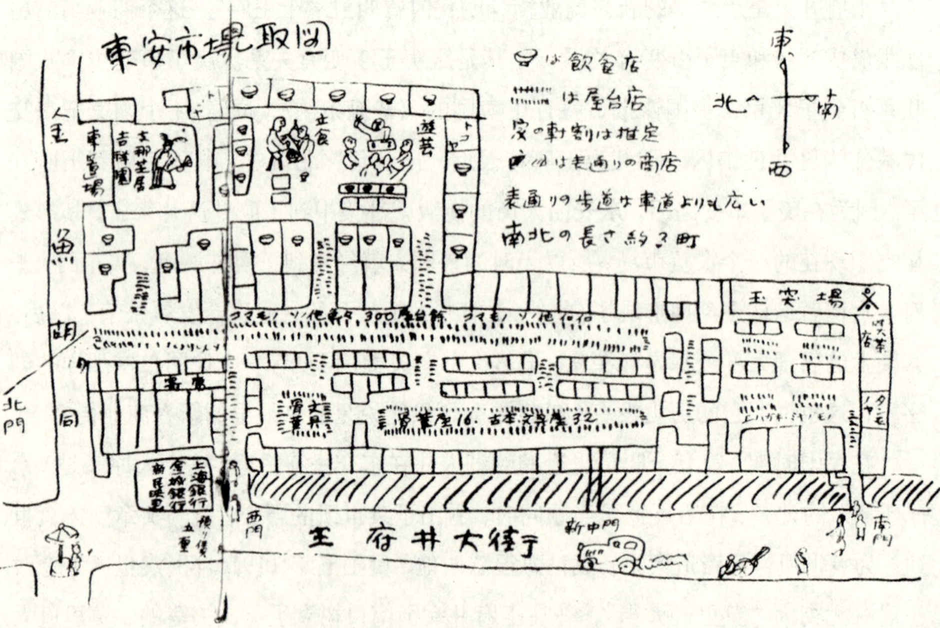


民国年间的手绘东安市场示意图

北京兵变期间被焚毁的东安市场

做了不少工作，最后把营业权和建筑权都争到手了，并把东安市场建成了一个比较有规模的市场。当时的东安市场是黄金地带，如果能在那块儿弄一个摊儿，就可以说是小康富家了，里面的一个摊儿要比外面一个不兴旺的商店的收入多好多。

东安市场的规模很大，它的北门在金鱼胡同，进北门后，自北向南是正街，里边是铁罩子盖的大棚，两侧是一个挨着一个的小店铺，当间这行是摆有许多货摊儿的主干道，是当时市场里买卖最兴旺的地方。北门的东侧是吉祥戏院和东来顺。在正中间往东的位置，拐过一个胡同，在吉祥戏院的南边有个三层楼，这就是东来顺。东边的一条街叫东街，西边也有一条街，叫西街，街上都有买卖。西街里大部分是卖书的，书铺也多，但它的书跟琉璃厂的书不一样，因为王府井附近居住有很多洋人，所以它那儿大部分是自然科学方面的书，也有外文书和社会科学类的书。还有就是因为当时市场的周边有北京大学、中法大学等几个大学，内城还有许多中学，外城住的青少年大多都在城里上学，都是新式的知识分子，所以卖的书都是这样的书。很多名人也都经常到这街上的书铺里来看书。东西横着还有街，从北数，叫头道街、二道街和三道街。最南边一个是露天的小南花园，东边是大空场。吉祥戏院的南侧也有一个空场，里边有说相声的、练武术的、摔跤的，还有游戏场所。

东安市场里卖什么的都有，但不像大栅栏里有很多老字号，老店铺，而是西式店铺很多，像西服店等。前门大街那儿就很少有西服店，有的只是做中式衣服的成衣铺，做工作服的多，所以过去的《北京市商会店铺名录》里边，做西装的都集中

民国年间的东安市场外观

民国年间的东安市场内景

在东单头条、二条以及王府井大街。中国人很少有穿西装的，都是外国人和“喝过西方墨水”的中国人才穿西装，随着在中国的外国人逐渐增多，出国留学的中国人也开始出现，西装业也就慢慢发展起来了。

除了卖西装的以外，还有卖帽子的、卖鞋的、卖水果的、卖玻璃花的、卖日用品的、卖西洋餐具的、卖西方的磨料玻璃的等，既有新式的商品，也有一些过去的老商品，种类很全，生意也很兴隆。此外，还有台球厅和茶社。所以说吃喝玩乐这里应有尽有。它的形式跟劝业场一样，但比劝业场的买卖还多，这跟它作为商业变革的核心有关系。当时，到东安市场里来购物游玩的有洋人，也有一般的市民。

东安市场在20世纪三四十年代时达到了鼎盛时期，据资料调查，1933年，市场中有门脸儿的商户有267家，摊商有658家，总共将近千家了。商场里除了有中国传统的商品以外，更多的是经营洋货，像大北、宏大、青年、华北、馨华等西服店就有二三十家。还有明明等理发馆，若干家经营西洋餐具的，钟表眼镜的，其次还有打台球的和咖啡馆等，大部分都是洋商店。

东安市场里比较有名的是东来顺羊肉馆，是回民丁德山创办的。这人不仅勤恳能干，而且脑筋比较灵活，随着时代走，他是从卖黄土起家，1903年东安市场建成后，他开始在市场里摆摊卖豆汁，发了家之后，就在离市场北门不远的正街东侧盖了一座三层楼的餐馆，以卖涮羊肉和炒菜为主。他虽然发了家，但却不忘穷哥儿们，楼下有一层是专门卖馅饼和小米粥等大众食品的，馅饼是用羊肉馆里剔下来的筋头八脑[①]剁了馅做成的，很多劳动者——像在商场里摆摊儿的人都在这里吃饭。原来北京涮羊肉最有名的是前门大街肉市里的正阳楼，正阳楼里有两个肉片切得最薄的师傅很能干，非常受食客的欢迎，丁德山就把这两位师傅请到了东来顺，所以后来东来顺的涮羊肉就出了名，到现在都是首屈一指的。

另外一个很有名的是森隆番菜馆，番菜馆就是西餐馆，开这个店铺的叫张森隆，是江南人，曾是市场里商业联合会的会长，民国五年，就是1916年，他在市场北门靠西侧还开了个稻香春，专门卖江南食品，像熟肉和江南风味的饽饽点心，生意很红火。在北平沦陷的时候，在稻香春的对过儿又有一家食品店开业了，叫稻香村，

---

① 筋头八脑：又作“筋头马脑”，指动物肉中不精美，一般剔除不吃的部分。

是刘松泉开办的。刘松泉原来是稻香春里的伙计，出来以后，有竞争力了，于是开办了稻香村。这两个都是有名的店铺。此外，在一进北门的路东还有个小店，因为开店铺的是母子两个人，所以称为"母子店"，它的正名叫豫康东纸烟杂货店。过去的中国人都抽旱烟袋，有的抽水烟袋，以烟叶为主，洋人入侵中国后，就开始推销卷烟，纸卷的烟，就是后来一般的纸烟，因为是洋人经营的，所以又叫"洋烟卷儿"。当时为了大量的推销，烟卷里放有画片，像大粉包、大前门等纸烟盒里都有三国、水浒等成套的画片，还有的纸烟盒里放入了足球运动员的头像和人像，有人就喜欢积攒这个画片，那时候称这种画片为洋画，都放在纸烟里，曾畅销一时。

在市场里还有一个很有名的就是全素刘。它的创办者叫刘海全，他曾在皇宫里的御膳房呆过，进了民国以后，皇上退位了，他就在外面经营素菜，有扣肉，南煎丸子等，其外观虽然像肉，但实际上都是用蔬菜、豆皮、豆豉等做的，营养丰富，很受欢迎。当时它只是市场南花园里的一个素菜摊儿，现在在王府井往北，路西，这就是全素刘。

民国十三年（1924年），在正街的东侧，一个叫五芳斋的江南餐馆开业了，以淮扬菜和上海菜为主，是上海人开办的，当时在上海是相当有名的。"五芳"是指其菜中常用的五种芳香的材料——米粉、芝麻、桂花、松花、玫瑰花，因此起名为五芳斋。还有钢刀王，其创办人叫王万青，那时候卖的水果刀、切糕点的小刀都很粗糙，外观不好看，也不是折叠刀，于是他就设计出一些新式小刀，像二寸长和三寸长的宝剑似的带鞘儿的小刀，还有带套儿的或是带穗子的小刀，既实用又美观，销量很大，人称"钢刀王"，在市场里也是享名一时。除了一些百货业，市场里其他的行业也很多，尤其是北京风味的小吃摊，像爆肚王、豆汁何、切糕李、面茶丁、炸糕马、糖葫芦李等，这些都是原来在市场里卖小吃相当有名的。

市场之所以能招来很多的游客，还跟吉祥戏院有关系。1906年，有个太监在这里开了一个茶社，为了招揽更多的茶客，就找了一些唱戏的，或是好玩票的[①]表演，只收茶钱不收戏钱，这个茶庄后来就发展为在北京很有名的吉祥戏院，很多有名的京剧演员都在这唱过戏。在内城里，戏院就是在这儿出现的，虽然方志上记载在东

① 玩票的：指业余喜欢唱戏的人，经过加入"票房"学习排练，成为票友，有机会登台表演，而不收取报酬的人。

四隆福寺也出现过小型的戏院，但吉祥戏院在那时候来说也算比较早的了。其次，市场里的丹桂茶园、中华舞台、打台球的会贤球社也吸引了很多客人。这就是市场大致的情况。

在王府井大街上，继东安市场开业后，其他新式洋行，商店等也陆续开办。银行有中国银行东城办事处、中国农工银行东城支行、大陆银行东城支行、新华银行东城办事处等。到了20世纪二三十年代，有惠康、新新、陈振昌、陈森泰等近20家西服店和皮鞋店，中原、东方等照相馆有11家，汽车行有9家，美白、鼎新等多家男女新式理发馆，亨得利、慎昌、大明等钟表眼镜公司4家，此外还有西餐馆、台球房、冷饮咖啡馆等多家。其中也有洋人开办的，如历古绸缎洋行、福隆洋行、恒信拍卖行等。

### 著名店铺

王府井大街上比较有名的店铺是亨得利，在王府井，前门外观音寺[①]和西单三处各有一家亨得利，北京习惯称之为“三亨”。亨得利的总店在上海，后来在全国各地共60多家分店，它以卖中高档眼镜和钟表为主，都是新式的瑞士手表。尽管亨得利是中国人开的，但它是新式买卖，管理方式以及店铺内部的格局和装饰都是新式的，现在还存在。

美白理发馆的创办者是何永禄。何永禄本是个剃头匠，挑过剃头挑子，也在剃头棚里干过活。1928年，在王府井大街上开了美白理发馆，主要是给客人推光头、平头、大背头。1932年，美白理发馆倒给了同行广德寿。广德寿的老板很聪明，他改变了旧式的经营模式，不仅改建了店铺的门面和店堂，还购置安装了新型转椅、大镜子、新式照明灯、电扇等一切所需的设备，并且以理新式发型为主，既理男发也理女发，还创新发明了奶油烫、杏仁烫、原子烫等。美白理发馆所处的王府井大街地理条件好，附近官僚、有钱之户多，它南邻东交民巷使馆区，东邻协和医院，是外国人集中之地，很多高层人物和洋人也都到这里来理发。当时它是北京有名的四大特级理发馆之一，但现在已经不存在了。

---

① 观音寺：现在的大栅栏西街，位于宣武区东北部。此街因西端有一观音寺而从明朝起即开始称观音寺。寺庙现已破旧不堪，改为民居。1965年整顿街巷名称时，因在大栅栏街以西而定现名。民国以来，这条街一直是比较繁华的商业街区。

再有一个是中原公司，它的总店在天津，北京是分公司，它也是仿西方经营形式的，但是由于对天津总公司的支持，这个分公司始终没有发展起来。1939年天津发大水，天津的中原公司被水淹了，它要拿出钱和货来支持总公司，天津中原重开张以后，又着了一次火，它又财物支援，大伤元气，买卖将就能维持，但是在当时北京的百货业当中还是比较有名的，是个按西方模式经营的洋商店。

还有一个有名的就是紫房子，是租赁新式婚礼所需的服装、披纱和汽车等物品的新兴店铺。1934年，紫房子在西单的绒线胡同[①]开业。旧式结婚的过程很繁琐，有些新派人士就学习西方进行新式婚礼，结婚的过程虽然很简单，但是很隆重，先有一部分马车，后面跟着汽车，马车和汽车上都有彩球，有花儿，男人穿礼服，女人穿婚纱，同时还可以照相留念。因为当时办这种新式结婚的店铺很少，所以紫房子就逐渐发展起来了，在1944年迁到八面槽的西南侧，就是现在音像商店的位置。前面说的那九家汽车行也做新式结婚的生意，不过那里只出租汽车，礼服等都需要自备。男人要是没有礼服，可以穿原来旧式的服装，戴礼帽，穿马褂，长衫；女人可以穿婚纱，也不能照相；但紫房子全包了，服装有，车有，还可以照相。所以紫房子在当时是很有名的，很受年轻人欢迎。

## 崇文门、东单

附带地说一下崇文门内到东单一带的变化情况，跟王府井的兴起有点类似。在20世纪20年代以前，崇文门大街的东侧是一个挨一个的商店，西侧是个空场，除了同仁医院外，没有任何建筑。但在清末时，大街的东侧是居民房，西侧大部分都是寺庙，也有很多建筑。庚子事变以后，签订了不平等条约，允许外国人在此地驻军，当时，东交民巷的南侧有城墙，外国人就接这堵墙盖了一个小堡垒，将东交民巷整个围了起来，墙上面有枪眼，也有垛口，就是外国人所谓的防御工事，城外面还有一道壕沟，那就像一个小城市一样，所以称为国中之国。这时，他要求清政府把墙外，就是崇文门大街西侧的建筑都拆除，他说这对他有所威胁，是他的障碍物，因此就将其拆除了，东交民巷的小城墙之外也就变成了一片开阔地。还有就是在东

① 绒线胡同：包括今天的西绒线胡同和东绒线胡同。

民国年间的崇文门大街

交民巷的北侧，原来有东单的头条，二条和三条，但这时他要求把头条给拆了，说这个墙也影响了他的安全，怕受到攻击，因此这段墙也就被拆了，所以东单这个地方在民国时期只有二条和三条，没有头条，那是庚子事变的时候，外国人逼清政府拆除的。

民国年间的崇文门大街和东单虽然不像王府井发展得那么迅速，那么繁荣，但是也有一些洋商店，北京饭店就是在原来崇文门外大街建起来的，后来搬到了东单的东侧，最后在东长安街上站住了脚。

在北平沦陷的时候，日本人在东郊建了一些工厂，像纸烟厂和造纸厂等，还准备在那里建工业区。为了城内和城外联系方便，1940年左右，日本人就在东单观音寺东的城墙上开了个豁口儿，命名为“启明”。1945年以后，民国政府把它改名为建国门，20世纪50年代观音寺被拆除，扩成了马路，才有了建国门内大街，这是东单的情况。

这地方还有一个鱼市场，就是在后来的东单菜市场这个位置，那曾是北京很有名的一个菜市场，现在已经不存在了。还有一个祥泰义洋酒罐头商行，就在东单路口的东北角，原来是卖洋酒的，后来改成了食品店。还有就是三羊商店和华茂服装店，也是做洋人买卖的。

东大地在东交民巷东侧，就是崇文门大街北头，东长安街东头的南侧这片，那里曾是外国人打马球的地方。日本投降以后，日本的侨民就要被遣返回去，于是他们就在那儿摆起了临时的摊位，卖一些自己的物品，像日本的家具、服装、鞋袜、生活用具等，大部分都是日本货，有很多人来这里买东西，就这样形成了一个临时的市场。后来中国人也到这里来卖东西，逐渐形成了一个固定的市场，当时的人们称其为“东大地”。日本人走后，中国人还在那里摆摊儿，政府对市场进行了整顿后，大部分货摊就都集中到人民市场里了，这是王府井东面的市场和东单的大致情况。

## 西单

西单的全称为西单牌楼，和东单一样，东单称为东单牌楼。明清时期那里就有些老店铺，但是不太繁华。在20世纪三四十年代，也仅有几家洋店铺。清末废除了科举考试以后，在西单建了几所新式学校，大学、中学都有，大部分都是追求新潮流的新青年，所需要的产品也是新式的，因此这地方的新式商店、百货店、西药店、理发店、照相店、西餐馆、眼镜店等也就逐渐多了起来。其中有不少有名的店铺。

一个就是天源酱园。在北京，酱园分为三派，一个是“京派”，北京的天源酱园就是京派；河北直隶的酱园叫“老酱园”；还有就是江南的一些南酱园，称“南派”。天源酱园是1869年开业的，比较早，清末的状元陆润庠曾给它题过匾额，所以天源酱园可以说是和六必居酱园齐名的，这两者现在还都存在。天源酱园做的酱菜依旧很受老百姓的喜爱。

再有就是明明眼镜公司，明明眼镜公司是20世纪20年代开办的，卖的大多是新式眼镜。当时的掌柜的叫杜泽臣，他是个新派，在广播电台里做了很多广告，所以在20世纪三四十年代，明明眼镜公司可以说是家喻户晓。当时在西单有很多学生，因此店里的大部分顾客都是学生，以验光，配镜为主。

还有一个西来顺羊肉馆。东来顺在东面，西来顺在西面，所以叫西来顺，二者是齐名的。东来顺以涮肉为主，西来顺以炒菜为主。西来顺有个叫褚祥的厨师很有名，他做的全羊席不仅吸引了许多清真教人，就连马连良、侯喜瑞这些有名的演员都是他的常客。

此外还有西单菜市场。在西单北大街西侧，比东单菜市场还大，是当时北京有名的大菜市场之一。它里边既卖青菜、鱼肉、海味等生鲜食品，也有洋酒和罐头等当时的畅销品，货品的种类很全；所以一些大家族，官宦府邸，还有知名的大饭店、大饭庄都跟它有交往，经常在它这里买鱼、肉、海味和洋酒等东西。

## 西单商场

西单最有名的就是西单商场，有东单商场也就有西单商场，但它开业比东单商场晚得多，是1931年，“九一八事变”前后开业的，是在商业变革之中出现的新的商场。西单商场最早不是一个整体，而是并存的几个大商场。一个是原德商场，是一个叫黄树洸的南方人，在四联美发的东侧。开始时那个商场并不大，是效仿东单商场的经营方式，开业后就以现在所谓的柜台的形式出租出去了。1934年，东北军的一个将领万福麟投资开办了福寿商场，和原德商场挨着。后来益德商场、惠德商场、福德商场等几个商场也相继出现了，都是挨着的，1936年12月12日发生了一场大火，这些商场不幸都被烧毁了。当时有人组织大家清理火场，并组建了一个临时商场来卖货。1940年左右，厚德、福德、益德、惠德、福寿这几个商场都已经重新建成并相继开业。在北平沦陷的时候，一个叫高岛屋的日本商人在这里又盖了一个新的商场，墙是白色的，叫高楼，是卖家具和日用百货的，在西单商场这儿也是比较有名的。里边有个紫园商店，店里招了女店员，都穿紫色服装来售货，这是很新式的，因为原来大部分商场中都是男店员。紫园商店开业不久，蓝园商店也开业了，店里都是穿蓝色服装的女店员，这两者都是比较有名的。还有一个三友实业社，卖的也都是日用品和文具百货。此外，商场里边还有演戏曲和说相声的，侯宝林就在这儿献过艺。从小说相声的小蘑菇①他父亲常连安还在此开了一个启明茶社，二蘑菇、三蘑菇等一些知名的相声演员都在这儿长期表演相声，计时收费。人们在里边可以边喝茶、品茶边听相声。这在当时是比较有名的。原来说相声的大部分都是撂地摆摊的，后来就到茶馆里说相声了，这是启明茶社。1949年以后，这几个商场还连在一起，就形成了西单商场今天的这个格局。按北京城现在的发展趋势来看，西侧要比东侧繁荣，买卖要兴旺；按城圈儿②来看，东单不如西单，东四不如西四，东面崇文门外不如虎坊桥、菜市口那一带，西侧的繁荣不仅跟交通有关系，跟其他

---

① 小蘑菇：相声演员常宝堃，“常派”相声中的重要人物。1951年参加抗美援朝慰问团，在前线演出时牺牲。因为常宝堃是家中长子，所以二子常宝霖、三子常宝霆就依次以“二蘑菇”、“三蘑菇”的顺序往下排。常氏堪称相声世家，20世纪40年代说相声名噪一时。

② 城圈儿：明定都北京后，嘉靖三十二年（1553年）增建城南外垣，始有内外城之分，北京城的平面以天安门为中心，东西两侧对称分布着东单、西单，东四、西四，崇文门、宣武门等。

的一些商业格局也都有关系。

### 哈尔飞、长安和新新

哈尔飞戏院在旧刑部街东口的路北①，在近年扩展马路的时候就被拆除了，这个地方曾是奉天会馆的旧址。哈尔飞戏院是在民国十九年（1930年）开业的，开业的时候很隆重，一些著名的京剧界人士像梅兰芳等都参加了。戏院开业不久，1937年七七事变前夕，在西单十字路口，就是西长安街的南侧，长安大戏院开业了。这是以一个现代化的剧场和歌剧院的形式经营的戏院，有上下两层楼，能容纳1200人，哈尔飞戏院才600人，因为这儿的声、光、音像等都很讲究，所以很多知名演员都不到哈尔飞了，而是上长安大戏院来了，也曾轰动一时。有个唱花脸的演员叫金少山，嗓门很高很大，在当时来说就是“铜锤大吕”②吧，我只听过一次，那时候是不用麦克风的，坐在最后排声音都能传到，不知道怎么发得那么大的声。因为他长居江南，到北京后很少有人看他的戏，他第一场演出的是《父子会》，前面有些名演员助演，也多次爆满。后来很多名演员在一起唱的大义务戏都在长安大戏院演。这样哈尔飞剧场就不行了，不演京剧只演曲艺了，1949年以后改为西单剧场，北京曲艺团经常在此表演。1937年3月7号，在长安大戏院的东侧又开了个新新大戏院，这是京剧名演员马连良，还有京剧界的知名人士万子和等人集资办起来的，这个剧场比长安大戏院还要好。灯光设备和座位非常讲究，有很强的竞争力。原来北京的剧场都在前门外，而且大部分是京戏，其他剧种都还很少，而这会儿西单和东单都有剧场了，很多有名的演员在此表演，人们也不必远到前门外去看戏了。这三个剧场的开业对西单一带的繁荣起了很大影响。

在1940年左右，日本人在西郊的城墙上开了一个豁口，东单那儿的豁口叫“启明”，西边的就叫“长安”。1945年日本投降以后，国民政府将其改为复兴门。20世纪50年代的时候，把旧刑部街的马路拆了，形成了一条新马路，那就是复兴门大街。原来东单和西单是丁字街，现在都成了十字街了。当时的前门、王府井、西单都比较繁荣昌盛，买卖多、游人也多，虽然东四和鼓楼也还行，但跟这三个地方比还是差多了。这三个地方的情况就能概括北京商业发展的总体情况。

---

① 旧刑部街东口的路北：现西单十字路口西北处。

② 铜锤大吕：形容人说话或者唱戏的声音非常大，像是铜制的锤子落地时发出的声音一般响亮。

# 六
# 商道

商有商道，店有店规。无论是经营形式还是经营理念，商业发展必然引起革新，但并非所有的传统理念都陈旧得不值借鉴。

## 商业变革

劝业场、东安市场和西单市场都是在商业变革中发展起来的。我经历过这个变革时代，那时候，既有老商业也有新商业，也有半新不旧的商业，这个商业变革是怎么出现的呢？首先是光绪二十四年（1898年）的戊戌变法，也就是康梁变法时，中国的有识之士看到了中国在政治、经济、交通、邮电等各方面都落后于西方，所以提出了变法，尽管失败了，但变法的思路可以说是深入人心。光绪二十六年（1900年），发生了“庚子事变”，义和团的大刀长矛敌不过洋人的洋枪洋炮，八国联军打进了北京，签订了《辛丑条约》，这对有志之士和一些爱国官员的刺激是很大的，感

被八国联军烧毁的民房

到当时的中国已处于危机之中，所以就有人提出来要改良政治，富强中国。

首先就是对清政府的国家机器进行了改造，把它的六大部改为商部、巡警部、学部等部。此后，商部又改为农工商部，其存在的时间比较长，就是在它的倡导之下出现了一批新式商业和新式店铺，其中的大部分都是南方人开办的，像亨得利、慎昌、大明等，旧式店铺像茶庄、布铺、钟表铺也还存在。同时，一些比较大型的新式店铺，也在这个形势下出现了。过去的店铺，只有少部分是杂货铺，大部分的商店是专营的，比方说，卖茶叶的就是茶庄，卖药的就是药铺，卖绸缎的就是绸缎庄，卖布的就是布铺，卖干果的就是干果子铺，卖帽子的就是帽铺，卖鞋的是鞋铺，绝大部分都是这种经营品种单一的店铺，规模也小。而劝业场和东安市场都是规模极大的综合型商场，里边卖什么的都有。另外，里边的称呼和管理方式也改变了。

先说劝业场，劝业场在路北，它的前门在廊房头条，后门在西河沿，上下三层楼，建筑格局是西式的，虽然现在看来是比较老式的了，不过在那个时代来说，样式还是很新颖的。它是清代末年开始建的，大概是在1906年左右。三层楼里，有卖中药、西药、日用百货、鞋帽、绸缎布匹的等等，应有尽有。在20世纪三四十年代时，三楼上边还有新罗天，是个游艺场所，里面有打台球的、唱评戏的、说书的、说相声的，还有个茶社。后来在它的楼顶上又开辟了唱京韵大鼓的，很多人都在这儿演出过。劝业场名噪一时，里边的店铺大部分都是新式的，很多人都喜欢逛劝业场。里边不仅有照相馆，还有给人画像的，那时候时兴画像，因为当时照的像尺寸小，放大不了，有人要张大的照片的话，他就到劝业场请画像的给画张。

首善第一楼在劝业场对过儿，比它矮，是两层楼，也卖这些东西，但是名声不如它响亮，也存在过一时。此外，这个时候还出现了一些比较新式的店铺，像天津百货售品所、亨得利钟表店、慎昌眼镜店、精益眼镜公司等。过去的店铺，内部都是掌柜的、徒弟、伙计这么称呼，而新式店铺则是称经理，伙计称售货员、职工，学徒的称为练习生。老式店铺没有固定的开门和关门时间，早晨有可能是7点钟，夏天会更早些，总之是在太阳出来以前就得开门。到晚上，在大栅栏那地方的戏园，11点半才散戏，关门以后就12点了，才能上床铺休息，睡不了多长时间。每到春节，初一到初五就这五天假，此外没有休息日，是非常辛苦的。但新式店铺不一样，星期日休息，你可以不在店里住，也可以回家住，工资待遇也好于老式店铺，同时，它店铺外部的装饰和内部的布局也比较新颖时尚。新店铺的外边有橱窗，门是从上到下整个儿的玻璃门，上边写上字或店名，外边还有又大又厚的黄幛子，写的卖什么；里边两侧是货格子，原来的栏柜改成了中心柜，中心柜就是货架里边有一个挡架，架上放些货品，两侧是货格子，上下都是玻璃门的展示柜。总之，装修和格局都是很新式的，管理也比较偏向于西方。

而当铺的格局没有明显的新旧之分，都是跟堡垒似的，因为要保证当物和钱财的安全。当铺是放高利贷的，他

老当铺

北京兵变

张勋复辟

做生意的对象大部分是穷人，也有一部分是富有的人，败落了以后把东西当给他了。他压低价钱给你抵当当物，有的当物的当期是一年，十二个月的，有的是十八个月的，你若取不了，他就把当物卖了。赎当的时候利息很大，一厘五、一分五、或是一分八的利息，所以当铺既属旧货业也属银钱业。很多人没当铺不行，当铺能救急。

因为他放高利贷，人们又恨他，所以在北京就曾发生过三次大规模的抢当铺事件。

第一次是在庚子事变八国联军进北京的时候，当时既有外国人抢也有北京人砸。第二次抢当铺是壬子事变，1912年，袁世凯搞假兵变。南北议和后，孙中山放弃临时大总统职位，让袁世凯到南方就职去，袁世凯老奸巨猾，想如果到南京去就职去，等于到人家势力范围了，他不去。南方的五个代表到北京来迎接他去就职，到北京以后，这五个代表住下了没走。袁世凯就让他的下属搞兵变，从东岳庙打枪，进了城以后各处都打枪，这个时候老百姓也出来了，纷纷抢当铺。第二次抢当铺，兵变乱套了，到处烧杀抢掠，有兵抢，有北洋军袁世凯的兵抢，也有老百姓抢。第三次抢当铺，是1917年，张勋复辟[①]的时候，北京起了骚乱，讨伐张勋的兵和张勋的军队在北京打起来了，各派势力混打在一起，就把当铺给抢了。

当铺的格局原来就很坚固，经过三抢当铺以后，当铺的格局就形成小堡垒的形式了，就是有个大铁门，有铁柱子，有的门上还有个窗户，里边的柜台很高，柜员站在上边，通过一个小槽进行交易的。一般的店铺外都有木栅栏，它起两个作用，一是保护窗户，二是拴驴、拴马。那会儿大户骑驴、骑马的多，来了后，人进去买东西，就把驴或马拴在那儿。门都是木门，里边是一个从南到北很长的栏柜，你要什么，他给你拿什么。他们穿的都是长衫，戴个瓜皮小帽[②]。

## 商业规矩

过去很少说商人，都说买卖人，开店铺就是开买卖，学徒叫学买卖，也很少有人说商店。

首先，讲投资者和经营者。出钱的人叫投资者，通常就叫东家，或者是股东，经营者是直接经营这个买卖的人，叫掌柜的或经理，所谓掌柜的就是掌握栏柜经营

① 张勋复辟：1917年6月，张勋率军五千北上，路过天津时曾与段祺瑞磋商，段祺瑞欲藉张勋之手解散国会、驱逐黎元洪，因而对之佯示支持，极力怂恿其入京。张勋遂在天津通电迫黎元洪解散国会，旋即拥兵入京。7月1日凌晨，张勋、康有为等迎清朝末代皇帝溥仪，改民国六年为宣统九年。张勋受命为议政大臣、直隶总督兼北洋大臣，北京城重挂前清黄龙旗。此乃民国建立后第二次恢复帝制，史称“张勋复辟”。

② 瓜皮小帽：流行于明清的一种帽式，形似半个西瓜的瓜皮，由六块相通的布料缝制而成，顶部有一个“疙瘩结”，通常为黑缎面。

的人。那时候每个店铺里都有栏柜，店主在栏柜后面，客人在栏柜外面，隔着栏柜进行交易买卖。栏柜后边还有银柜，就是现在的保险箱，银柜是用木头作的，又高又厚，算完账后，就将银钱放在里头，一般是由掌柜的掌管。此外，有的人既是投资者又是掌柜的，那就叫“自东自掌”，就是我拿出钱来自己管它，这也是一种店铺的经营形式。如果我是外行，但是看这种买卖能赚钱，我就把钱给个我信任而且能干的人，让他替我经营，那就管经营的人叫掌柜的或领东掌柜的，他没有钱只是人力，拿钱的是东家，这跟那“自东自掌”不是一回事。比如说瑞蚨祥那个孟觐侯就是领东的，真正拿钱的是山东济南的孟家。孟家拿出钱来，他替拿钱者在这儿经营，有很多这样的例子。独资就是一个人出钱进行投资经营，合资是两个或两个以上的人把钱集中在一起进行经营。像大北照相馆就是两个人拿出钱来合在一块，给赵雁臣来经营，那赵雁臣就是领东掌柜的。经营跟投资就是这种关系。

再说店规铺法，即过去一些店铺的规矩。北京的大部分店铺只用同乡人，不用外地人，如山西人办的钱庄就不用山东人，山东人开的饭馆山西人也进不去，晋商、鲁商都是这类情况，但徽商在京的茶业铺却有用北京人的。此外，有些店铺还不用近亲，所谓近亲就是“姑爷、舅爷、少爷”三爷，因为这三者不好管理。比方说东家的这个“三爷”在店铺里边，就自认为后台硬，经常违反铺规，你不好管理，那么其他人就纷纷效仿，这样人心就散了，没规矩了，生意自然也干不好了。少爷，就是少掌柜，掌柜的是他父亲，很多店铺都不让自己的儿子在本柜学徒，而是让他到别人的店铺去学，便于管理，等自己病重了，再把儿子接回本店铺来。

一般的店铺都规定学徒期为三年零一节，一般是在正月收学徒，因为正月是新年的开始。“三年”就是三个循回，“零一节”就是再到五月节就满徒[1]了。满徒以后就是伙计了，很多店铺都是用本屋的学徒做伙计。学徒一般都有介绍人，很少有写字据的，如果学徒出了事了，再找介绍人。如果在三年没满时学徒不想干了，那就要找掌柜的退饭钱，因为店铺都管饭。有的店铺还说住他的不要钱，而实际上是根本不让你在外面住，你这儿有家也不行，必须得住店铺里。有的店铺营业到晚上8点钟就休息了，有的店铺却没有固定的营业时间，早晨天一亮就开门了，等到晚

① 满徒：学徒期满，可以作为伙计在店铺里干活了。

上没有客人了才关门。在铺子里，先来的是师兄，后来的是师弟，不分大小，哪怕头天来了个姓张的，第二天来了个姓李的，姓李的就要管姓张的叫师兄，师弟必须听师兄的，这是规矩。学徒是没有工钱的，但管饭，衣被自理，有病自治，病重回家。伙计也必须住在柜上，那时候他们自己管买卖叫柜上，柜上就是店铺，买卖也叫店铺，是这么称呼的。学徒跟伙计平日没有休假，24小时除去睡觉都是连轴转，只有新年的正月初一到初五这几天放假，但是晚上也不能在外边留宿，要想住在外面必须经过掌柜的同意才可以。说这个伙计外边有个朋友或亲戚，在他那住也不行，柜上也不留外人。每月剃头一次，洗澡一次，剃头有包月，叫剃头房的人到时候夹着包来，不管人多少，钱多少，都写在折子[①]上到年终算账。以前折子上写的都是苏字码[②]。洗澡当然得给人家现钱了。一年只有一次娱乐，就是听官戏[③]，这在一般的店铺都有的。

再一个很严格的铺规就是平时学徒和伙计身上不许带钱，最计较漏柜，漏柜就是拿了店铺的钱，就是偷。漏柜或者是跟师兄弟伙计吵架都是违反铺规的，那时不叫辞退，而是叫卷铺盖，就是被赶出店铺，被赶出店铺的到别的地方去人家也不会要了，这个是各行各业的铺规中最主要的一项。

那时候站柜台的接待客人，必须衣帽整齐，梳洗干净，热情礼貌。来了客人得马上站起来接待客人，不能爱理不理的，这是礼貌。如果你这个店铺里出了个伙计衣服不整齐，客人来了爱理不理，人家店铺就不让他干了。掌柜的雇佣伙计学徒，想把买卖经营好了就得这样要求。店铺里来客人伙计要有满腔热情，这是自然而然的热情，不能瞎喊，这也是铺规。

再有一个铺规是不许长支透使，比方说一个月是五块钱的工钱，你就不能在管账先生那儿领五块五，这个得记上，而且不能提前领工钱，就是“透使”。因为当时店铺里有这样一个规矩：东辞伙一笔抹，伙辞东一笔清。东家把伙计辞退时，你长支的五十块钱就不用还了，一笔抹了；伙计辞东家，要到别处干去了，那你长支

① 折子：记帐本，上面详细记载着店铺的每一项收入和支出。

② 苏字码：旧时记账写数的专用码，类似现在的阿拉伯数字。一至九分别为〡〢〣〤〥〦〧〨〩。

③ 听官戏：每逢朝廷庆典、岁时节令以及官员嘉庆，大大小小的衙门都要叫戏班子进衙演戏，称作承值戏，俗称官戏。此处的“官戏”即指根据伙计、徒弟的喜好，多个店铺一起组织的听戏活动，平时不准私自听戏，更不准假借亲朋告假听戏，违者以犯规论。

多少钱都得还清。有些掌柜的怕伙计长支了钱就不好好干，要是辞退他的话，那长支的钱也就没法要了，所以不允许长支。但也有的掌柜的希望伙计长支，因为他有本事，掌柜的想留住他。我知道有一个很有名的双顺成衣铺，是给名人做衣服的，那儿有一个伙计手艺很好，有很多活都给这个伙计做，这伙计家里出了事，需要钱，掌柜的就痛快的把钱借给他了，这个伙计自然就会更死心塌地地为掌柜的干活了，有的人就拿这个办法来拢住人。除了漏柜，一年内很少有散人[①]的时候，年终时说官话，一般都在年三十儿晚上，就是掌柜的一个人、一个人地找去谈话，连徒弟也都找，说官话就是要决定去留的问题。伙计不乐意在这儿干了，就在说官话时辞柜，所谓在别处有高就了，别处挣的钱多，或者他自己干去了。只能在说官话时辞柜，不能半道上给人家辞柜，那样是违反铺规的。徒弟或伙计没犯大毛病，掌柜的也不能辞人家。除了决定去留，还有馈赠多少的问题，就是现在的所谓的年底分红。说官话的时候，乐意在这干的徒弟、伙计都提着心[②]；不乐意在这儿干的，那是另外一回事；如果要辞退，你就得卷铺盖走人，这可以说是年终的一次总结吧。

## 经营之道

为什么一些店铺能够长期保持生意兴隆，但是有一些店铺却生意不振，最后歇了业，关了张？

首先，这与店铺的位置有关，过去做生意有这么句话："一步差三式"，差一步这个生意就兴隆，那个生意就不行。比如说在一条街的把口儿那儿有一家店铺，一般人们会认为它的生意应该好，实际上不是，因为街口那儿的人很多，一挤就挤过去了，挂不住人，必须走几步以后，人才可能慢慢停下来，进到店铺里去逛。另外，虽然过去建的房都有房基线[③]，但如果哪个店铺比别的店铺抢出一头来，你也不能让他拆了退回一步去，人们就会首先进入到在房基线外的店铺，生意也自然会好于房基线以里的店铺。另外一点和台阶有关系，有的店铺的地基高，得上四五层台阶

① 散人：掌柜的辞退伙计或者伙计不想在店铺里继续干了。

② 提着心：担心，不放心之意。

③ 房基线：房屋建筑面积范围线的描绘房屋建筑面积范围线称房基线，指每幢房屋的建筑面积占地的范围，房檐宽度不算在内。房基线的描绘以墙基角为准，一般以房屋底层外侧线绘出。

才能进到店铺里面，人家不乐意上，而有的店铺台阶地基很矮，就一步台阶或没有台阶人们就乐意进去，这就是过去店铺所说的“一步差三式”。有人说“酒香不怕巷子深”，那是因为这个店铺已经出了名了，很多人是慕名而来的，但如果你没响名前就跑到巷子里开业，谁也不会知道你，那等于找关张呢。

第二，是店铺的信誉，这与商品的质量有关。一般来说，能长期保持生意兴隆的店铺都是信誉好、商品质量好的，谁都乐意买好东西。比如说有一个龙顺成家具铺，它制作家具有一种特殊工艺，叫榆木擦漆。做家具以榆木为主，辅助枣木、椴木、柳木等木料，经过对木料的风干、烘干、制造、雕花等严格的工序后，在上漆前，先用刷子蘸沸水刷洗白茬产品一次，经日晒风干后，再用砂纸打光。龙顺成上漆讲究“一油三漆”，就是在上漆前，先上一道桐油，使油渗入木中，经过约一个月风干，再上三道漆。这样，通过第一道桐油把漆和木材紧紧地胶粘在一起。再经过一年的风干，就是俗话说的“年漆月油”，桌椅等产品呈鲜艳的枣红色，防潮湿，不怕热水烫，越使用越光亮好看。过去中等人家或店铺，大部分摆的都是榆木擦漆的东西，也叫“百年牢”，若把一个八仙桌从房上推下来，掉在地上就算桌腿摔折了，它的榫子[①]也不会开，那就是“百年牢”，质量好，人们都愿意买。还有现在的稻香村，它的生意也比较兴隆，虽然贵点，但是元宵也好，点心也好，人们都乐意买它的。

第三，就是要有自己的特点，如果你卖的东西哪儿都买得到，那就是没有特点。比如说现在一些百货店卖羽绒服，卖鸭鸭的，或卖波司登的，在东单能买到，在王府井能买到，在前门外也能买得到，都卖这种货，这就是没有特点。内联升鞋铺之所以能够维持长久的兴隆，就是因为它有个特点：自产自销，前店后厂，不同于别家的鞋铺。再比方说瑞蚨祥绸缎店，它虽然没有工厂和作坊，但在有些绸缎机头的位置织上“瑞蚨祥”几个字，是定织的，这也是一个特点，但现在什么特点也没有了，生意就不行了。

第四，与待客有关。就像瑞蚨祥，过去它的主要特点就是服务周到，那是很有名的，进去的人不管穿的好、穿的歹，是城里人还是乡下人，到那儿后，先让你坐

---

① 榫子：即榫卯，是连结桌案的腿子、牙边和角牙的一组结构，用了此结构的木制家具非常牢固。

着，给你沏茶，点烟，你要什么他给你拿过来，让你选择，不行再拿走，确实没买，他也绝不会给你甩脸子[1]，相反还把你笑脸相送，希望您下次再来，这就是它服务周到的特点。要热情礼貌地接待客人，过去的老店铺不管有名的无名的，待客都是很客气的，如果怠慢了或惹客人生气了，那人家下回就不来了。

第五，跟定价有关，过去都讲“言无二价，货真价实，童叟无欺”。但有时候也不是这种情况，比如说月盛斋的酱羊肉就曾遭到怀疑，《道咸以来朝野杂记》上写着说月盛斋装在盒子里的酱羊肉，盒里面垫了些其他的东西，说一斤的酱羊肉——那时候是十六两一斤——也就十二三两，分量不足，人们虽然知道差分量，但因为它有名，酱羊肉好吃，所以虽然吃亏也乐意买它的。但一般来说，如果你的东西和人家一样，但价钱比别人贵，那人就到别人那儿买去了。

第六，与广告宣传有关。你的质量好，待客也和气，定价也合理，都挺好，但别人不知道你，只会有少数人来买你的东西，那你的买卖也做不好。怎么能让别人知道你呢？就得做广告宣传，尤其在民国以前，媒体少，做广告也困难，只能在门口立招幌[2]，这也算是广告宣传。有用实物摆在店铺前边，像卖鞋的在外面吊起来一个大鞋，卖烟袋的外面有一个大烟袋锅，这都是广告宣传。有的广告宣传是在包装纸上印上字画，六必居过去外卖的酱菜是用一个小油篓盛的，油篓外有包装，写“六必居老酱园”以及卖什么东西，后来就四外驰名了，这也是广告宣传。再一个自我宣传的方法就是跟名人靠[3]，攀关系。像都一处原来只是一个小酒

老北京街头的剪刀铺招幌

① 甩脸子：面上露出怒容，故意让人看出，使人难堪。

② 立招幌：在店铺门外的一侧上方插一根竹竿，竹竿上挂一块布，布上写有店铺的名称，以此来吸引路人。

③ 靠：指通过宣传某位社会上的名人和自己店铺或产品的关系来进行广告宣传以提高知名度。

铺，就是一个筒子房，里面还不干净，开始时只卖酒，后来才添了烧卖和炸三角。它响名在它有乾隆坐过的宝座，还有乾隆御笔写的“都一处”牌匾，是真是假没法说，可以说它的四远驰名就是沾了乾隆的光，这也是一种宣传。六必居的匾上也没有落款，但就说是严嵩写的。过去还有一种宣传，就是同仁堂的宣传，那时候没有报纸，没有电台，没有电视，它就用了一种巧妙的宣传方法。当时北京的地下污水道每年二月要淘沟，沟边就有很多淤泥，晚上外面只有小油灯照亮，人们不留神就踩在淤泥上了。于是同仁堂就在淤泥边上架起一个纱灯，上面写着同仁堂乐家，人们一看就都知道了，这个做的是好事，实际上也是一种宣传。还有在当时全国各地的学子都到北京来参加科举考试，难免有水土不服的，同仁堂就派人到各省考生所在的会馆送小药，小药上自然有“同仁堂乐家”的字样，那么，考生回去后全国就都知道同仁堂乐家了。这做的也是好事，虽然经济上有点儿损失，但是提高了知名度，赢来了顾客，所以宣传很关键。

民国以后有电台了，宣传得就更厉害了，通常是以曲艺的形式，侯宝林说相声，说了半截相声先插段广告。当时宣传最多的是顺昌隆绸布店，每个节目都有它的广告，耳朵都听出茧子来了，它在煤市街，它的那个店堂也很特殊，是天坛形式的，盖一个天坛形式的房子。还有明明眼镜公司宣传的也很厉害，每个节目都上，花了不少钱，但效益的确很好。有一个京剧演员这么说过，说要排出一个新戏来，起码得拿出百分之四十的钱来做宣传，招待记者，剩下百分之六十才是用于排演，买服装和买道具的。有眼光的人主要看宣传，所以宣传是很要紧的。

第七，是要跟形势，如果跟不上潮流，就会被社会淘汰。最典型的一个例子是喜轿铺或叫喜轿局。那时候结婚必须坐轿子，后来都是新式婚礼了，不坐轿子了，它就跟不上形势，被社会淘汰了。还有杠房，就是棺材铺，北京有很多有名的大杠房，后来不用抬杠的了，都是火化了，它就跟不上形势了。有一个很有名的万强锡料铺，那时候全北京市人尤其是大门大户用的都是它的锡漆具、锡料壶、锡料签、锡料香炉、锡料盆，那时候时兴用这东西，后来出了搪瓷和铝制的器具了，原来那些就被淘汰了，所以万强锡料铺最后也不行了。

有的店铺却不然，有个成文厚，原来是印《三字经》、《百家姓》、《千字文》等古书和一些旧式账簿的。民国时期，欧风逐渐进入到中国来了，就在这新潮流和旧潮流交替的时候，这个掌柜的很有眼光，他看出了新式账簿一定会越来越流行，而过去线装的老账簿将来一定会被淘汰，因此他就设计出新式账簿，并自己进行生产，既卖新式账簿又卖旧式账簿，新式的逐步代替旧式的，因此他的买卖一直很兴隆。可见，商界中也是适者生存，跟不上时代，跟不上潮流的商家就会被社会淘汰。

# 题外话

我小时候读的书中有很多精华，比如，和谐相和、长幼有序、朋友之间有信，特别是慎终追远，等等。所谓慎终追远就是不忘自己的根，就是不忘本，小到对家，大到对国……

我在上学阶段学的文化知识，主要是经书，私塾是以孔孟的经学做教学的。我认为，孔孟的四书五经里面有糟粕，比如一些等级观念，男尊女卑，但是这里面也有好东西，存在大量的精华，像和谐相处、长幼有序、朋友之间有信，特别是慎终追远。所谓慎终追远就是不忘自己的根，这个是很要紧的，如果一个人要忘了根那就不成为一个人了，这是一种不忘本的思想，小是对家，大是对国。另外一点是在过去社会中有这么一种说法：好儿不要祖业产，好女不分嫁妆衣。这是多少年来的一种老传统，如果说一个青年只是依靠家庭，依靠父母，那这就是耻辱；不管家里有钱没钱、有权没权都不要依靠，要自己闯去；这当然也是孔孟遗留下来的东西，所以要自己独立创业。

我讲民俗讲得比较多。我认为民俗不能笼统的一概而论，民俗里有生活习俗，像茶七饭八酒十就是生活中的事；有礼俗，说长者先，幼者后；还有封建鬼神之俗，这里存在着神鬼迷信，烧香拜佛，像丧葬、婚嫁也有大量的封建迷信在里面。这三种既能分开又不能分开，很多东西都是互相包含的。生活之俗有时也包含礼仪之俗，礼仪之俗有时也包含封建习俗，比如婚丧嫁娶是生活之习俗，但里面也包含着礼仪，也包含大量的封建迷信。像下轿时射箭，是因为怕带进来妖气，这里存在着对女人的不尊敬；还有忌门也是这样的，从三十后半夜到破五都要忌门，那为什么不忌男人而忌女人？这里有轻视妇女的因素在里面。所以生活、礼仪、封建迷信混在一起。

现在有一个不好的现象，比方说有的地方进行民俗的演练，丧葬演练的我还没听说过，就是演练嫁娶，我认为不太适合。我想问问，你演练的目的是什么？原原本本的演练，让不知道的人，尤其是青年人看了，是让他仿效呢？还是让他了解呢？这是一个问题。另外，在文章里写民俗的，我认为也得交待清楚了，不能婚娶、丧葬、节日一字不漏地写出来，应该加以分析，说明哪个是对的，如果不对你应该讲清楚，我希望将来所谓的民俗学家要写这种东西的时候应该是批判地写出来。演练有的时候是为了招徕客人，为了赚钱。比如说地坛演练祭地，天坛如果演练可能是祭天，但是某私人单位演练，目的是什么呢？无非是一个钱字。冬至祭天这件事在清末《燕京岁时记》上有记载："冬至郊天令节，百官呈递贺表，民间不为节，惟食馄饨而已"很明确的事，"民间不为节"，只是为了吃馄饨而已，没有老百姓祭天之说，只有皇上才祭天。我活了八十多了，从我父亲那时就讲，没听说冬至那天老百姓祭天的，但为什么现在有人搞这个呢？我认为不合适，实质上是编造出来的，你怎么祭都可以，如果我说的不算数，《燕京岁时记》上写得很清楚。这件事媒体还报道，我认为这是一种炒作，我认为这么说出来很有必要，得澄清事实，如果是民俗原原本本出来的是可以的，但不能有假民俗存在。另外也要对民俗进行批判，不要把糟粕也一块往外端。

商业方面。商业在过去是受压抑的，受轻视的，商人是让人看不起的。咱们历史上是重农抑商的，但是商业是国家经济不可少的组成部分，生产以后必须要有交流，当然，应该对过去店铺经营和管理的那一套进行研究，我认为对于现在商业的发展也是很有必要的。现在我见到有些写关于过去商业的所谓老字号的东西，大部分都是千篇一律，创办人是谁，什么时候创办的，经营了什么东西，包括我写的一些东西也存在这些问题。所以我认为过去的老店铺有好的一面也有不好的一面，包括老字号在内，包括我写的东西，过去说的"无商不奸"是一句在社会上流行已久的话。让我看，商人做买卖就是要赚钱，但是要赚应该赚的钱，不义之财不能赚，唯利是图是奸商，应该做规规矩矩的商人，所以好商人与奸商人有个界限。我举个例子，比方说，老字号也有缺斤少两的，这在《道咸以来朝野杂记》书中里边记得很清楚："正阳门内户部街路东月盛斋所制五香酱羊肉为北平第一，外埠所销甚广，价之昂亦无比。所称一斤者，不过十两，装以铁匣，其精致也，与罐头金华腿等。"写的是一斤，其实不过十两，差六两[①]，这就是缺斤短两。要写这个的时候，就要指出来，这就是奸商。我写的月盛斋没提到这个，因为那是二十年前的东西，现在我要写出来，对老字号要一分为二的看，缺斤短两不能效仿。另外一点，咱们提到精明眼镜行时，那时把普通克里克斯刻成 CO，卖高价，有时候拿出一个镜片来说一千块，人家问还有好的没有，再把同样的拿出来说是两千块，他就要了。我认为没好的就是没好的，这么做就是抬高市价，欺骗顾客，这就是奸商，所以写老字号要写它守法的一面，不守法的一面也应该指出来。

① 当时计重单位，一斤为十六两。